国家级职业教育规划教材
人力资源和社会保障部职业能力建设司推荐

全国技工院校汽车维修专业模块化教材
（中级技能层级）

汽车电路知识与基本操作技能

（第二版）

张文娟◎主编

中国劳动社会保障出版社

简介

本书主要内容包括安全用电知识、直流电路基础知识及基础元件的测量、磁场及电磁器件、汽车电子技术应用、汽车电路的特点与表达方法、典型汽车电路分析及检测。

本书由张文娟任主编，李昌丽、马立云任副主编，孙小曼、金君堂、王建成参加编写，陈金伟、步晓文任主审。

图书在版编目（CIP）数据

汽车电路知识与基本操作技能/张文娟主编 . 2版 . -- 北京：中国劳动社会保障出版社，2024.
（全国技工院校汽车维修专业模块化教材）. -- ISBN 978-7-5167-6465-7

Ⅰ. U463.6

中国国家版本馆 CIP 数据核字第 2024B2P944 号

中国劳动社会保障出版社出版发行

（北京市惠新东街 1 号　邮政编码：100029）

*

北京谊兴印刷有限公司印刷装订　新华书店经销

787 毫米 ×1092 毫米　16 开本　9.5 印张　175 千字

2024 年 6 月第 2 版　　2024 年 6 月第 1 次印刷

定价：19.00 元

营销中心电话：400-606-6496

出版社网址：http://www.class.com.cn

http://jg.class.com.cn

前　言

为了适应汽车行业的发展现状，更好地满足全国技工院校汽车维修专业的教学需求，全面提升教学质量，我们组织全国有关学校的一线教师和行业、企业专家，在充分调研企业用人需求和学校教学情况、吸收借鉴各地技工院校教学改革成功经验的基础上，根据人力资源社会保障部颁布的《全国技工院校专业目录》及相关教学文件，对全国技工院校汽车维修专业教材进行了修订和新编。

本次修订（新编）工作的重点主要有以下几个方面。

科学规划教学模块

本套教材采用“模块化”体系构建，划分为基础模块、发动机模块、底盘模块、电气模块、维护与诊断模块、选修模块等六大模块，教学操作性好，可满足技工院校汽车维修专业的教学需求。

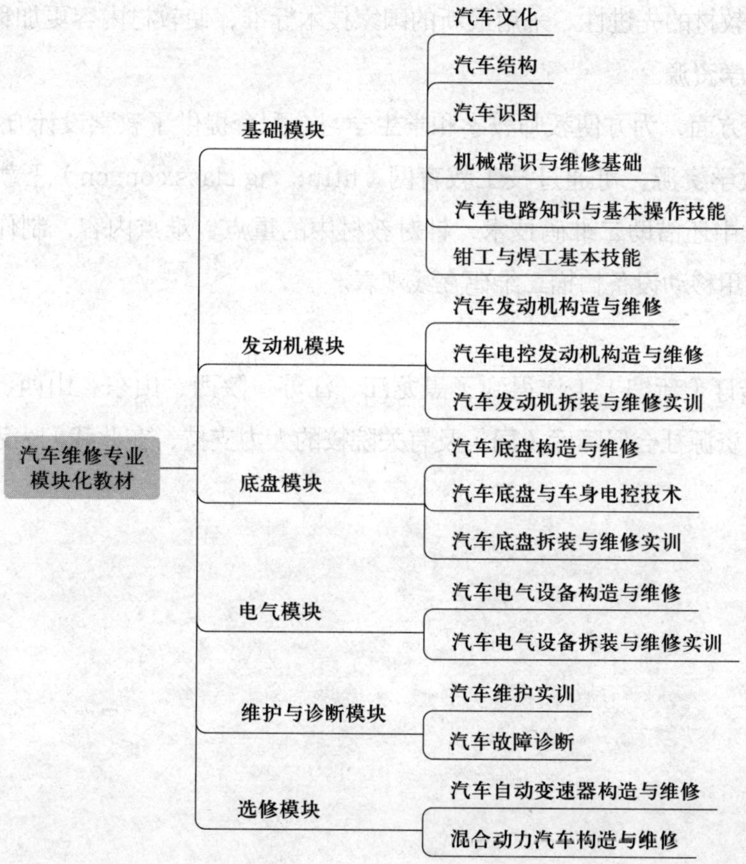

突出职业教育特色

坚持以能力为本位，突出职业教育特色。通过行业、企业调研，掌握企业对汽车维修专业人才的岗位需求和技能要求，确定人才培养目标，构建科学合理的课程体系。根据课程教学目标，合理确定学生应具备的知识与能力结构；充分考虑企业生产实际，选择当前市面上广泛使用的汽车车型进行教学。

根据汽车维修专业毕业生就业岗位的实际需要和行业发展趋势，合理确定学生应具备的能力和知识结构，对教材内容及其深度、广度、难度进行了调整。同时，进一步突出实际应用能力的培养，以满足社会对技能型人才的需求。

创新教材内容形式

在编写模式上，根据技工院校学生认知规律，以完成具体工作任务为主线组织教材内容，将理论知识的讲解与工作任务载体有机结合，激发学生的学习兴趣，提高学生的实践能力。

在教材内容的表现形式上，较多地利用实物照片和表格等形式将知识点生动地展示出来，力求让学生更直观地理解和掌握所学内容。部分教材采用四色印刷，图文并茂，增强了教材内容的表现效果，提高了教材的可读性，更符合学生的阅读习惯。

根据相关专业领域的最新发展，在教材中充实新知识、新技术、新设备、新材料等方面的内容，体现教材的先进性。采用最新的国家技术标准，使教材内容更加科学和规范。

提供丰富教学资源

在教学服务方面，为方便教师教学和学生学习，配套提供了教学设计方案、电子课件、习题册答案等教学资源，可通过技工教育网（http://jg.class.com.cn）下载使用。除此之外，在部分教材中还借助二维码技术，针对教材中的重点、难点内容，制作了微视频等多媒体资源，可使用移动设备扫描二维码在线观看。

致谢

本次教材修订（新编）工作得到了黑龙江、江苏、陕西、山东、山西、广东、广西等省、自治区人力资源社会保障厅（局）及有关院校的大力支持，在此我们表示诚挚的谢意。

编者

2023 年 4 月

目 录

模块一 安全用电知识

学习目标

1. 熟悉电的用途和种类。
2. 熟悉安全用电知识和安全保护措施。
3. 能提高用电安全意识。
4. 能掌握触电事故的正确处理方法。

一、认识身边的电

1. 身边的电

电是一种奇妙的东西，它在生活和工作中无处不在。许多物品都和电有关，如台灯、电视机、电风扇、冰箱等。汽车也离不开电，例如，起动机的运转、汽车行驶过程中使用喇叭、汽车夜间行驶用车灯照明、雨天用雨刮清理雨水等，汽车用电器如图 1–1–1 所示。

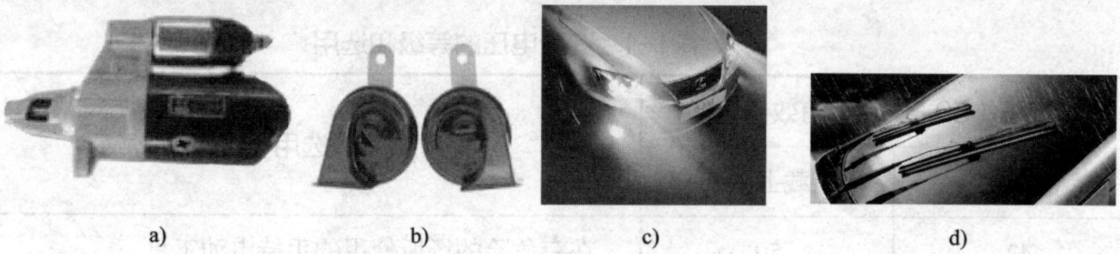

a)　b)　c)　d)

图 1–1–1　汽车用电器

a）起动机　b）喇叭　c）车灯　d）雨刮

汽车维修设备也需要用电。例如，举升机、电焊机、车轮动平衡仪、充电机等，如图 1–1–2 所示。

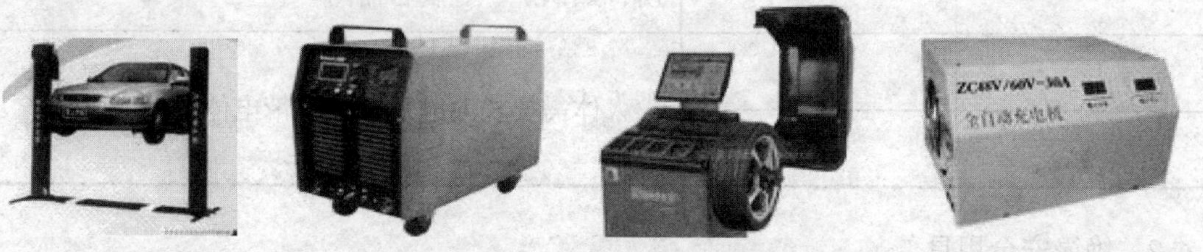

a)　b)　c)　d)

图 1–1–2　汽车维修设备

a）举升机　b）电焊机　c）车轮动平衡仪　d）充电机

2. 电的种类

日常生活中，电可以分为三种：静电、直流电和交流电。

（1）静电。静电是一种处于静止状态的电荷，当电荷聚集在某个物体上时就形成了静电。不同静电电位的物体互相靠近或直接接触引起的电荷转移称为静电放电。人体在干燥的环境中可能会产生静电。例如，冬天乘车时，许多人就有被“电”过的经历。

（2）直流电。直流电的电流方向不随时间变化（电流大小可以随时间变化），最常见的直流电源就是各种类型的电池（如蓄电池）。

（3）交流电。交流电是指电流方向随时间周期性变化的电流，常见的交流电动机使用的就是交流电。

二、安全用电知识

安全用电包括供电系统的安全、用电设备的安全及人身安全三个方面，它们之间是紧密联系的。

1. 安全电压

安全电压是指把可能加在人体上的电压限制在某一范围之内，使得在这种电压下，通过人体的电流不超过允许范围。为了使通过人体的电流不超过安全电流，我国把安全电压的额定值分为 42 V、36 V、24 V、12 V 和 6 V 五个等级。安全电压的等级和选用见表 1-1-1。

表 1-1-1　安全电压的等级和选用

安全电压（50 Hz 交流有效值，V）		选用
额定值	空载上限值	
42	50	在有危险的场所使用的手持电动工具
36	43	潮湿场所，如矿井、多导电粉尘及类似场所使用的行灯等
24	29	工作面积狭窄且操作者易大面积接触带电体的场所，如锅炉、金属容器内
12	15	人体需要长期触及器具上带电体的场所
6	8	

2. 绝缘安全用具

绝缘安全用具是保证作业人员安全操作带电体的过程中，在带电体和人体间起绝缘防护作用的用具。绝缘安全用具包括绝缘操作用具和绝缘防护用具。

（1）绝缘操作用具。绝缘操作用具主要用来进行带电操作、测量和其他需要直接接触电气设备的特定工作。常用的绝缘操作用具有绝缘操作杆、绝缘夹钳等，如图 1–1–3 和图 1–1–4 所示。绝缘操作用具均由绝缘材料制成。正确使用绝缘操作用具，应注意以下两点：

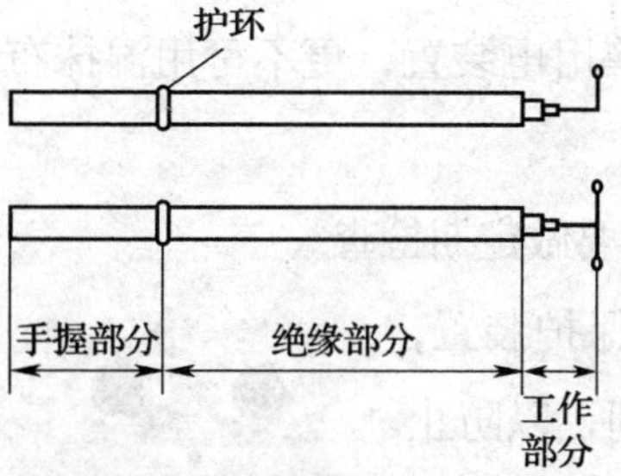

图 1–1–3　绝缘操作杆

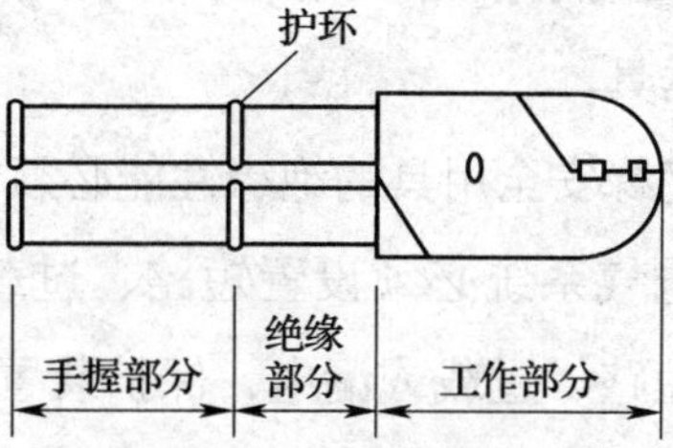

图 1–1–4　绝缘夹钳

1）绝缘操作用具本身必须具备合格的绝缘性能和机械强度。

2）绝缘操作用具只能在与其绝缘性能相适应的电气设备上使用。

（2）绝缘防护用具。绝缘防护用具能够对可能发生的有关电气伤害起到防护作用，主要用于对泄漏电流、接触电压、跨步电压和其他接近电气设备时存在的危险进行防护。常用的绝缘防护用具有绝缘手套、绝缘靴、绝缘垫、绝缘站台等，如图 1–1–5 所示。绝缘防护用具一般不直接接触及带电设备，只有当绝缘防护用具的绝缘强度足以承受设备的运行电压时，才可以直接接触运行的电气设备。

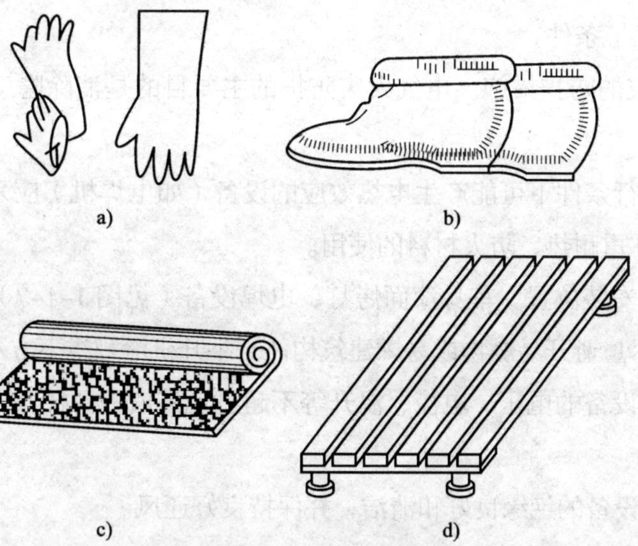

图 1–1–5　绝缘防护用具

a）绝缘手套　b）绝缘靴　c）绝缘垫　d）绝缘站台

3. 安全用电操作知识

（1）进行用电操作时，要严格遵守用电设备的操作规程，并定期对设备进行保养和用电安全检查。

（2）在带电设施附近进行电工操作时，一定要保持可靠的安全距离。

（3）不可在插座或灯座上接功率过大的用电器具。

（4）不可用潮湿的手触摸开关、插座、灯座等用电装置，更不可用湿抹布揩抹电气装置和用电器具。

（5）绝缘安全用具的绝缘性能必须良好，并需要做定期检查。

（6）电气系统必须设置短路、过载、漏电等保护装置，设备一旦短路、过载或漏电，保护装置会自动跳闸，以防止触电或漏电。常用的漏电保护器如图 1–1–6 所示。

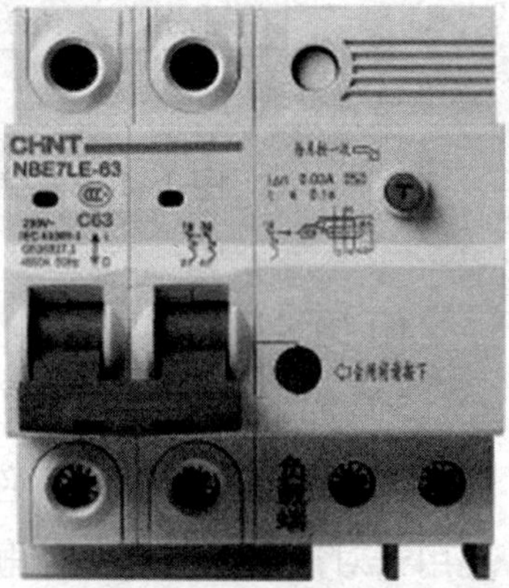

图 1–1–6　漏电保护器

（7）严禁利用大地作中性线。

（8）当发现有人触电时，应立即断开电源，采取正确的抢救措施抢救触电者。

4. 电气火灾消防知识

（1）电气火灾的发生原因。电气火灾是指由电气原因引发燃烧而造成的灾害。短路、过载、漏电等电气事故都可能导致火灾。设备自身缺陷（如绝缘层老化），施工安装不当，电气接触不良，雷击静电引起的高温、电弧和电火花等是导致电气火灾的直接原因。另外，电气设备周围存放易燃易爆物（如液化石油气、煤气、天然气、汽油、柴油、酒精、棉、麻、化纤织物、木材等）是导致电气火灾的环境条件。

（2）电气火灾的防护措施。电气火灾防护的主要目的是消除隐患、保障用电安全，具体措施如下：

1）对正常运行条件下可能产生电热效应的设备（如电焊机）应采取隔热、散热、强迫冷却等措施，并注重耐热、防火材料的使用。

2）合理选择安装位置。车身漆面烤灯、电焊设备（见图 1–1–7）等易引起火灾的用电设备应根据需要尽量避开易燃物或易燃建筑构件。举升机滑触线下方不应堆放易燃物。

3）保持电气设备的电压、电流、温升等不超过允许值，保持各导电线路连接可靠，接地良好。

4）保证电气设备的绝缘良好和清洁，并保持良好通风。

5. 电气火灾的扑救

发生火灾应立即拨打 119 火警电话报警。扑救电气火灾时要注意触电危险，首先应及时切

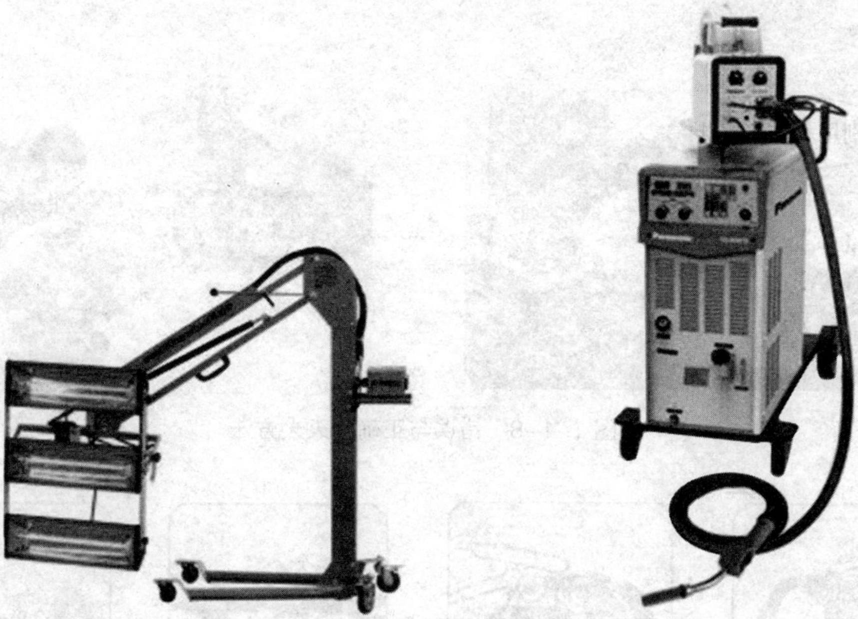

a)　　b)

图 1–1–7　易引起火灾的用电设备

a）车身漆面烤灯　b）电焊设备

断电源，并通知电力部门派人到现场指导和监督扑救工作。

当扑救尚未确定是否断电的电气火灾时，应选择适当的灭火器和灭火装置，否则有可能造成触电事故，甚至引起更大的危害，如普通水枪射出的直流水柱和泡沫灭火器射出的导电泡沫都会破坏绝缘。错误与正确的灭火方法如图 1–1–8 所示，灭火器的正确使用方法如图 1–1–9 所示。

使用二氧化碳灭火器时，要注意防止窒息。

6. 触电事故的处理

（1）发现有人触电后，应立即切断电源。若无法及时断开电源，可用干木棒、橡胶制品等绝缘物品挑开触电者身上的带电物品。

（2）立即拨打急救电话。

（3）解开妨碍触电者呼吸的紧身衣服，检查触电者口腔，清理口腔中的异物和分泌物，如有假牙则应取下。

（4）立即就地抢救。如呼吸停止但有心跳，应采用人工呼吸法抢救；如心脏停止跳动但有呼吸，应采用胸外心脏按压法抢救。如呼吸和心跳都已停止，应同时采用人工呼吸法和胸外心脏按压法进行抢救。一人急救时，两种方法应交替进行，先按压心脏 30 次，再吹气 2 次，且速度都应快些；两人急救时，按照 30∶2 交替进行。

（5）如有电烧伤伤口，包扎后应及时到医院就诊。

图 1–1–8　错误与正确的灭火方法

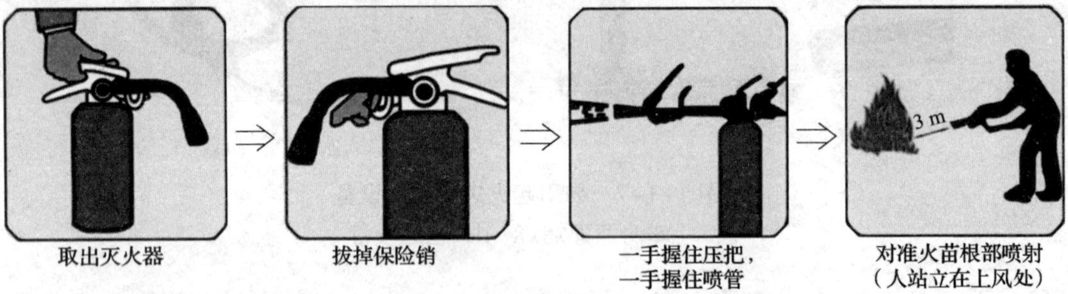

图 1–1–9　灭火器的正确使用方法

三、安全保护措施

1. 插头与插座的保护

电源插头与插座中有三插头和三插孔的，标有“⏚”或“E”标识的为接地端，标有“L”的为相线端，标有“N”的为零线端，如图 1–1–10 所示。

图 1–1–10　有接地保护的插头和插座

2. 其他接地保护

（1）过电压保护接地。过电压保护接地是为了消除雷击或过电压的危险影响而设置的接地。

（2）防静电接地。防静电接地是为了消除生产过程中可能产生的静电而设置的接地，如汽车安装接地装置。

（3）屏蔽接地。屏蔽接地是为了防止电磁感应而将电力设备的金属外壳、屏蔽罩、屏蔽线的外皮接地，如汽车电控装置中的高压线就有屏蔽线。

3. 电气设备安全运行要求

（1）必须严格遵守操作规程，供电时，先合上隔离开关，再合上负荷开关。切断电路时，先断开负荷开关，再断开隔离开关。

（2）电气设备一般不能受潮，在潮湿场合使用时，要有防雨水和防潮措施。

（3）电气设备工作时会发热，应有良好的通风散热条件和防火措施。

（4）所有电气设备的金属外壳应有可靠的保护接地或保护接零。电气设备运行时可能会出现故障，应有短路保护、过载保护、欠压保护、失压保护等措施。

（5）要做好电气设备的安全运行检查工作，对出现故障的电气设备和线路，应及时检修。

模块小结

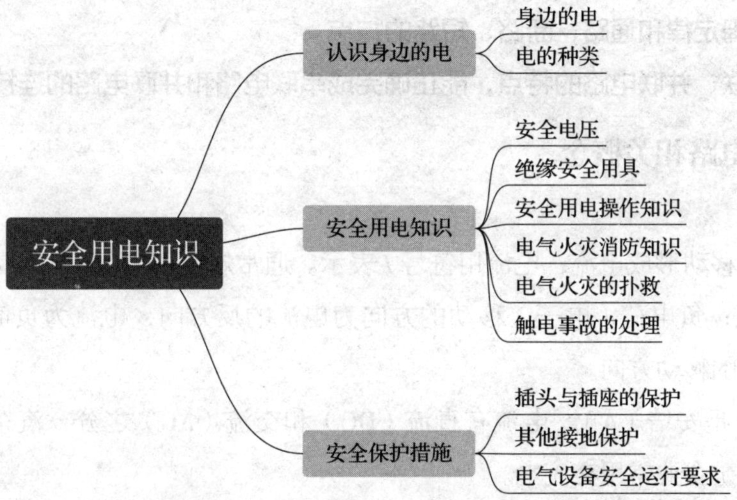

模块二
直流电路基础知识及基础元件的测量

随着汽车技术的发展，电子技术在汽车各部件中得到了广泛的应用。直流电路是汽车电路的特点之一，本模块介绍直流电路基础知识，旨在为今后学习复杂的汽车电路奠定基础；通过对典型测量仪器的使用和对电阻、电容等基本元件的识别，学会汽车电路的检测。

课题❶ 直流电路基础知识

学习目标

1. 了解电流、电压、电位、电动势、负载、电阻、电容的概念。
2. 掌握电阻阻值的识读方法，了解特殊电阻在汽车上的应用。
3. 掌握欧姆定律和通路、断路、短路的特点。
4. 掌握串联、并联电路的特点，能正确完成串联电路和并联电路的连接。

一、直流电路相关概念

1. 电流

电荷的定向移动形成电流，电流用符号 I 表示。通常规定正电荷移动的方向为电流的方向，电流为正值；负电荷（电子）移动的方向为电流的反方向，电流为负值。图 2–1–1 所示为电流与电子的移动方向。

电流的单位是安培（A），电流有直流（DC）和交流（AC）之分，汽车上常用的是直流电，家庭、工矿企业常用交流电。

2. 电位

在电路中任意选定一点作为参考点（即零电位点），则电路中某一点与参考点之间的电压称为该点的电位。电位的单位是伏特（V），常用字母 V 或 φ 表示，如 V_a=5 V。为了便于分析和维修电路，在汽车电路中，常用汽车底盘、车架、发动机等金属件作为参考零点，即零电位点，也就是通常说的接地或搭铁。

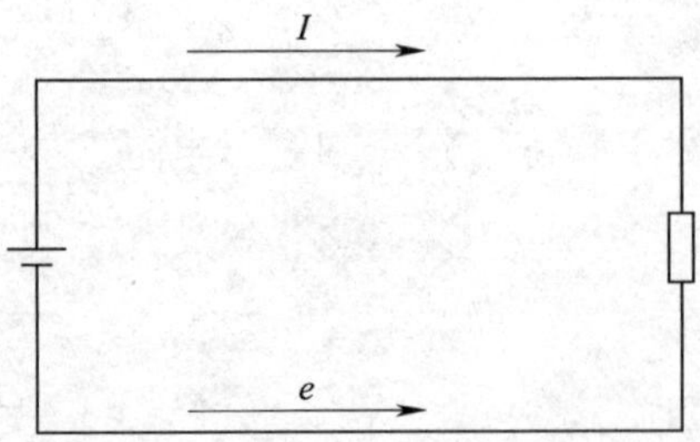

图 2–1–1　电流与电子的移动方向

3. 电压

电场力将单位正电荷从 a 点移到 b 点所做的功，称为 a、b 两点间的电压，用 U_{ab} 表示。电压 U_{ab} 等于电路中 a、b 两点间的电位差，故电压又称为电位差。通常规定，电压的参考方向为高电位（“+”极性）端指向低电位（“–”极性）端，即电压的方向为电位降低的方向。电路图中标注的电压方向一般都是参考方向（见图 2–1–2a）。

电压的单位为伏特（V），简称伏。汽车电气系统的额定电压有 12 V 和 24 V 两种。

4. 电动势

非静电力克服电场力，将单位正电荷从电源负极经电源内部移到正极所做的功称为电源的电动势。电源的电动势在数值上等于电源没有接入电路时两极间的电压，电动势的方向规定为在电源内部由负极指向正极，如图 2–1–2b 所示。电动势的单位为伏特（V），通常用字母 E 表示。

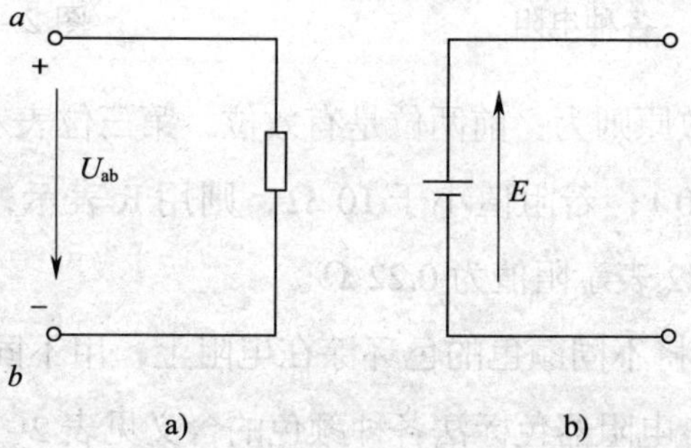

图 2–1–2　电压的参考方向和电动势方向

a）电压方向　b）电动势方向

5. 负载

负载是将电能转换成其他形式能量的装置。如汽车中的灯泡（将电能转换成光能和热能）、电动机（将电能转换成机械能）等都是负载。

6. 电阻

（1）电阻的概念

导体对电流的阻碍作用称为该导体的电阻，用字母 R 表示。电阻主要用于控制和调节电路中的电流和电压，或作为消耗电能的负载。电阻的单位为欧姆（Ω），简称欧。

（2）电阻的分类

按阻值是否可变，电阻可分为固定电阻和可变电阻（常称为电位器）；按材料不同，可分为碳膜电阻、金属膜电阻、绕线电阻等；按安装方式不同，可分为插件式电阻、贴片式电阻等。各种电阻如图 2–1–3 所示。

（3）电阻的标识

电阻阻值的标识方法有两种：

1）直标法。所谓直标法，就是在电阻上直接印出阻值。

对于插件式电阻，可直接读数。例如，图 2–1–4 所示电阻可直接读出阻值为 30 Ω。

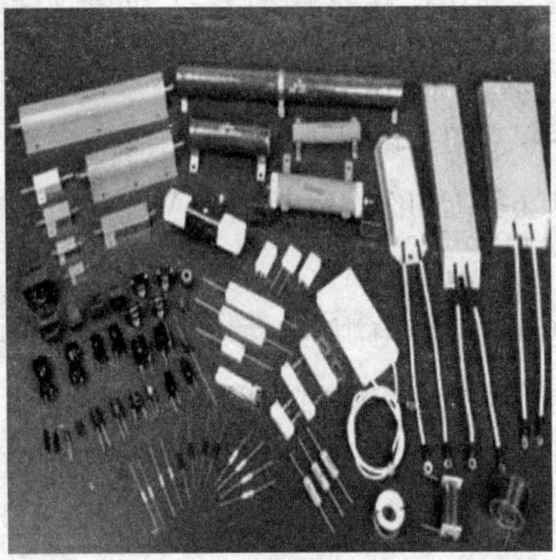

图 2–1–3　各种电阻

图 2–1–4　插件式电阻

对于贴片式电阻，读数原则为：前两位是有效位，第三位表示 0 的个数。例如，452 表示 4 500 Ω（$45 \times 10^2 = 4\ 500$）；若阻值小于 10 Ω，则用 R 表示，且 R 代表小数点。例如，2R2 表示阻值为 2.2 Ω，R22 表示阻值为 0.22 Ω。

2）色标法。色标法即将不同颜色的色环涂在电阻上，用不同颜色色环的排列顺序表示电阻的标称值及允许误差，电阻器色标法各种颜色的含义见表 2–1–1。

色环电阻的识别方法：对于三色环电阻，第一、第二色环分别代表两位有效数字数，第三色环代表倍乘数。对于四色环电阻，第一、第二色环分别代表两位有效数字，第三色环代表倍乘数，第四色环代表允许误差。对于五色环电阻，第一、第二、第三色环分别代表三位有效数字，第四色环代表倍乘数，第五色环代表允许误差。对于六色环电阻，前五色环与五色环电阻的含义相同，第六色环表示该电阻的温度系数。

表 2–1–1　电阻器色标法各种颜色的含义

颜色	有效数字	倍乘数	允许误差
棕	1	10^1	±1%
红	2	10^2	±2%
橙	3	10^3	—
黄	4	10^4	—
绿	5	10^5	±0.5%
蓝	6	10^6	±0.25%
紫	7	10^7	±0.1%

续表

颜色	有效数字	倍乘数	允许误差
灰	8	10^8	—
白	9	10^9	—
黑	0	10^0	—
金	—	10^{-1}	±5%
银	—	10^{-2}	±10%
无色	—	—	±20%

通过色标法读取电阻阻值时，首先应确定第一色环，判断方法有以下两种：

①看色环间距。最后一条色环与倒数第二条色环的间隔一般比第一条色环与第二条色环的间隔大。

②看电阻两端色环的颜色。金色或银色的一般为最后一条色环。

（4）特殊电阻在汽车上的应用

1）压敏电阻。电阻阻值随压力的变化而发生变化的电阻称为压敏电阻。在电控汽油喷射系统中，进气歧管压力传感器就采用了压敏电阻。

2）光敏电阻。光敏电阻是利用半导体的光电效应制成的，光照强度越强，电阻阻值越小；光照强度越弱，电阻阻值越大。例如，汽车自动空调控制系统中就使用了光敏电阻。

3）热敏电阻。热敏电阻是阻值随温度的变化而改变的电阻。热敏电阻包括正温度系数热敏电阻（PTC）、负温度系数热敏电阻（NTC）以及临界热敏电阻（CTR）。汽车上常用负温度系数热敏电阻，温度越高，电阻阻值越小。例如，发动机冷却液温度传感器及进气温度传感器就使用了负温度系数热敏电阻。

7. 电容

（1）电容的定义和单位

电容是表示电容器储存电荷能力的物理量，它在数值上等于将电容器的两极板间的电压增加 1 V 所需的电荷量。

电容的单位为法拉，用 F 表示。在实际应用中，用法拉作为单位太大，毫法（mF）、微法（μF）、纳法（nF）、皮法（pF）等单位经常被使用，其换算公式为：

$$1\ \text{F}=10^3\ \text{mF}=10^6\ \mu\text{F}=10^9\ \text{nF}=10^{12}\ \text{pF}$$

（2）电容器的分类

按电容器的容量是否可调，分为固定电容器、可变电容器、微调电容器；按材料不同，分为电解电容器、瓷片电容器、涤纶电容器、钽电容器等；按有无极性，分为有极性电容器和无极性电容器。常见的电容器如图 2–1–5 所示。

图 2–1–5　常见的电容器

a）电解电容器　b）涤纶电容器　c）瓷片电容器　d）微调电容器

二、欧姆定律

1. 部分电路欧姆定律

在初中，我们曾学习过欧姆定律，其内容是：导体中的电流与导体两端的电压成正比，与导体的电阻成反比，其公式为：

$$I = \frac{U}{R}$$

实际上，以上定律中所涉及的这段电路并不包括电源。这种只含有负载而不包含电源的一段电路称为部分电路，如图 2–1–6a 虚线框中所示。因此，更准确地说，这一定律应称为部分电路欧姆定律。

部分电路欧姆定律的计算公式还与参考方向的选取有关。在图 2–1–6b 所示电路中，电压与电流方向相反，则部分电路欧姆定律的表达式也应相应改为：

$$I = -\frac{U}{R}$$

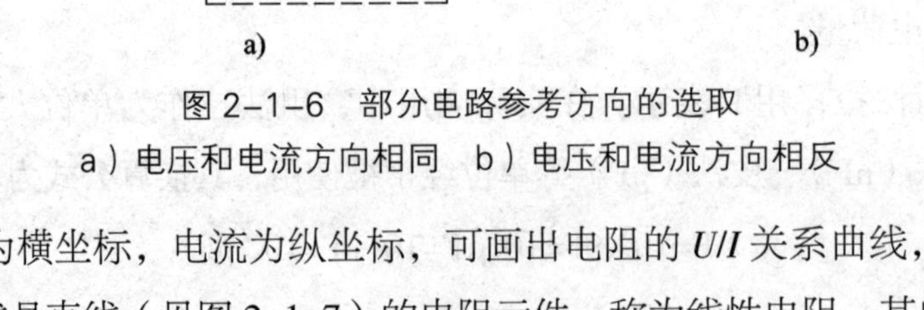

图 2–1–6　部分电路参考方向的选取

a）电压和电流方向相同　b）电压和电流方向相反

如果以电压为横坐标，电流为纵坐标，可画出电阻的 U/I 关系曲线，称为伏安特性曲线。伏安特性曲线是直线（见图 2–1–7）的电阻元件，称为线性电阻，其电阻阻值可认为是不变的常数；不是直线的（见图 2–1–8），则称为非线性电阻。

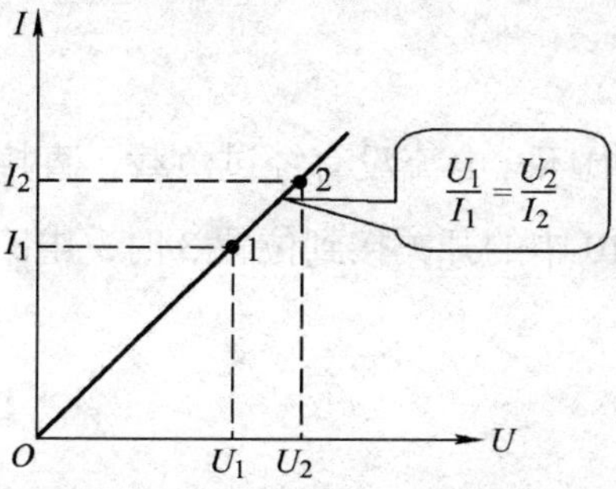

图 2–1–7　线性电阻的伏安特性曲线

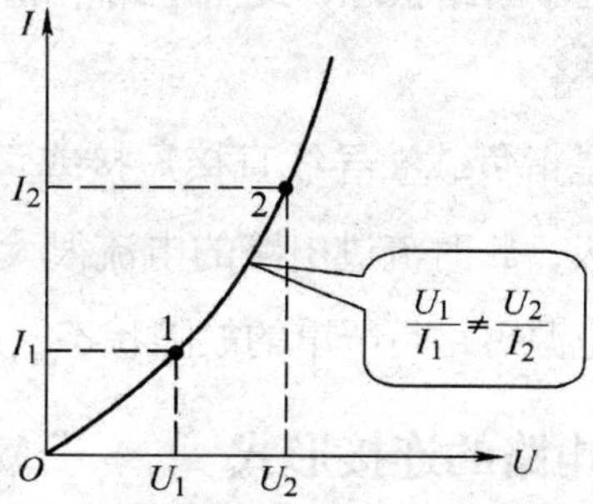

图 2–1–8　非线性电阻的伏安特性曲线

2. 全电路欧姆定律

与部分电路相对应，含有电源的闭合电路称为全电路，如图 2–1–9 所示。电源内部的电路称为内电路，如发电机的线圈、电池内的溶液等。电源内部的电阻称为内电阻，简称内阻。电源外部的电路称为外电路，外电路中的电阻称为外电阻。

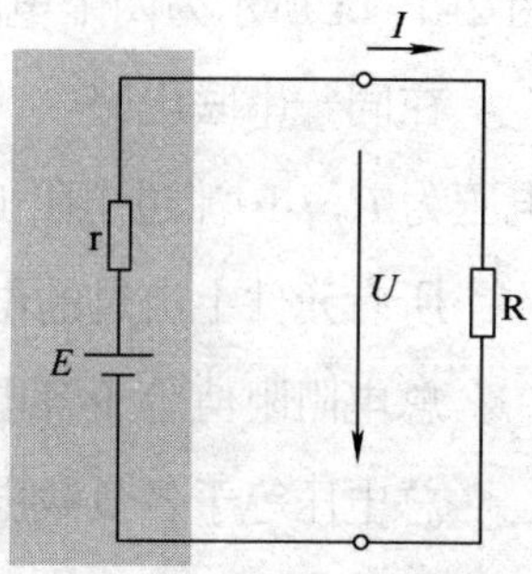

图 2–1–9　简单的全电路

图 2–1–9 中，为了便于表达，将电源内部电阻等效为一个独立的电阻 r 来表示，如无特殊说明，本书中均采用此种表达方式，即电源符号 ⊣⊢ 仅表示电源的电动势。

全电路欧姆定律的内容是：闭合电路中的电流与电源的电动势成正比，与电路的总电阻（内电阻与外电阻之和）成反比，公式为：

$$I = \frac{E}{R + r}$$

由上式可得：

$$E = IR + Ir = U_{外} + U_{内}$$

式中，$U_{内}$为内电路的电压降，$U_{外}$为外电路的电压降，也是电源两端的电压。这样，全电路欧姆定律又可表述为：在一个闭合回路中，电源电动势等于外电路电压降与内电路电压降之和。

三、电路的三种状态

1. 通路

通路也称为闭路，是指从电源的一端沿着导线经过负载最终回到电源另一端的闭合电路。当图 2–1–10 中的开关接到位置 1 时，电路处于通路状态，有电流流过。

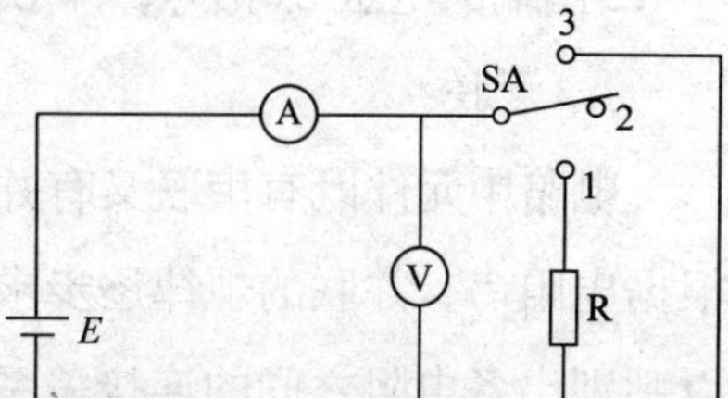

图 2–1–10　电路的三种状态

2. 断路

断路也称为开路。当图 2–1–10 中的开关接到位置 2

时，电路处于断路状态，此时电路中的电流为零。

3. 短路

短路是指负载被导线直接短接或负载内部击穿损坏，电流没有经过负载，直接从电源正极到负极，此时流过电路的电流很大。当图 2–1–10 中的开关接到位置 3 时，电路处于短路状态。电源短路是严重的故障状态，必须避免发生。

四、电路的连接形式

1. 串联

两个或多个元件首尾相接在电路中，使电流只有一条通路，这种连接方式称为串联。图 2–1–11 所示为两个电阻的串联电路。

在同一串联电路中，若流过电阻 R1 的电流为 I_1，电压为 U_1；流过电阻 R2 的电流为 I_2，电压为 U_2……流过电阻 Rn 的电流为 I_n，电压为 U_n，则：

所有元件上流过的电流相等，即 $I_1=I_2=\cdots=I_n=I_{总}$。

总电阻阻值等于各电阻阻值之和，即 $R_1+R_2+R_3+\cdots+R_n=R_{总}$。

总电压等于各负载电压之和，即 $U_1+U_2+U_3+\cdots+U_n=U_{总}$。

2. 并联

电路中有两个或多个元件连接在两个公共的节点之间，承受同一个端电压，这些元件的连接关系称为并联，图 2–1–12 所示为两个电阻的并联电路。

在并联电路中，总电阻阻值的倒数等于各电阻阻值倒数之和，即 $\frac{1}{R_{总}}=\frac{1}{R_1}+\frac{1}{R_2}+\frac{1}{R_3}+\cdots+\frac{1}{R_n}$。

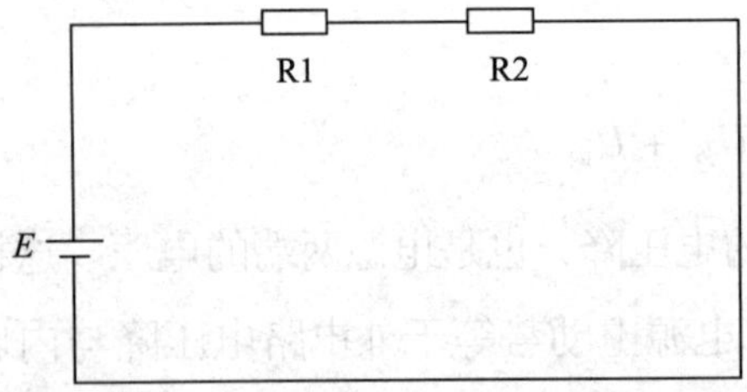

图 2–1–11　两个电阻的串联电路

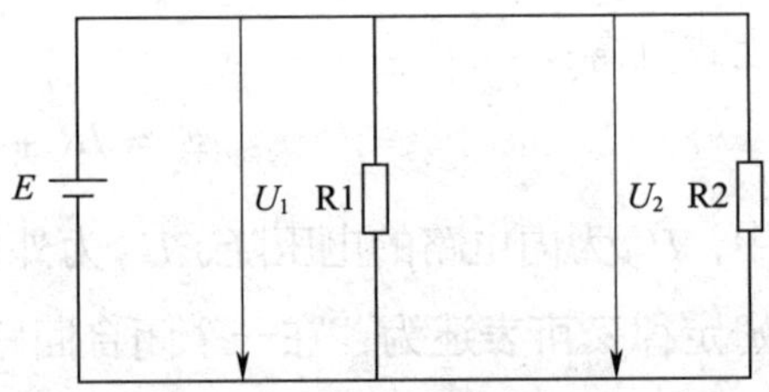

图 2–1–12　两个电阻的并联电路

在同一并联电路中，并联元件上的电压相等。在图 2–1–12 中，电阻 R1 两端的电压 U_1 和 R2 两端的电压 U_2 相等，即 $U_1=U_2$。

3. 混联

电路中元件既有串联又有并联的连接方式称为混联。对于电阻混联电路的计算，只需根据电阻串、并联的规律逐步求解即可，但对于某些较为复杂的电阻混联电路，一下子难以判别出各电阻之间的连接关系，比较有效的方法就是画出等效电路图，即把原电路整理成较为直观的串、并联关系的电路图，然后计算其等效电阻。

技能训练

一、串联电路的连接

1. 任务准备

准备 12 V 铅酸蓄电池 4 块、开关 4 个、灯泡及灯座 8 套、熔断器 4 个、导线若干。

2. 操作步骤

学生分 4 组完成灯泡的串联连接训练，具体操作步骤如下：

（1）按要求画出灯泡串联电路图。

（2）各小组根据画好的串联电路图，分别完成灯泡串联电路的实物连接。

二、并联电路的连接

1. 任务准备

准备 12 V 铅酸蓄电池 4 块、开关 12 个、灯泡及灯座 8 套、熔断器 12 个、导线若干。

2. 操作步骤

学生分 4 组完成灯泡的并联连接训练，具体操作步骤如下：

（1）按要求画出灯泡并联电路图。

（2）各小组根据画好的并联电路图，分别完成灯泡并联电路的实物连接。

课题❷ 测量仪器的使用

学习目标

1. 掌握指针式万用表、数字式万用表的使用方法。
2. 掌握绝缘测试仪的使用方法。
3. 掌握汽车专用示波器的使用方法。
4. 能正确、规范地使用万用表和汽车专用示波器完成测量任务。
5. 能提高安全操作意识。

一、万用表

万用表是一种最常用的电工测量仪表，它的功能齐全，能够测量多种电量和电参数，并且测量功能多、操作简单、携带方便。

目前广泛使用的万用表有指针式万用表和数字式万用表。

1. 指针式万用表

指针式万用表可以测量直流电流、直流电压、交流电压、直流电阻等，有的还可以测量电容、电感、三极管放大倍数等。图 2–2–1 所示为 MF47 型指针式万用表。

万用表面板主要分成两个区域，即刻度区和换挡开关区。换挡开关区分为直流电流挡、直流电压挡、交流电压挡、电阻挡等，刻度区对应不同测量挡位有不同的刻度线。

（1）直流电流和直流电压的测量

测量 0.05 ~ 500 mA 的直流电流或 0.25 ~ 1 000 V 的直流电压时，应先将转换开关旋至合适的挡位，再进行测量。

1）测电流。将测试表笔串联接入电路中，图 2–2–2 所示为测量灯泡的电流，红表笔接电源的正极，电流流入；黑表笔接电源的负极，电流流出。测量值即为流过灯泡的电流值。

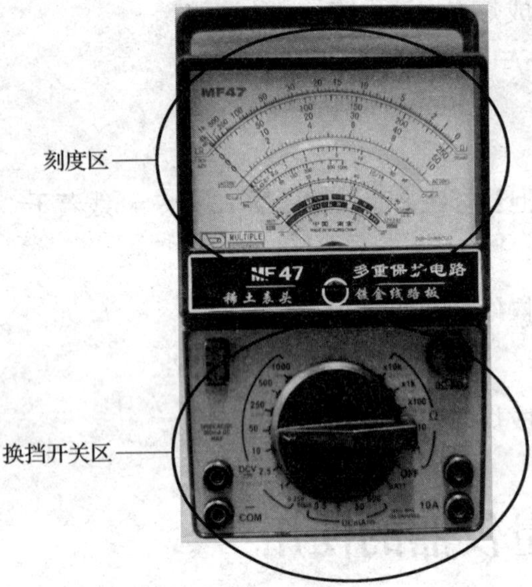

图 2–2–1　MF47 型指针式万用表

图 2–2–2　测量灯泡的电流

2）测电压。将测试表笔并联接入电路中，图 2–2–3 所示为测量灯泡的电压，红表笔接电源的正极，黑表笔接电源的负极。测量值即为发光灯泡两端的电压值。

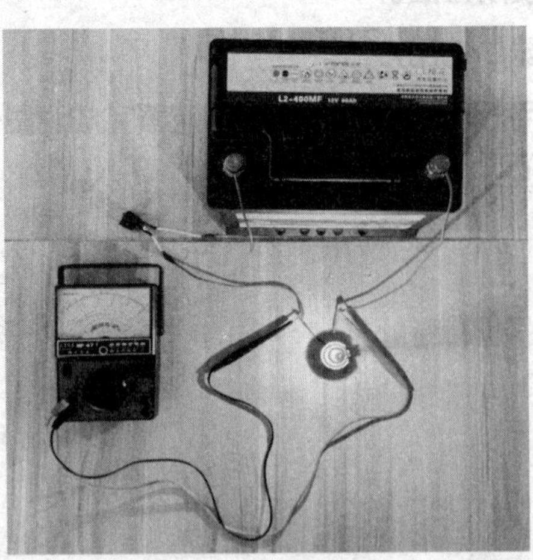

图 2–2–3　测量灯泡两端电压

提示

1）测量直流电流和电压时，要注意正、负极性，以免指针反偏。

2）测量时要选择合适的量程，应使指针偏转在量程满刻度的 2/3 左右，如果无法估计被测电压或电流的大小，则应先选择最高量程挡位测量一次，再视情况逐渐调整量程。

3）10 A 和 2 500 V 量程为单独插孔；当使用 10 A 直流电流插孔测直流电流时，转换开关应置于直流 500 mA 电流挡位；当使用 2 500 V 电压插孔测直流电压时，转换开关应置于直流 1 000 V 电压挡位。

（2）交流电压的测量

交流电压的测量方法与直流电压的测量方法相同，但无须考虑表笔的颜色，将万用表并联到被测电路中即可。

提示

1）当使用 2 500 V 电压插孔测交流电压时，转换开关需置于交流 1 000 V 电压挡位。为扩大交流电压的量程，需要在测量电路中串联附加电阻，万用表的交流电压挡附加电阻与直流电压挡共用。

2）测量交流电压时要注意安全。

（3）电阻的测量

MF47 型指针式万用表电阻挡共有 R × 1、R × 10、R × 100、R × 1 k 和 R × 10 k 挡五个量程。使用万用表欧姆挡测量电阻如图 2-2-4 所示，除前面提到的使用前应做到的要求外，还应遵循以下步骤：

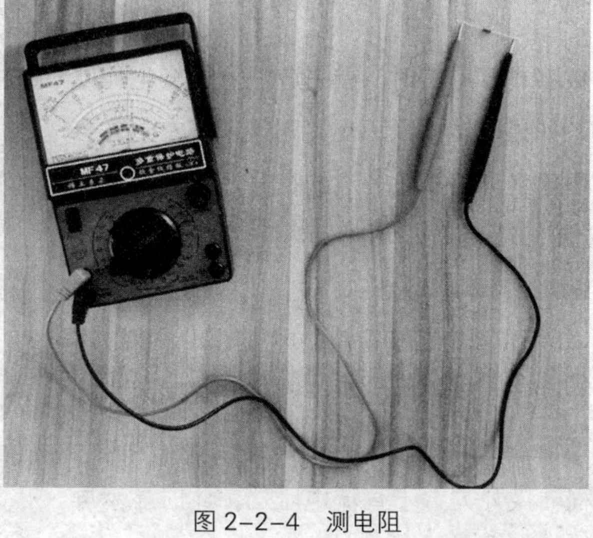

图 2-2-4　测电阻

1）将转换开关置于 R×100 挡，将两表笔短接，调整欧姆调零旋钮，使指针指向欧姆刻度尺右端的零位。若指针无法调到零位，说明表内电池电压不足，应更换电池。

2）用两表笔分别接触被测电阻两引脚进行测量。正确读出指示数值，再乘倍率（R×100 挡应乘 100，R×1 k 挡应乘 1 000）就是被测电阻的阻值。

3）为使测量结果较为准确，测量时应使指针指在刻度线中心位置附近。若指针偏转角较小，应换用 R×1 k 挡；若指针偏转角较大，应换用 R×10 挡或 R×1 挡。每次换挡后，应再次调整欧姆调零旋钮，然后再进行测量。

4）测量结束后，应拔出表笔，将转换开关置于交流电压最大量程挡位（部分型号万用表应置于“OFF”挡），并将万用表放置妥当。

提示

1）应将被测电阻从电路中拆下后再进行测量，不能带电测量。

2）两只表笔不要长时间碰在一起。

3）操作者的双手不能同时接触两表笔的金属杆或被测电阻的两引脚，以免造成读数误差，最好用单手同时持两根表笔。

4）长时间不使用万用表时，应将万用表中的电池取出。

2. 数字式万用表

数字式万用表除了具有指针式万用表的功能外，还可以测量频率、三极管放大倍数等参数。

数字式万用表主要由数字式电压基本表、测量电路、量程转换开关等组成。其中，测量电路能将待测电量和电路参数转换为毫伏级的直流电压，供数字式电压基本表显示数值。当量程转换开关置于不同的位置时，可组成不同的测量电路。图 2-2-5 所示为 AT2150B 型数字式万用表。

图 2-2-5　AT2150B 型数字式万用表

使用 AT2150B 型数字式万用表时，首先应注意检查电池电量，按“POWER”键，如果电池电量不足，则显示屏左上方会出现相应符号。还要注意测试笔插孔旁边的符号，它们用来提示测试电压和电流不要超出指示数值。

（1）电压的测量

1）测直流电压。如测量发光二极管两端电压时，需将数字式万用表的测试表笔并联接入电路中，线路连接方式同用指针式万用表测量。此外，还应遵循以下步骤：

①将万用表的量程转换开关置于直流电压挡，此时显示屏

应显示 DC。红表笔插入“VΩ”插孔，黑表笔插入“COM”插孔。

②红表笔接电源的正极，黑表笔接电源的负极。

③读取显示屏上的测试值，即为发光二极管的电压值。

提示

插在“VΩ”插孔中的红表笔接被测电路的正极，插在“COM”插孔中的黑表笔接被测电路的负极。

2）测交流电压。将万用表的量程转换开关置于交流电压挡，此时显示屏应显示 AC。其他步骤与直流电压的测量方法相同，但无须考虑表笔的颜色。测量交流电压时要注意安全。

（2）电流的测量

1）测直流电流。如测量流经发光二极管的直流电流时，需将万用表的测试表笔串联接入被测电路中，线路连接方式同用指针式万用表测量。此外，还应遵循以下步骤：

①将万用表的量程转换开关置于直流电流挡。当被测电流不超过 200 mA 时，将红表笔插入“mA”插孔；当被测电流大于 200 mA 时，将红表笔插入“20 A”插孔。黑表笔插入“COM”插孔。

②红表笔接电源的正极，电流流入；黑表笔接电源的负极，电流流出。

③读取显示屏上的测试值，即为流经发光二极管的电流值。

2）测交流电流

将万用表的量程转换开关置于交流电流挡，其他步骤与直流电流的测量方法相同，但无须考虑表笔的颜色。

（3）电阻的测量

当测量灯泡的电阻时，需将万用表的测试表笔分别接灯泡的两端，具体步骤如下：

1）将万用表的量程转换开关置于适合的电阻挡位，红表笔插入“VΩ”插孔，黑表笔插入“COM”插孔。将两表笔短接，此时万用表读数为初始电阻阻值。

2）将万用表两表笔跨接在被测灯泡的两端。

3）读取显示屏上的测试值，用该值减去初始电阻阻值即为被测灯泡的电阻阻值。

4）测量结束后，应拔出表笔，按“POWER”键关闭万用表，并将万用表放置妥当。

提示

使用数字式万用表测量电阻的注意事项与使用指针式万用表时相同。

二、绝缘测试仪

绝缘测试仪是电动汽车维护中不可或缺的测量仪表，它不仅能测量交直流电压和电阻，还能进行绝缘电阻测量。图 2–2–6 所示为 FLUKE1508 绝缘测试仪。

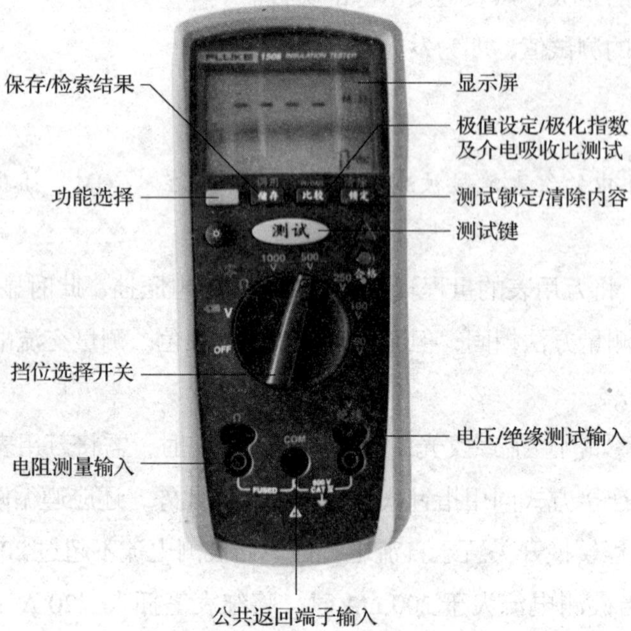

图 2–2–6　FLUKE1508 绝缘测试仪

1. 测交直流电压

（1）将测试探头分别插入“V”和“COM”插孔。

（2）将挡位选择开关旋至“V”挡。

（3）将绝缘测试仪的绝缘测试表笔（红表笔）与被测端子接触，绝缘夹（黑表笔）与部件壳体或车体接触，屏幕显示数据即为被测电压值，如图 2–2–7 所示。

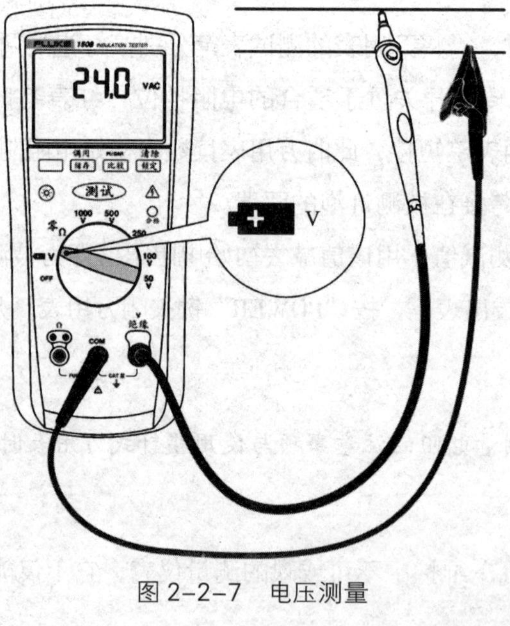

图 2–2–7　电压测量

2. 测绝缘电阻

对整车进行绝缘电阻测量前，首先应确保断开高压电，测量步骤如下：

（1）将测试探头分别插入“V”和“COM”插孔。

（2）根据测量车辆的电压范围，将挡位选择开关旋至合适的测试电压挡位。例如，对北汽新能源 EV200 进行绝缘电阻检测时，一般选择 500 V 挡位。

（3）将绝缘测试表笔（红表笔）与被测部件的高压端子接触，绝缘夹（黑表笔）与部件壳体或车体接触。

（4）按住绝缘测试表笔测试键“TEST”或表体的“测试”键，辅显示位置显示被测电路上施加的测试电压，主显示屏显示高压符号并以 MΩ 或 GΩ 为单位显示电阻阻值，待读数稳定后，读取显示屏上的数据，即为绝缘电阻阻值，如图 2–2–8 所示。

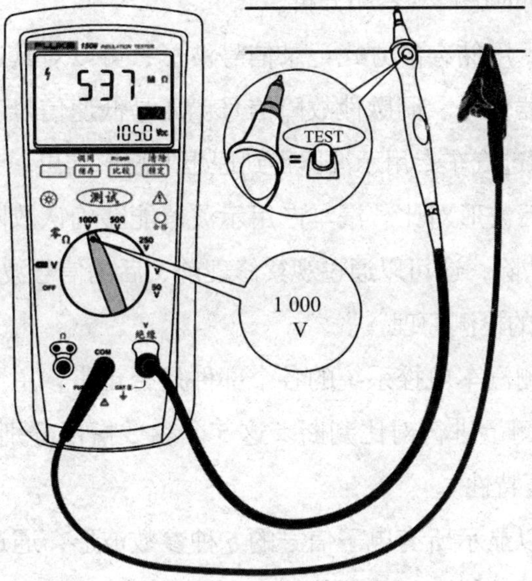

图 2–2–8　绝缘电阻测量

3. 绝缘测试仪的使用注意事项

（1）必须在断电情况下进行绝缘电阻的测量。

（2）只能进行各导电端子与车体或壳体之间的测量。

（3）高压部件内部有电容存在，因此严禁高压部件端子之间的绝缘电阻测量。

（4）绝缘电阻测量后需要保持 1 min，待数值稳定后再进行读数。

（5）严禁用绝缘测试仪对低压电器进行测量。

三、汽车专用示波器

使用通用的示波器测试汽车电控系统的电子设备时，最大的困难是设定示波器（即调整示波器的各个按钮，使显示的波形更为清楚）和分析波形。汽车专用示波器使汽车电子设备的测试变得非常简单，只要选择测试的内容，无须任何设定和调整就可以直接观察波形。汽车专用示波器是专门为汽车维修人员设计的示波器，它的设定和调整是全自动的，如图 2–2–9 所示。

图 2–2–9　汽车专用示波器

1. 汽车专用示波器的功能

（1）快速捕捉电路信号并以波形形式显示。有些汽车电子设备的信号变化非常快，变化周期达到千分之一秒。许多故障信号是间歇性的，时有时无，这就需要仪器的测试速度高于故障信号的速度，汽车专用示波器即可满足需求。汽车专用示波器不仅可以快速捕捉电路信号，还可以用较慢的速度显示这些波形，以便同时进行观察和分析。

（2）储存信号波形。用储存的方式记录信号波形，可以对其进行反复观察和分析。无论是高速信号（如喷油器信号、间歇性故障信号）还是低速信号（如节气门位置变化及氧传感器信号），都可以通过汽车专用示波器得到理想的波形结果。

（3）故障排除前、后波形对比。汽车专用示波器能够确认故障是否被排除，而不是仅仅能确定故障码是否被清除，这可以通过观察修理前、后的信号波形进行判断。

2. 汽车专用示波器的检测原理

汽车专用示波器检测汽车电控系统的各个部件是否正常，主要是通过对其电子信号所具有的 5 个参数指标的测量进行对比判断。这 5 个参数指标分别是：幅值、频率、形状、脉宽、阵列（信号的重复特性）。

汽车专用示波器可以显示所有电子信号的 5 种参数波形，通过波形分析可进一步检查出电路中的传感器、执行器等各部分的故障，也可以进行修理后的结果分析，最后再做氧反馈平衡检查，确定整个发动机控制系统的运行情况。例如，ADC2000 汽车专用示波器的内部配置 16 种重要传感器的标准波形，用户可以将测量波形与标准波形进行比较，分析传感器的故障。

3. 汽车专用示波器的使用注意事项

（1）当测试点火波形时，必须使用示波器附件中的专用电容探头，不能将示波器探头直接接入点火次级电路。

（2）使用汽车专用示波器的过程中应注意远离热源，如排气管、催化转化器等，若温度过高会损坏仪器。

（3）使用汽车专用示波器的过程中要使测试线尽量远离风扇叶片、传动带等传动部件。

（4）路试中，不要将汽车专用示波器放在仪表台上方，最好拿在手中进行测试。

（5）测试前应确认发动机舱盖是否支撑稳妥，防止发动机舱盖突然下落伤及操作者头部或损坏汽车专用示波器。

技能训练

一、万用表的使用

使用 AT2150B 型数字式万用表测量丰田凯美瑞轿车相关部件的电压、电流和电阻。

1. 测量电压

（1）将黑表笔插入“COM”插孔，红表笔插入“VΩ”插孔，如图 2–2–10 所示。

图 2–2–10　测量电压

（2）当测量直流电压时，将挡位选择开关置于合适的直流电压测量挡位。当测量交流电压时，则应置于合适的交流电压测量挡位。

（3）将红表笔接到被测负载或信号源（丰田凯美瑞轿车节气门位置传感器）上，黑表笔搭铁。

（4）闭合点火开关，在图 2–2–10 中，数字式万用表的读数为 3.82 V，同时会指示出红表笔的极性（如数字前显示“+”，则红表笔接的是正极，否则为负极）。

2. 测量电流

（1）将黑表笔插入“COM”插孔，当被测电流不超过 200 mA 时，红表笔插入“mA”插孔；若被测电流大于 200 mA，则红表笔插入“20 A”插孔。

（2）将挡位选择开关置于适当的直流电流或交流电流测量挡位，将测试表笔串联接入被测电路。

（3）闭合点火开关，万用表会显示电流读数。

3. 测量电阻

（1）普通电阻的测量

1）将黑表笔插入“COM”插孔，红表笔插入“VΩ”插孔。

2）将挡位选择开关置于适当的电阻测量挡位，将两表笔跨接在被测电阻（喷油器）两端，如图 2-2-11 所示，测得阻值为 12.8 Ω（不考虑两表笔短接的初始电阻）。

（2）热敏电阻（水温传感器）的测量

1）将黑表笔插入“COM”插孔，红表笔插入“VΩ”插孔。

2）将水温传感器（见图 2-2-12）放入不同温度的热水中，保持该温度 5 min。

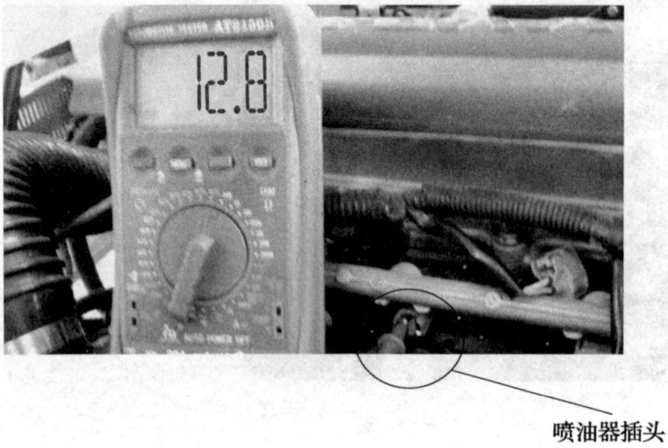

图 2-2-11　测量丰田凯美瑞喷油器的电阻

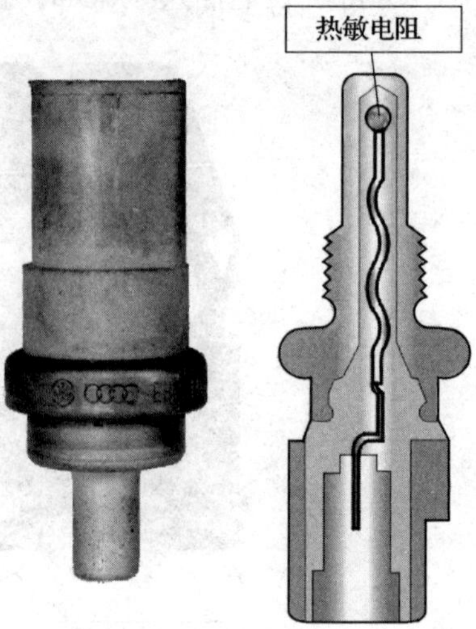

图 2-2-12　水温传感器

3）将挡位选择开关置于适当的电阻测量挡位，从热水中取出加热好的水温传感器，将测试表笔跨接在水温传感器上。

4）将测得的读数分别填入表 2-2-1 中。

表 2-2-1　水温传感器电阻测量结果

温度（℃）	电阻阻值（Ω）	温度（℃）	电阻阻值（Ω）
20		60	
30		70	
40		80	
50		90	

提示

（1）当量程选择过小时，仪表仅在最高位显示数字“1”，其他位均消失，这时应选择更大的量程。当被测电阻阻值大于 1 MΩ 时，需数秒后方能稳定读数，这对于高电阻的测量而言是正常的。

（2）测量电压时，应将数字式万用表与被测电路并联。测量电流时，应将数字式万用表与被测电路串联。

（3）测量在线电阻时，确认被测电路电源关闭后，方可进行测量。

（4）当使用 200 MΩ 量程进行测量时应注意，此量程下两表笔短接时读数为 1.0 MΩ，这是正常现象，此读数是一个固定的偏移值。例如，当被测电阻阻值为 100 MΩ 时，读数为 101.0 MΩ，正确的阻值是将显示值减去 1.0 MΩ。测量高阻值电阻时，应尽可能将电阻直接插入“VΩ”和“COM”插孔中，长导线在高阻值电阻测量时容易感应干扰信号，使读数不稳定。

（5）禁止在测量高电压（220 V 以上）或大电流（0.5 A 以上）时切换量程，以防止产生电弧，烧毁开关触点。

4. 测量电容

（1）连接电容器前，显示可以缓慢地自动校零，将挡位选择开关置于电容挡并选择合适的量程。

（2）把测量电容连接到电容输入插孔（不用试棒）时，有必要注意极性连接。

（3）读出测量的电容值。

提示

（1）测量单个电容器时，应将管脚插入面板左下方的两个插孔中（插入插孔之前电容器务必放尽电，以免损坏仪表）。

（2）测量大电容时，注意在最后指示之前会存在一定的滞后时间。

（3）不要把一个具有外部电压或已充好电的电容器（特别是大电容电容器）连接到测试端。

5. 测量温度

测量温度时，将热电偶传感器的冷端（自由端）插入温度插孔中，将热电偶传感器的工作端（测量端）置于待测物表面或内部，可直接通过表笔插座测量。

提示

（1）此万用表设计为热电偶传感器插入温度插孔后，自动显示被测温度。当热电偶传感器开路时，显示常温。

（2）此万用表随机所附 WRNM-010 裸露式接点热电偶传感器极限温度为 2 500 ℃（短期内为 3 000 ℃）。

6. 测量数据保持

按“HOLD”键，显示数字为测量数据，显示保持符号“H”。

7. 测量二极管、三极管（参见模块四）

8. 测量电路的通断

（1）将万用表黑表笔插入“COM”插孔，红表笔插入“VΩ”插孔。

（2）将挡位选择开关置于“•))) ▶|”挡位。

（3）将表笔跨接在待测线路的两端，当两点之间的电阻阻值小于 50 Ω 时，蜂鸣器便会发出鸣叫。

提示

（1）当输入端开路时，仪表会显示过量程状态。

（2）电路的通断测试必须在切断电源的状态下进行。因为任何负载信号都可能使蜂鸣器鸣叫，导致错误判断。

二、用汽车专用示波器测量简单信号

用汽车专用示波器测量简单信号的测量步骤及操作要领见表 2-2-2。

表 2-2-2 用汽车专用示波器测量简单信号的测量步骤及操作要领

测量步骤	操作要领	屏幕显示
进入示波器	按要求连接仪器，将发动机分析测试卡插入主机后开机。按除“RESET”“ESC”、电源键三个键外的任意键，均可进入主功能菜单，如右图所示。在此画面下按“1”键，选择“1. 四通道示波器”（其他功能可通过按对应的数字键实现）	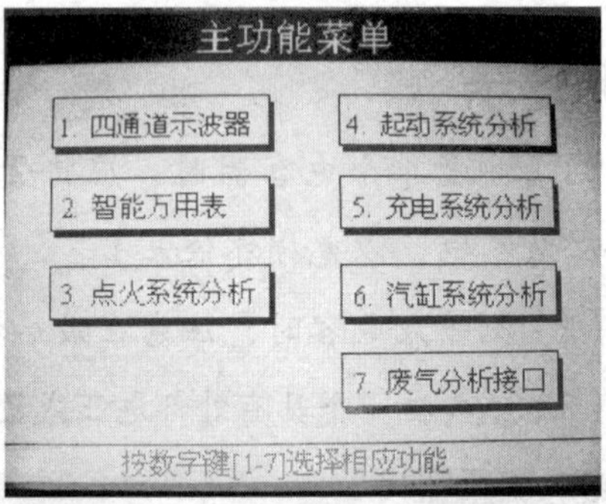
选择通道	进入“四通道示波器”菜单后，可根据实际测试的传感器，按菜单提示选择通道。如选择“2. 自动设置（CH1）”表示将通道 CH1 的探头连接到电路被测点，自动设置通道 1 的电压和时间分辨率，接收和显示通道 1 的信号波形	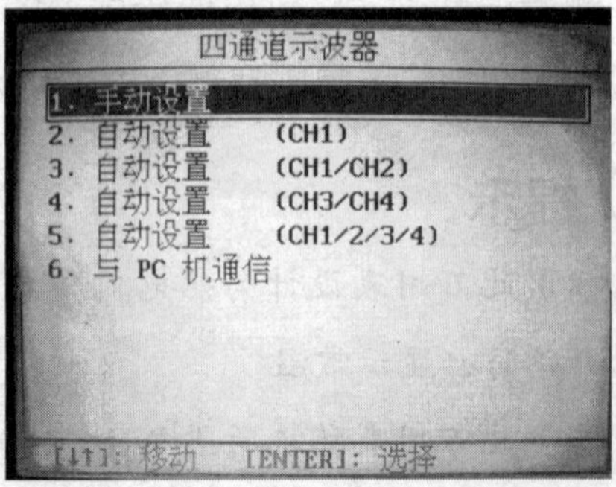

续表

测量步骤	操作要领	屏幕显示
选择传感器	进入“通道1　自动设置”菜单，根据需要进行选择	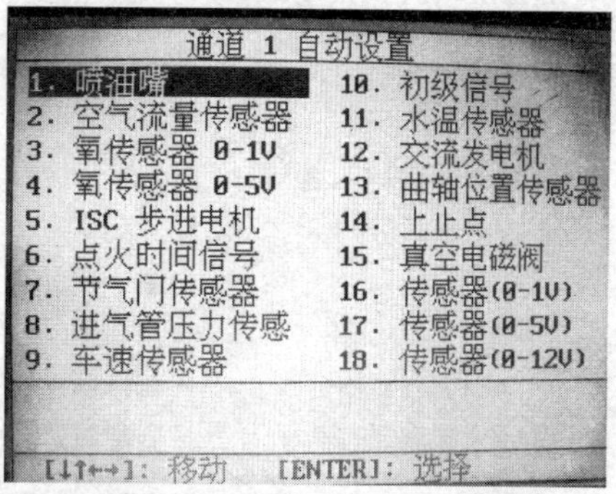
显示波形	显示画面分为三部分，上部显示控制菜单，中间部分显示波形，下部显示当前设定状态	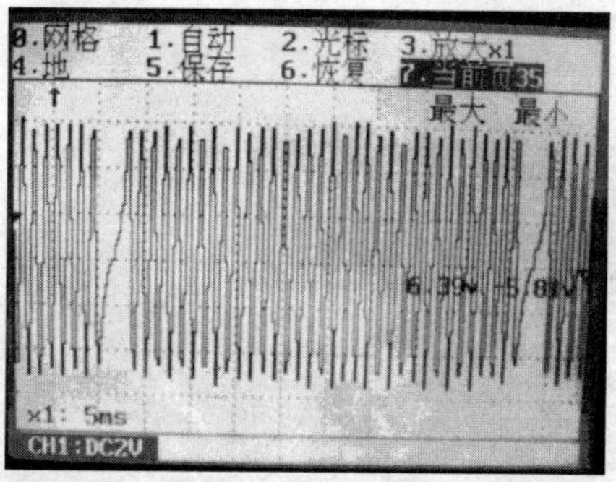
显示控制	在显示控制功能中，可以根据需要调整示波器波形的显示。显示控制功能可以分为正常模式（见图a）和保持模式（见图b）。保持模式是为了详细分析波形而设计的	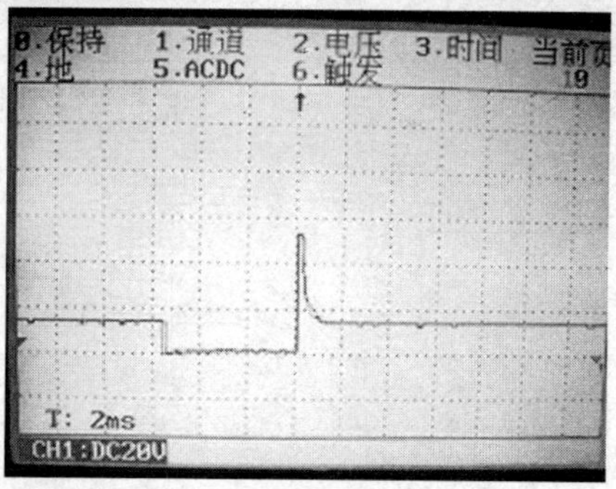a） 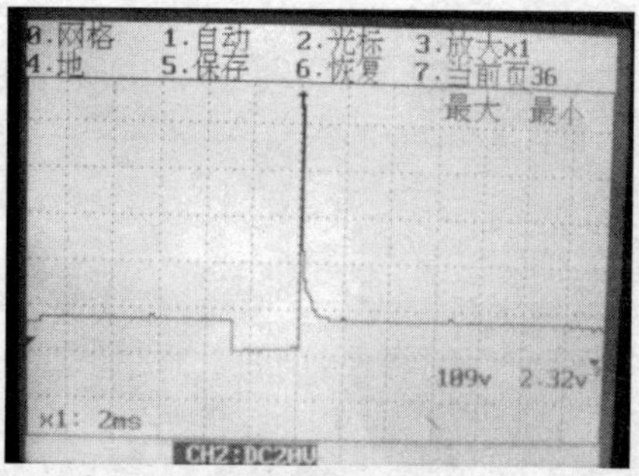b）

模块小结

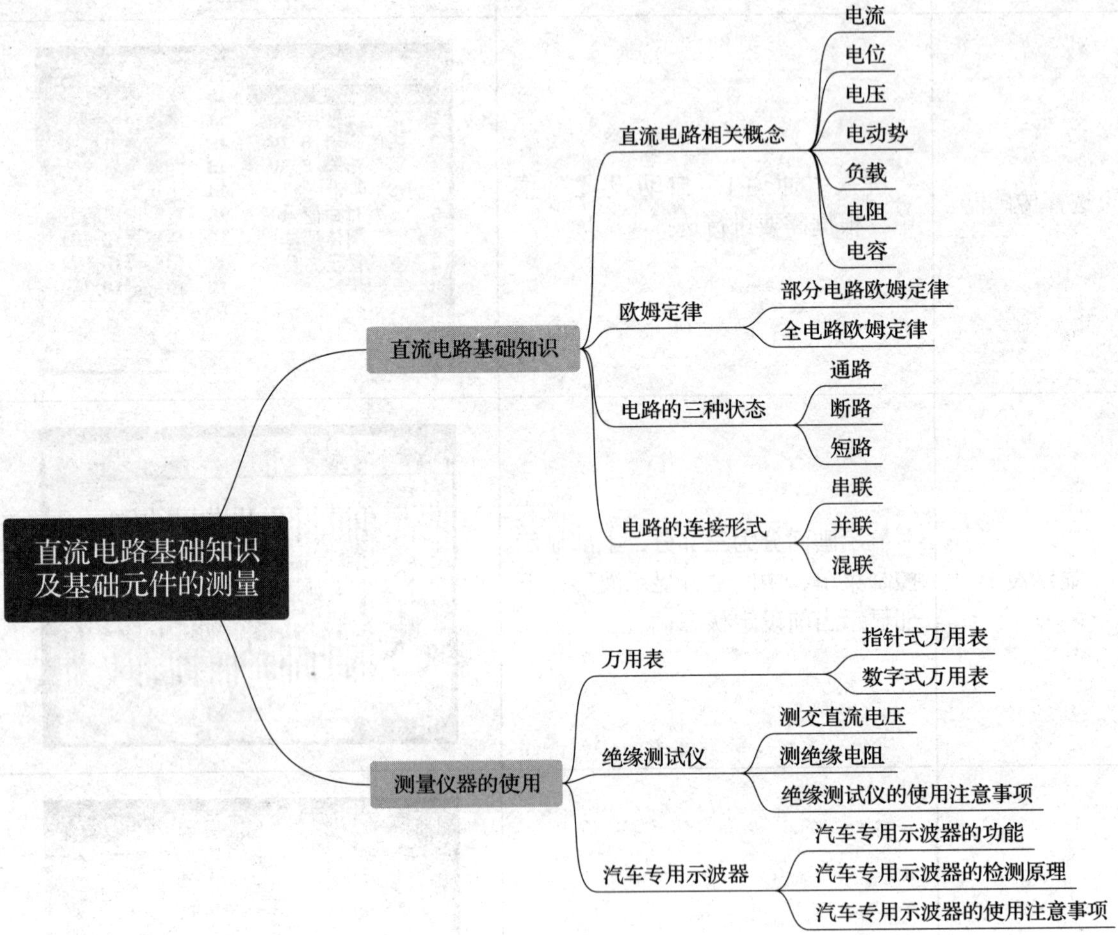
直流电路基础知识及基础元件的测量
直流电路基础知识
直流电路相关概念
电流
电位
电压
电动势
负载
电阻
电容
欧姆定律
部分电路欧姆定律
全电路欧姆定律
电路的三种状态
通路
断路
短路
电路的连接形式
串联
并联
混联
测量仪器的使用
万用表
指针式万用表
数字式万用表
绝缘测试仪
测交直流电压
测绝缘电阻
绝缘测试仪的使用注意事项
汽车专用示波器
汽车专用示波器的功能
汽车专用示波器的检测原理
汽车专用示波器的使用注意事项

模块三 磁场及电磁器件

课题1 磁场及电磁感应

学习目标

1. 了解磁场及其基本物理量。

2. 了解电流的磁效应、磁场对通电直导体的作用和电磁感应现象。

3. 掌握安培定则、左手定则、右手定则和楞次定律。

4. 了解磁路相关知识。

一、磁场及其基本物理量

1. 磁体与磁极

人们把物体能够吸引铁、镍、钴等金属及其合金的性质称为磁性，具有磁性的物体称为磁体。

磁体两端磁性最强的部分称为磁极。一个可以在水平面内自由转动的条形磁铁或小磁针，静止后总是一个磁极指南，一个磁极指北，如图 3–1–1 所示。指南的磁极称为指南极，简称南极（S）；指北的磁极称为指北极，简称北极（N）。

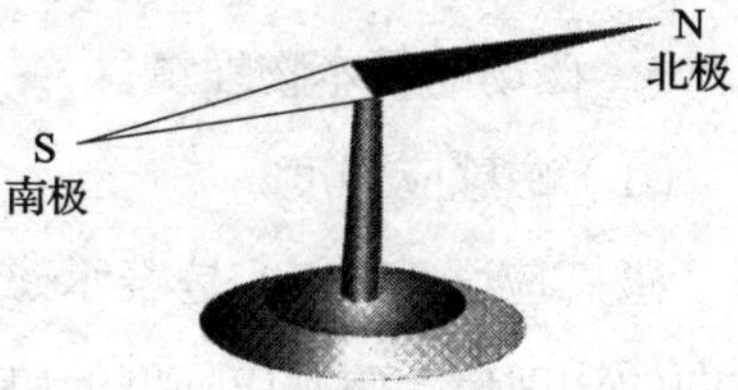

图 3–1–1　小磁针

与电荷之间的作用力相似，磁极之间也有相互作用力：同名磁极相互排斥，异名磁极相互吸引。

2. 磁场与磁感线

两个互不接触的磁体之间为什么会存在相互的作用力呢？这是因为磁体周围的空间存在着一种特殊的物质——磁场。判断某空间是否存在磁场，一般可用一个小磁针来检验，能使小磁针转动并总是停留在一个固定方向的空间中存在磁场。

条形磁铁的磁感线如图 3–1–2 所示。为了形象地描绘磁场的大小和方向，人们引入磁感线的概念。对磁感线有以下规定：

（1）磁感线是互不交叉的闭合曲线。在磁体外部磁感线由 N 极指向 S 极，在磁体内部由 S 极指向 N 极。

（2）磁感线上任意一点的切线方向就是该点的磁场方向，即放在该点的小磁针 N 极所指的方向。

（3）磁感线的疏密程度表示磁场的强弱，磁感线越密的地方磁场越强，反之越弱。磁感线方向相同、分布均匀而又相互平行的区域称为均匀磁场，反之则称为非均匀磁场。

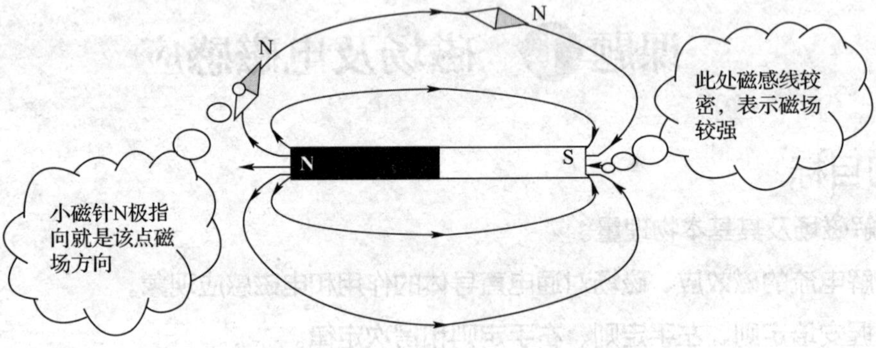

图 3–1–2　条形磁铁的磁感线

通常，平行于纸面的磁感线用带箭头的线表示。垂直于纸面向内的磁感线用符号“×”表示，垂直于纸面向外的磁感线用符号“·”表示。

磁感线是人们为方便研究磁场而引入的物理概念，它不是客观存在的。但是我们可以用实验的方法把磁感线显示出来。在条形磁铁的上面放一块玻璃板或纸板，撒上一些铁屑并轻敲，铁屑就会规则地排列成图 3–1–3 所示的形状，与磁感线相似。

3. 磁场的基本物理量

（1）磁感应强度

磁感应强度（B）是表示磁场内某点的磁场强弱和方向的物理量。磁感应强度的单位是特斯拉（T）。

均匀磁场中各点的磁感应强度大小相等、方向相同。

（2）磁通

磁感应强度（如果不是均匀磁场，则取 B 的平均值）与垂直于磁场方向的平面面积的乘积，称为通过该面积的磁通（Φ），即 $\Phi=BS$。磁通的单位是韦伯（Wb），简称韦。

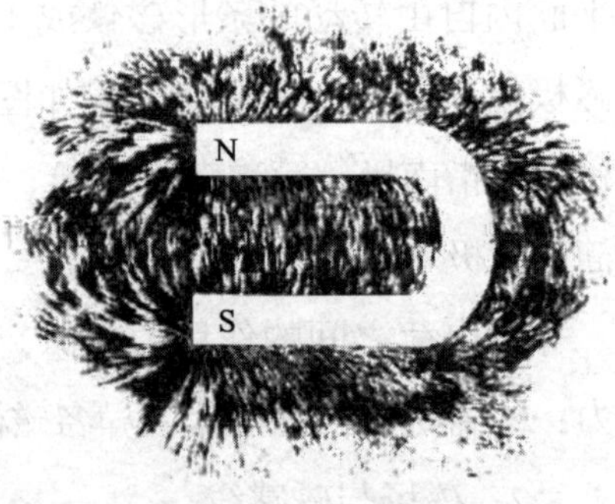

图 3–1–3　用铁屑模拟磁感线

（3）磁导率

磁导率（μ）是一个用来表示磁场媒质磁性的物理量，也就是用来衡量物质导磁能力的物理量。磁导率的单位是亨利 / 米（H/m）。

（4）磁场强度

磁场强度（H）是描述磁场性质的物理量，通过它来确定磁场与电流之间的关系。磁场内某点的磁场强度的大小等于该点磁感应强度除以该点的磁导率，即$H=\frac{B}{\mu}$。磁场强度的单位是安培 / 米（A/m）。

提示

磁性材料主要是指铁、镍、钴及其合金，将磁性材料放入磁场强度为H的磁场（常由线圈的励磁电流产生）内，会受到强烈的磁化。但当磁场强度减为零时，磁感应强度并不为零，这种性质称为磁性物质的磁滞性。有的剩磁是有害的，如果想去掉这些剩磁，通常采用改变线圈中励磁电流的方向，也就是改变磁场强度H的方向进行反向磁化的方法来实现。

二、电流的磁效应与安培定则

1. 电流的磁效应

任何通有电流的导线周围都存在磁场，电流产生磁场的现象称为电流的磁效应。可以通过图 3-1-4 所示的实验来验证电流的磁效应，将开关闭合，会发现小磁针偏转，这说明导线周围有磁场存在。

2. 安培定则

通电长直导线及通电螺线管周围的磁场方向可用安培定则来确定，安培定则也称为右手螺旋定则。

（1）通电长直导线周围磁场方向的确定。如图 3-1-5 所示，用右手握住通电导线，让拇指指向电流的方向，则弯曲的四指所环绕的方向就是磁感线的环绕方向。

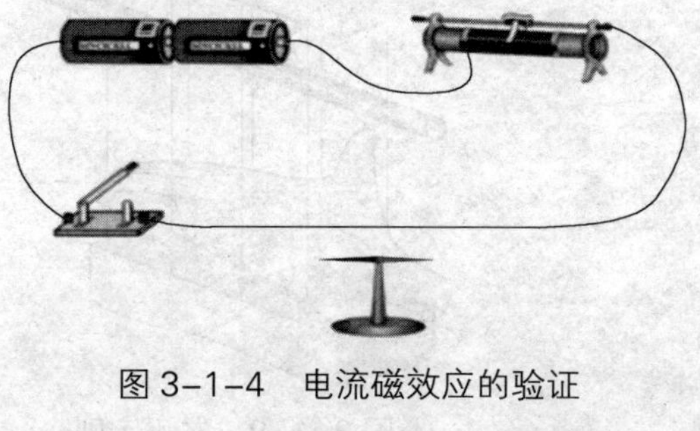

图 3-1-4 电流磁效应的验证

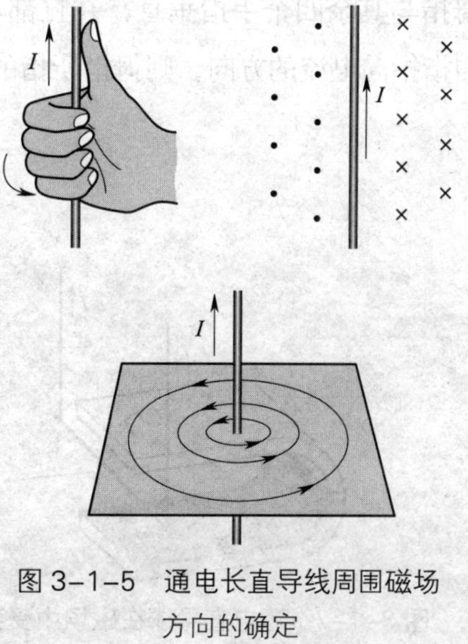

图 3-1-5 通电长直导线周围磁场方向的确定

（2）通电螺线管周围磁场方向的确定。如图 3-1-6 所示，用右手握住通电螺线管，让弯曲的四指环绕的方向与电流方向一致，则拇指所指的方向就是螺线管内部磁感线的方向，也就是通电螺线管的磁场 N 极的方向。

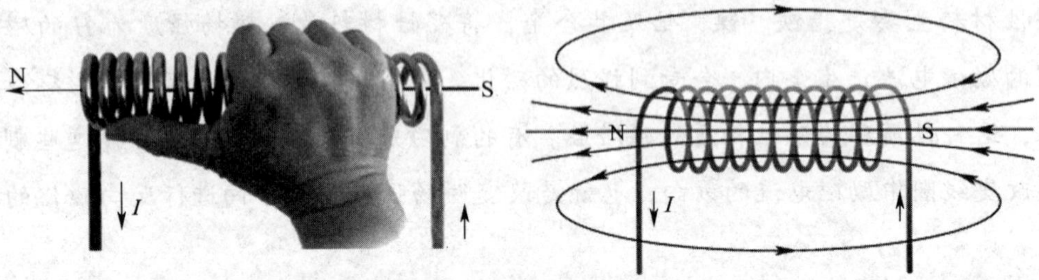

图 3-1-6　通电螺线管周围磁场方向的确定

三、磁场对通电直导体的作用与左手定则

通常把通电导体在磁场中受到的力称为安培力。如图 3-1-7 所示，在蹄形磁体两极所形成的匀强磁场中，悬挂一段直导线，让导线方向与磁场方向保持垂直，导线通电后，可以看到导线因受力而发生运动。

先保持导线通电部分的长度不变，改变电流的大小，然后保持电流不变，改变导线通电部分的长度。比较两次实验结果可以发现，当通电导线长度一定时，电流越大，电流所受安培力越大；当电流一定时，通电导线越长，安培力也越大。若交换磁极位置改变磁场方向，或改接电源极性改变导线中的电流方向，则导体的受力方向都随之改变。

通电直导体在磁场内的受力方向可用左手定则来判断。如图 3-1-8 所示，平伸左手，使拇指与其余四个手指垂直，并且都与手掌在同一个平面内，让磁感线垂直穿入掌心，并使四指指向电流的方向，则拇指所指的方向就是通电导体所受安培力的方向。

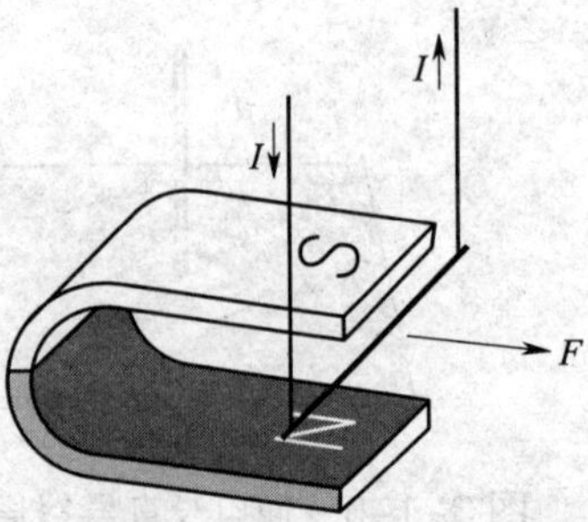

图 3-1-7　通电直导体在磁场中受到安培力

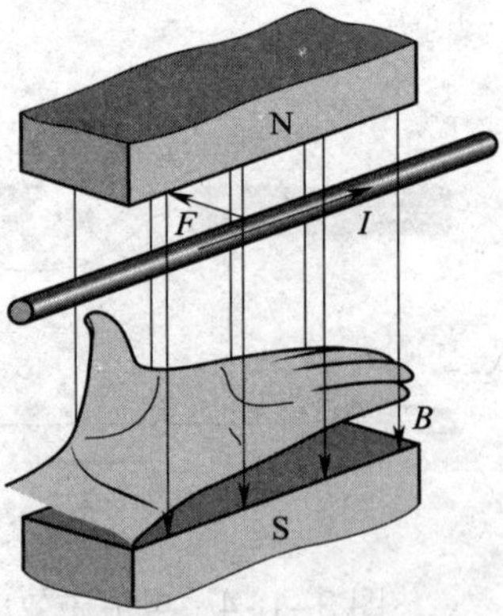

图 3-1-8　左手定则

把一段通电导线放入磁场中，当电流方向与磁场方向垂直时，电流所受的安培力最大。此时安培力的计算式为：

$$F=BIl$$

如果电流方向与磁场方向不垂直，而是有一个夹角 α（见图 3-1-9），这时通电导线的有效长度为 $l\sin\alpha$（即 l 在与磁场方向相垂直方向上的投影）。安培力的计算式变为：

$$F=BIl\sin\alpha$$

从这个公式可以看出：当 α=90° 时，sin90° =1，安培力最大；当 α=0° 时，sin0° =0，安培力最小；当电流方向与磁场方向斜交时，安培力介于最大值和最小值之间。

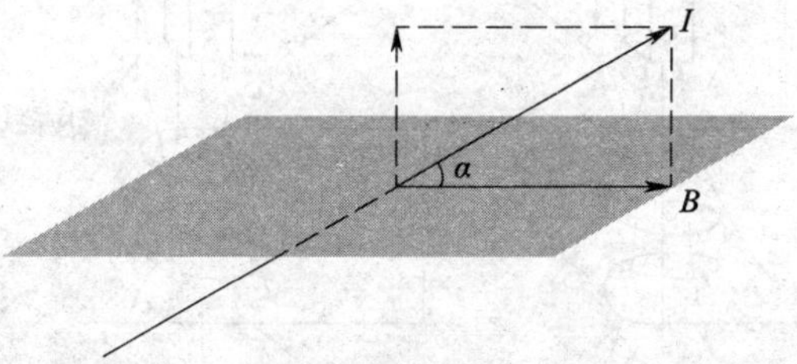

图 3-1-9 电流方向与磁场方向有一夹角 α

四、电磁感应现象、楞次定律与右手定则

1. 电磁感应现象

利用磁场产生电流的现象称为电磁感应现象。闭合电路中由电磁感应现象产生的电流称为感应电流，产生感应电流的电动势称为感应电动势。

可以通过以下实验来验证电磁感应现象。如图 3-1-10a 所示，当金属棒水平左右运动时，灵敏电流计的指针会左右摆动，说明有电流产生。如图 3-1-10b 所示，当磁铁靠近线圈或远离线圈时，灵敏电流计的指针也会左右摆动，说明有电流产生。因此，电磁感应现象也可以描述为：当穿过闭合导体回路的磁通量发生变化时，闭合导体回路中会产生电流。

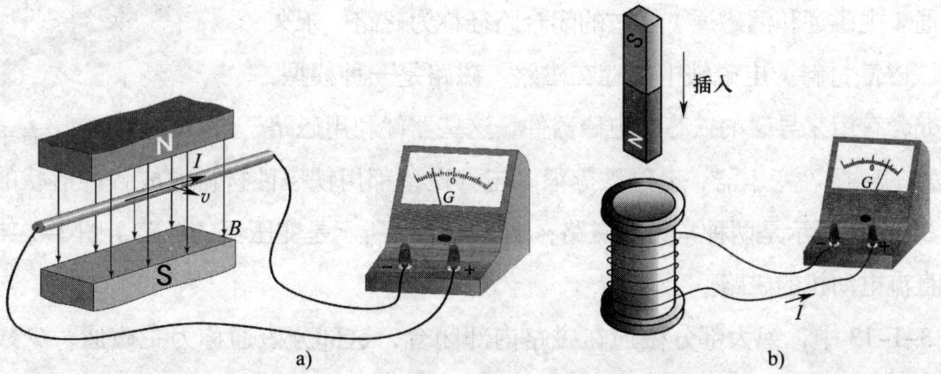

图 3-1-10 电磁感应的验证

a）金属棒水平运动 b）磁铁靠近或远离线圈

2. 楞次定律

楞次定律适用于感应电流方向的判定：感应电流的磁场总要阻碍引起感应电流的磁通量的变化。在图 3–1–11a 中，当磁铁靠近线圈时，通过线圈的磁通量增加，根据楞次定律可知，感应电流的磁场要阻碍磁通量的增加，因此感应磁场的磁感线方向要与磁铁的磁感线方向相反，然后用安培定则来判定感应电流的方向。在图 3–1–11b 中，当磁铁远离线圈时，通过线圈的磁通量减少，根据楞次定律可知，感应电流的磁场要阻碍磁通量的减少，因此感应磁场的磁感线方向要与磁铁的磁感线方向相同，然后用安培定则来判定感应电流的方向。

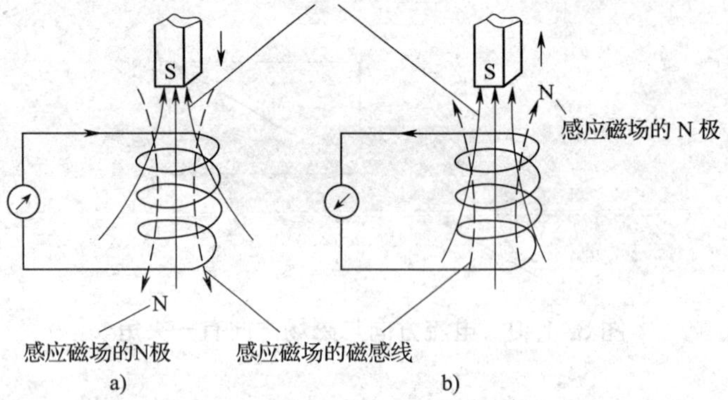

图 3–1–11　楞次定律判定感应电流方向
a）磁铁靠近线圈　b）磁铁远离线圈

3. 右手定则

右手定则用于磁场中运动导体产生的感应电动势方向的判定：平伸右手，拇指与其余四指垂直，让磁感线穿入掌心，拇指指向导体运动方向，则其余四指所指的方向就是感应电动势的方向，如图 3–1–12 所示。

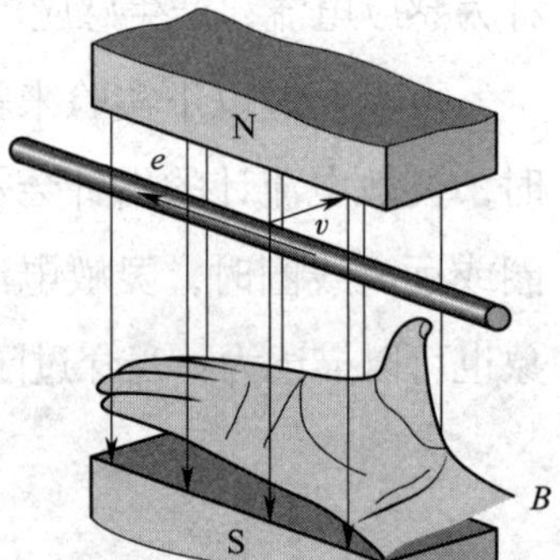

图 3–1–12　右手定则

五、磁路

磁通（主磁通和漏磁通）经过的闭合路径称为磁路。永久磁铁、铁磁性材料、电磁铁中都存在磁路。磁路是一种模型，用以研究含有用来导磁的铁芯的电磁器件，这些器件利用磁路获得所需的磁场。变压器、电磁铁等很多电气设备都用铁磁性材料做成各种形状的闭合铁芯。图 3–1–13 所示是两种常见的磁路，图 3–1–13a 所示是变压器的磁路，图 3–1–13b 所示是两极直流电动机的磁路。

在 3–1–13 中，绝大部分磁通在磁路内部闭合，这部分磁通称为主磁通；少数穿出铁芯、经过磁路周围弱磁性物质而闭合的磁通，称为漏磁通。由于漏磁通只占总磁通的很小一部分，所以在磁路分析和计算中一般忽略不计。

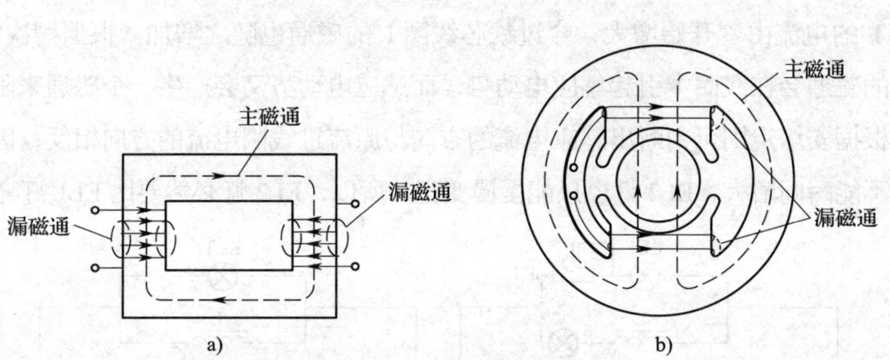

图 3–1–13　两种常见的磁路
a）变压器的磁路　b）两极直流电动机的磁路

提示

磁路和电路具有相似之处，电路中的电动势是形成电流的原因，磁路中的磁动势是产生磁通的原因，通电线圈产生的磁通与线圈的匝数 N 和通过电流 I 的乘积成正比。电路中有电阻，磁路中也有磁阻，它是磁通通过磁路时受到的阻碍作用，用符号 R_m 表示。与导体的电阻相似，磁路中磁阻的大小与磁路的长度 l 成正比，与磁路的横截面积 S 成反比，并与组成磁路材料的磁导率有关，其公式为

$$R_m = \frac{l}{\mu S}$$

式中 μ、l、S 的单位分别为 H/m、m、m^2，磁阻 R_m 的单位为 H^{-1}。在磁路长度和横截面积相同的情况下，铁磁性材料的磁阻比空气的磁阻小得多。

课题❷　自感与互感

学习目标

1. 了解自感和互感现象及其应用。
2. 掌握自感和互感现象中感应电动势方向的判定方法。
3. 能正确完成点火线圈的检测任务。

一、自感

1. 自感现象

图 3–2–1 所示为自感现象的实验电路，EL1、EL2、EL3 是完全相同的三只灯泡，L 为铁芯线圈，R1、R2、R3 为电位器。当合上开关 S 时，图 3–2–1a 中的 EL1 灯立即正常发光，而 EL2 灯却是逐渐变亮。这是因为合上开关 S 时，因 EL2 灯与铁芯线圈 L 串联，通过

铁芯线圈 L 的电流由零开始增大，穿过铁芯线圈 L 的磁通也随之增加。根据楞次定律可知，这个增大的磁通会在线圈中引起感应电动势，而感应电动势又会产生一个磁通来阻碍原磁通的变化，根据安培定则可判断出感应电流的方向与原流进线圈电流的方向相反，因此流进线圈的电流不能瞬间增大，EL2 灯也只能慢慢变亮。所以，EL2 灯必然要比 EL1 灯亮得慢些。

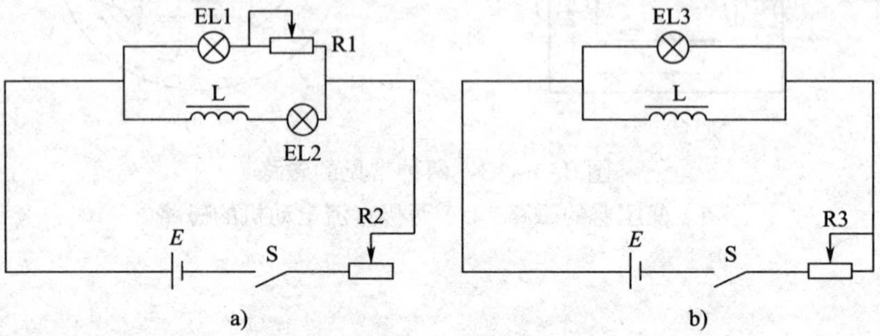

图 3–2–1　自感现象的实验电路

a）开关闭合时的自感现象　b）开关断开时的自感现象

在图 3–2–1b 中，合上开关 S，EL3 灯正常发光后，铁芯线圈 L 中也有电流流过，电流方向为从左到右。若将开关断开，灯泡会突然地闪亮一下再熄灭。原因是断开开关后，因失去外电源，线圈中的电流及磁通突然减小，于是线圈产生一个感应电动势来阻碍原磁通的减小。由楞次定律可知，感应电流的方向与原电流的方向相同。由于感应电动势通常较高，流过 EL3 灯的感应电流较大，因此灯泡会闪亮一下。

由于导体本身电流发生变化而产生的电磁感应现象称为自感现象，自感现象中产生的感应电动势称为自感电动势（e_L）。

2. 自感电动势的方向

自感电动势的方向用楞次定律判断。因为自感电动势总起着阻碍原电流变化的作用，所以，当线圈中电流 I 增大时，自感电动势的方向与原电流方向相反，以阻碍原电流增大，如图 3–2–2a 所示；当线圈中电流 I 减小时，自感电动势的方向与原电流的方向相同，以阻碍原电流的减小，如图 3–2–2b 所示。

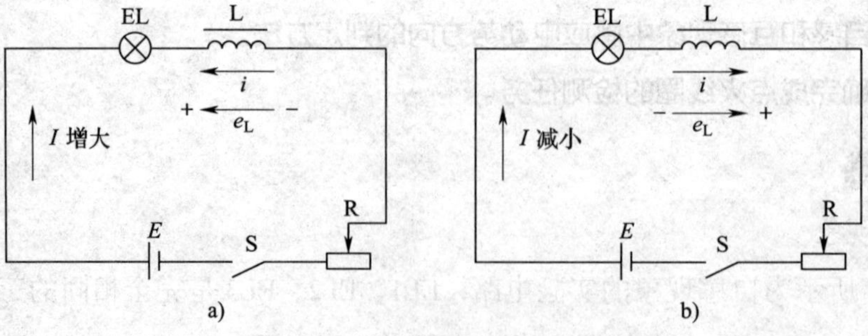

图 3–2–2　自感电动势的方向

a）线圈中电流增大　b）线圈中电流减小

3. 自感现象的应用

自感现象在各种电气设备和无线电技术中有广泛的应用。例如，荧光灯镇流器就是利用线圈自感现象工作的。

二、互感

1. 互感现象

当一个线圈中的电流发生变化时，它产生的磁场就会发生变化，变化的磁场在另一个线圈中产生感应电动势的现象，称为互感现象。互感现象产生的感应电动势，称为互感电动势。

如图 3-2-3 所示，线圈 N_1 称为原线圈或一次线圈，线圈 N_2 称为副线圈或二次线圈。开关 S 断开的瞬间，可以看到与线圈 N_2 相连的检流计发生偏转，这是因为线圈 N_1 中变化的电流产生变化的磁通 Φ_{01}，变化的磁通中有一部分（Φ_{02}）要通过线圈 N_2，使线圈 N_2 产生感应电动势，并由此产生感应电流，使检流计发生偏转。感应电动势的方向由楞次定律和安培定则来确定。

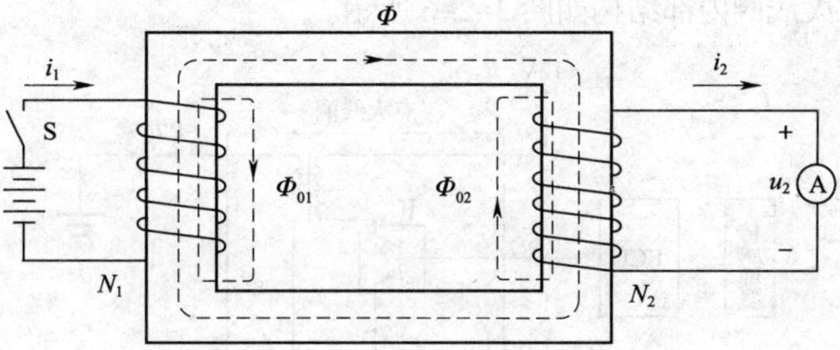

图 3-2-3　互感电动势的原理

2. 互感现象的应用

（1）变压器

图 3-2-4 所示为变压器的原理图，与电源相连的称为一次绕组（或初级绕组）N_1，与负载相连的称为二次绕组（或次级绕组）N_2。当一次绕组接入交流电压时，一次绕组中便有电流通过，一次绕组产生的磁通绝大部分通过铁芯而闭合，从而在二次绕组中感应出电动势。一次、二次绕组的电压之比为 K，称为变压器的变比，也即一次、二次绕组的匝数比。当电源电压 u_1 一定时，只要改变匝数比 K，就可得到不同的输出电压 u_2。变比会在变压器的铭牌上注明，它表示一次、二次绕组的额定电压之比。例如，6 000 V/400 V（K=15）。这表示一次绕组的额定电压为 6 000 V，二次绕组的额定电压为 400 V。由于变压器有内阻抗压降，所以二次绕组的空载电压一般应比满载时的电压高 5%～10%。

（2）点火线圈

汽车上由微机控制的点火系是利用点火线圈的互感原理工作的，其工作过程如图 3-2-5 所示。接通点火开关“ON”挡，当发动机曲轴转动时，曲轴位置传感器、空气流量传感器、

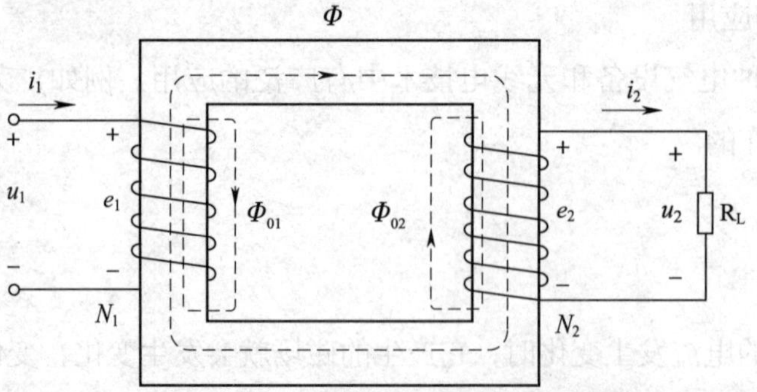

图 3-2-4　变压器的原理

发动机冷却液温度传感器、怠速开关等将所有信息传给电子控制单元（ECU），ECU 根据已储存的点火提前角的脉谱图，计算出最佳的点火提前角，用以控制三极管的通断，进而控制点火线圈一次绕组的通断。当三极管导通时，点火线圈一次绕组通过低压电流，铁芯存储了磁场能；当三极管截止时，一次绕组断电，磁场瞬间消失，使二次绕组感应出高压电动势。开磁路式点火线圈内部结构如图 3-2-6 所示。

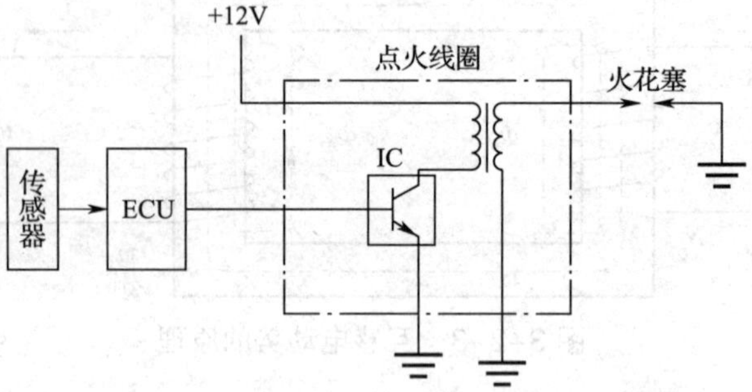

图 3-2-5　微机控制点火系的工作过程

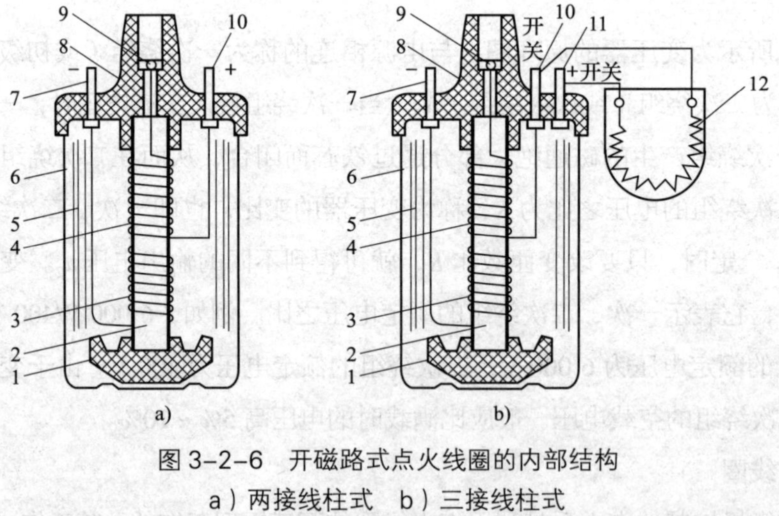

图 3-2-6　开磁路式点火线圈的内部结构

a）两接线柱式　b）三接线柱式

1—瓷杯　2—铁芯　3—一次绕组　4—二次绕组　5—硅钢片　6—外壳　7—“–”接线柱

8—胶木盖　9—高压插孔　10—“+”接线柱或开关接线柱　11—“+”开关接线柱　12—附加电阻

技能训练

点火线圈的检测

点火线圈插接器如图 3-2-7 所示，用数字式万用表和 LED 试灯检测点火线圈的步骤如下：

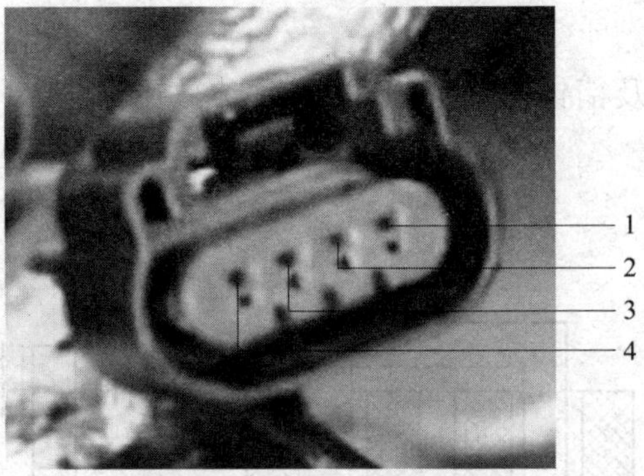

图 3-2-7　点火线圈插接器

1—供电端子　2—信号控制端子　3、4—搭铁端子

1. 关闭点火开关，拔下点火线圈的插接器。

2. 打开点火开关，将万用表量程转换开关置于直流电压挡位，万用表的红表笔接插接器 1 号端子，黑表笔搭铁，观察万用表读数，若读数为蓄电池电压，说明供电正常，否则说明供电情况存在异常。

3. 关闭点火开关，将万用表量程转换开关置于 挡，万用表的红表笔分别接插接器的 3 号和 4 号端子，黑表笔搭铁，若导通说明搭铁正常，否则搭铁故障。

4. 用 LED 试灯检测 2 号端子。将试灯的检测端接 2 号端子，夹子端搭铁，启动发动机，如果 LED 试灯闪烁，说明信号控制端子正常，否则说明存在故障。

课题❸　电磁铁在汽车电气元件中的应用

学习目标

1. 了解电磁铁的概念和结构。
2. 熟悉电磁铁在汽车上的应用。
3. 能正确完成汽车继电器的检测。
4. 能正确完成汽车起动电磁开关的检测与吸合试验。

一、电磁铁的概念和结构

1. 电磁铁的概念

电磁铁是利用通电的铁芯线圈吸引衔铁或保持某种机械零件、工件于固定位置的一种装置。衔铁的动作可使其他机械装置发生联动。当电源断开时，电磁铁的磁性消失，衔铁或其他零件即被释放。

2. 电磁铁的结构

电磁铁由线圈、铁芯及衔铁三部分组成，其结构如图 3–3–1 所示。衔铁的运动方式有直动式和转动式两种。

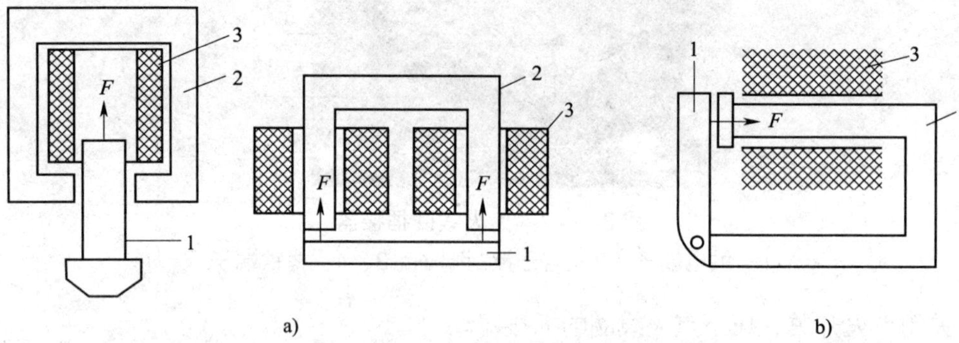

图 3–3–1　电磁铁的结构
a）直动式　b）转动式
1—衔铁　2—铁芯　3—线圈

二、电磁铁在汽车上的应用

目前电磁铁在汽车元件中的应用极为普遍。利用电磁铁的特点，可制成许多控制部件或执行部件应用在汽车上，其中比较典型的应用是继电器、喇叭、起动机电磁开关等。

1. 继电器

（1）继电器的定义

继电器是自动控制电路中常用的一种元件，它是用较小的电流来控制较大电流的一种自动开关，在电路中起着自动操作、自动调节、安全保护等作用。工业控制中使用的中间继电器、热继电器等体积较大，线圈通过的电流和承受的电压较大，触点允许通过的电流较大。汽车电气系统中使用的继电器体积较小，触点控制的电流也较小，属于小型继电器。

（2）继电器的类型和结构

1）继电器的类型。继电器的种类很多，常用的有电磁式和干簧式两种。电磁式继电器成本较低，便于控制电路。干簧式继电器反应灵敏，多用于信号采集。汽车控制电路大多采用电磁式继电器作为控制执行部件，采用干簧式继电器作为传感器。

2）继电器的结构（以电磁式继电器为例）。电磁式继电器以电磁系统为主体，其内部结构和结构示意图如图 3–3–2 所示。当继电器线圈通以电流时，在铁芯、轭铁、衔铁和工作气隙中形成磁通回路，从而使衔铁受到吸引力的作用而吸向铁芯，此时衔铁带动支杆将板簧推开，使一组或几组动断触点断开（也可以使动合触点接通）。

当切断继电器线圈中的电流时，衔铁在板簧的作用下恢复原位，触点又将闭合。

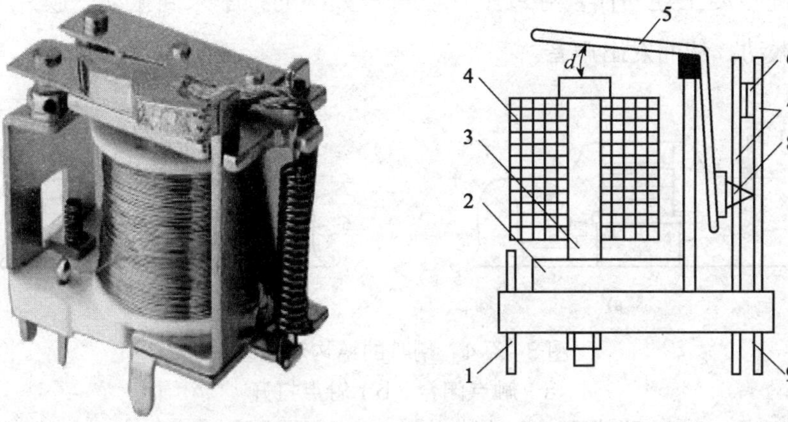

a) b)

图 3–3–2　电磁式继电器的内部结构和结构示意图

a）内部结构　b）结构示意图

1—线圈焊片　2—轭铁　3—铁芯　4—线圈　5—衔铁

6—触点　7—板簧　8—支杆　9—触点焊片

2. 喇叭

根据外形的不同，汽车喇叭可分为螺旋形、筒形、盆形等，目前国产汽车使用的多为螺旋形喇叭和盆形喇叭，两种喇叭的结构和工作原理基本相同，不同之处是扬声筒的形状。各种汽车喇叭如图 3–3–3 所示。

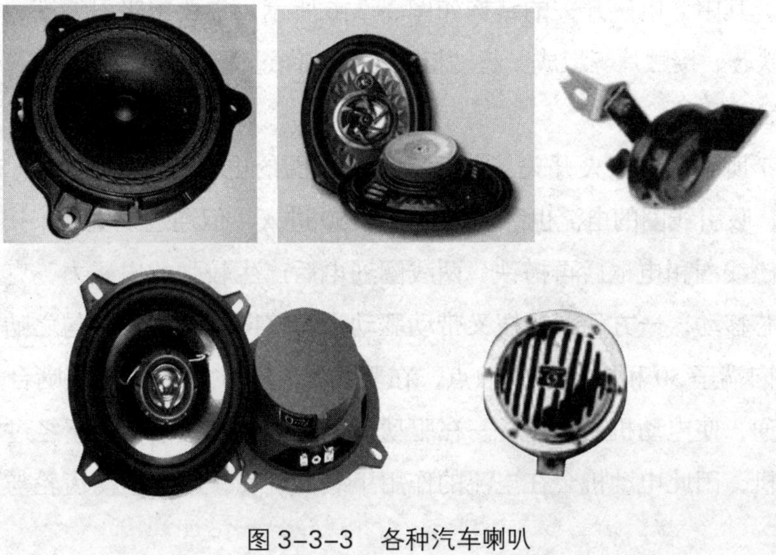

图 3–3–3　各种汽车喇叭

汽车喇叭靠电磁原理使膜片振动而发出声音警报信号。喇叭由电磁线圈、可动的衔铁、膜片、常闭的触点等构成，如图 3–3–4a 所示。触点与电磁线圈串联，其中一个触点依附于衔铁。当电流流过电磁线圈时，线圈建立起吸引可动衔铁的磁场，周边被固定的膜片随着衔铁移动，衔铁移动导致触点打开（见图 3–3–4b），从而断开电路，使膜片回到原来位置，触点再次闭合而重复上述动作，导致膜片以每秒数次的频率来回振动。膜片振动引起喇叭内部的空气柱振动，从而发出声音。

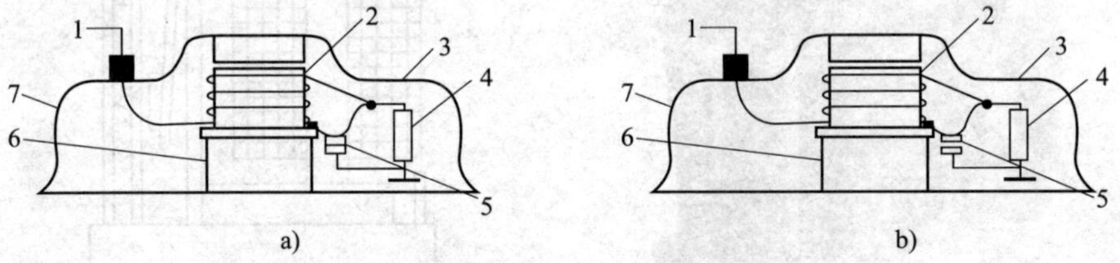

图 3–3–4　喇叭的结构示意图

a）触点闭合　b）触点打开

1—接蓄电池正极　2—电磁线圈　3—部分外壳　4—内装电阻　5—触点　6—衔铁　7—膜片

提示

大多数汽车都装备两个喇叭，两个喇叭互相并联，然后与喇叭开关（一般装在转向盘上或作为组合开关的一部分）串联，其中一个喇叭的音调应比另一个喇叭的音调高。喇叭的设计和形状决定了发声的频率和音色。喇叭的音调与膜片每秒的振动次数有关，膜片振动得越快，音调越高。

3. 起动机电磁开关

起动机主要由驱动机构外壳、拔叉、电磁开关、励磁线圈、电刷等组成，其结构如图 3–3–5 所示。其中，电磁开关的结构如图 3–3–6 所示，主要由吸引线圈、保持线圈、复位弹簧、活动铁芯、接触片等组成。起动机的基本工作过程如下：

（1）接通启动开关

如图 3–3–7 所示，当点火开关接通后，保持线圈的电流经起动机端子 50 进入，经线圈后直接搭铁，吸引线圈的电流也经起动机端子 50 进入，但通过线圈后未接搭铁，而是进入电动机的励磁线圈和电枢后再搭铁。两线圈通电后产生较强的电磁力，克服复位弹簧弹力而使活动铁芯移动，一方面通过拨叉带动驱动齿轮移向飞轮齿圈并与之啮合，另一方面推动接触片移向端子 50 和端子 C 的触点，在驱动齿轮与飞轮齿圈进入啮合后，接触片将两个主触点接通，使电动机通电运转。在驱动齿轮进入啮合之前，由于经过吸引线圈的电流流经了电动机，因此电动机会在电流的作用下缓慢旋转，以便驱动齿轮与飞轮齿圈进入啮合。

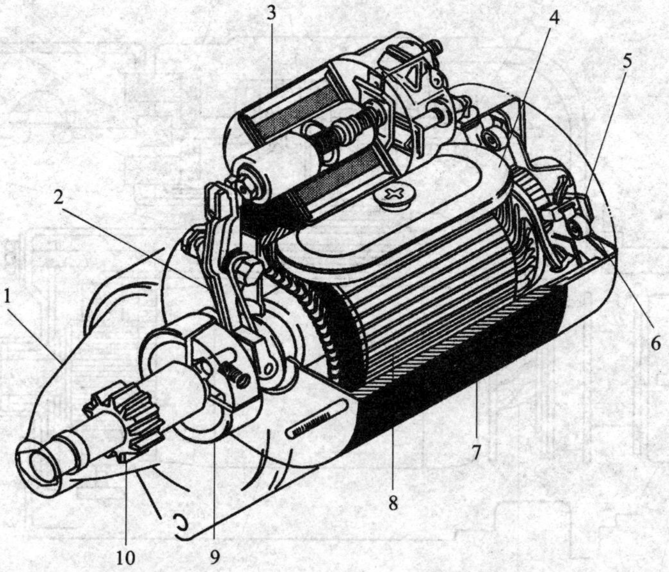

图 3-3-5 起动机的结构示意图

1—驱动机构外壳 2—拨叉 3—电磁开关 4—励磁线圈 5—电刷 6—电刷弹簧 7—外壳 8—电枢 9—起动机离合器 10—驱动齿轮

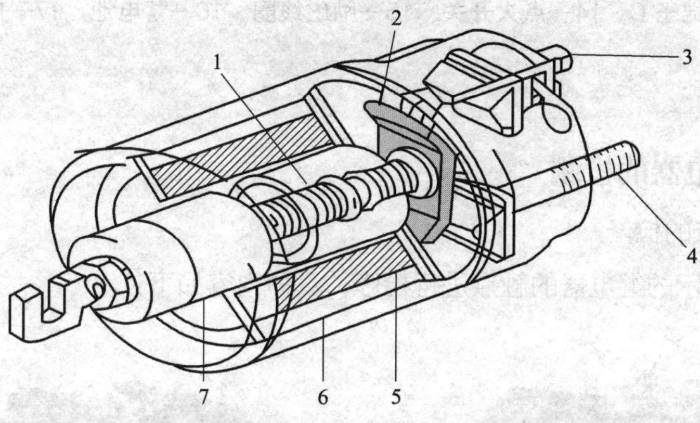

图 3-3-6 电磁开关的结构示意图

1—复位弹簧 2—接触片 3—端子 30 4—端子 C 5—吸引线圈 6—保持线圈 7—活动铁芯

（2）启动

两个主接线柱触点接通之后，蓄电池的电流直接通过主触点和接触片进入电动机，使电动机正常运转，此时吸引线圈被短路。因此，吸引线圈中无电流通过，主触点接通的位置靠保持线圈来保持。

（3）松开点火开关

发动机启动后，切断启动电路，保持线圈断电，在弹簧的作用下，活动铁芯回位，切断了电动机的电路，同时也使驱动齿轮与飞轮齿圈脱离啮合。

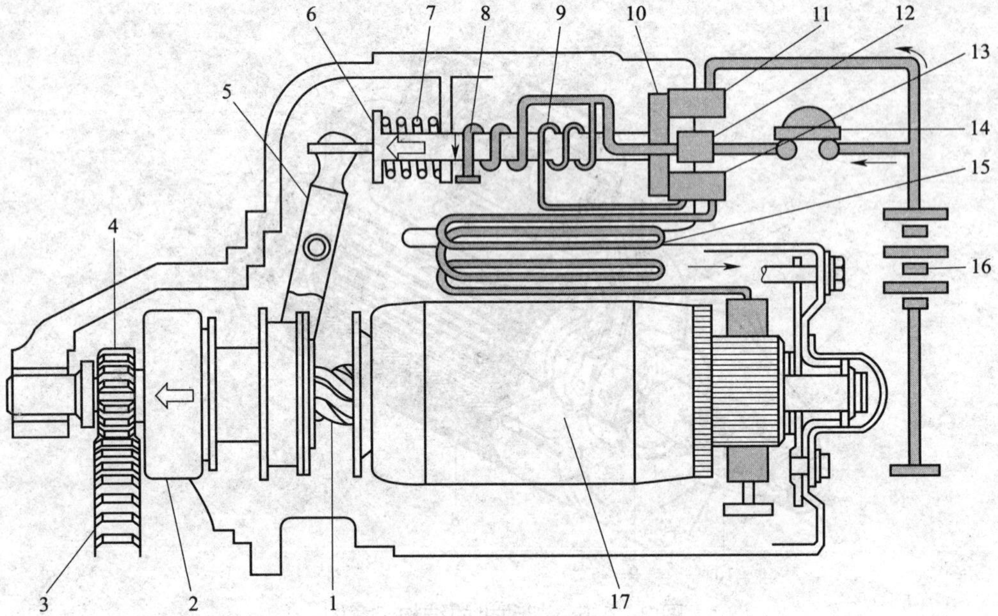

图 3–3–7　无起动继电器的起动机控制电路示意图

1—螺纹花键　2—离合器　3—飞轮齿圈　4—驱动齿轮　5—拨叉　6—活动铁芯
7—复位弹簧　8—保持线圈　9—吸引线圈　10—接触片　11—端子 30　12—端子 50
13—端子 C　14—点火开关　15—励磁线圈　16—蓄电池　17—电枢

技能训练

一、汽车继电器的检测

1. 继电器触点的检修

对图 3–3–8 所示的继电器的触点进行检修，具体内容如下：

图 3–3–8　继电器

（1）检查两个触点的接触面积

两个电磁触点应同心，接触面积应不小于触点总面积的 85%。

（2）检修触点表面质量

触点表面应平整、光洁。如有轻微烧蚀，应用 00 号砂布（对折后使用）修磨。修磨后或当触点表面有脏污时，应用清洁纸擦净表面。

2. 继电器导通与截止的检测

继电器导通与截止检测的具体内容如下：

（1）测量继电器线圈电阻

按图 3–3–9 所示的线路图进行接线，用万用表电阻挡测量电阻阻值是否符合规定，阻值过大或过小说明有断路或短路现象。

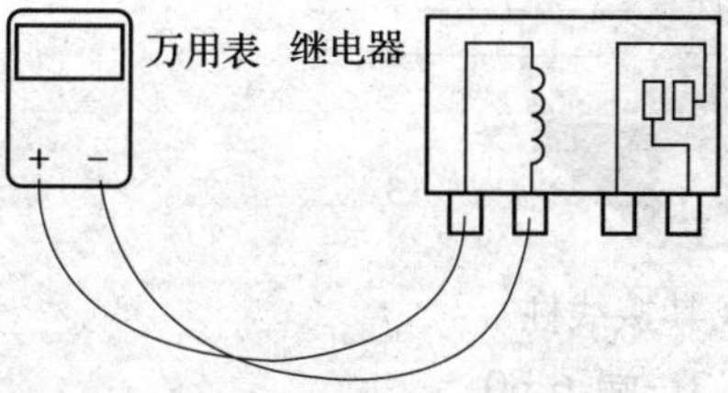

图 3–3–9　测量继电器线圈电阻

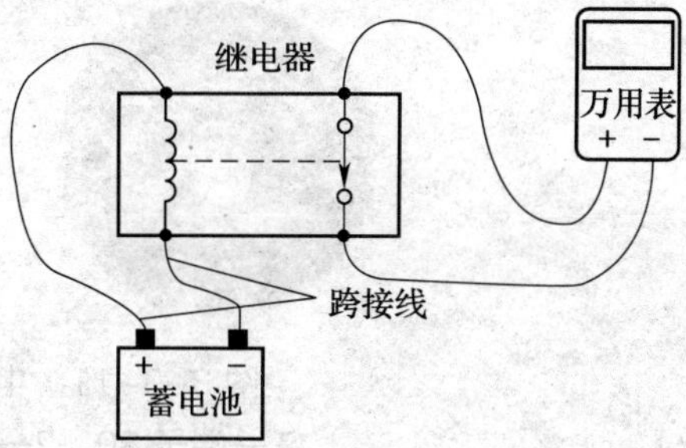

图 3–3–10　测量继电器触点导通电阻

（2）测量继电器触点导通电阻

按图 3–3–10 所示的线路图进行接线，用万用表电阻挡测量电阻阻值是否很小，若阻值过大说明触点有烧蚀或脏污现象。

二、汽车起动机电磁开关的检测与吸合试验

1. 电磁开关的检测

电磁开关检测的具体内容如下：

（1）测量电磁开关保持线圈电阻

将万用表挡位选择开关置于电阻挡，用两个表笔分别触及图 3–3–11 所示的接线柱 3 和壳体，测量电磁开关保持线圈的阻值，测量结果应符合规定。

（2）测量电磁开关吸引线圈电阻

将万用表挡位选择开关置于电阻挡，用两个表笔分别触及图 3–3–11 所示的接线柱 2 和接线柱 3，测量电磁开关吸引线圈的阻值，测量结果应符合规定。

2. 吸合试验

按图 3–3–12 所示的示意图进行接线，接通电源后，要求起动机小齿轮能伸出，起动机能旋转。

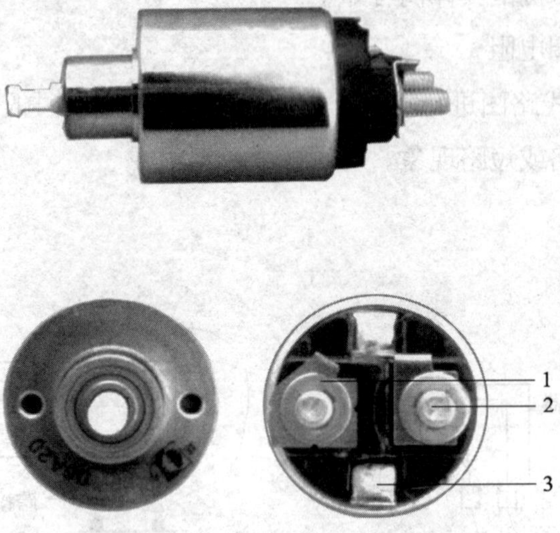

图 3–3–11　电磁开关及其接线柱

1—端子 30　2—端子 C　3—端子 50

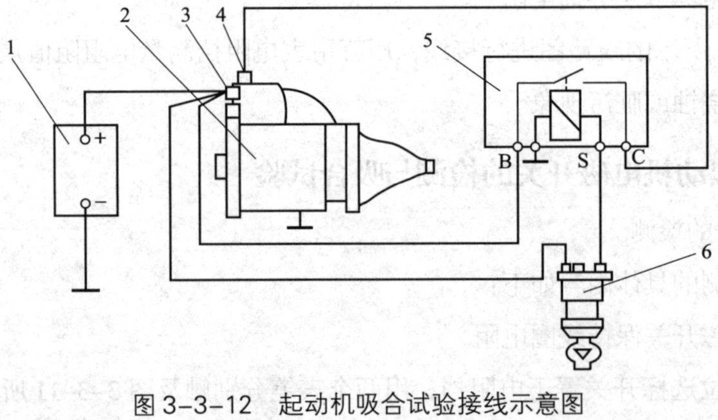

图 3–3–12　起动机吸合试验接线示意图

1—蓄电池　2—起动机　3—主接线柱　4—起动接线柱

5—起动继电器　6—点火开关

模块小结

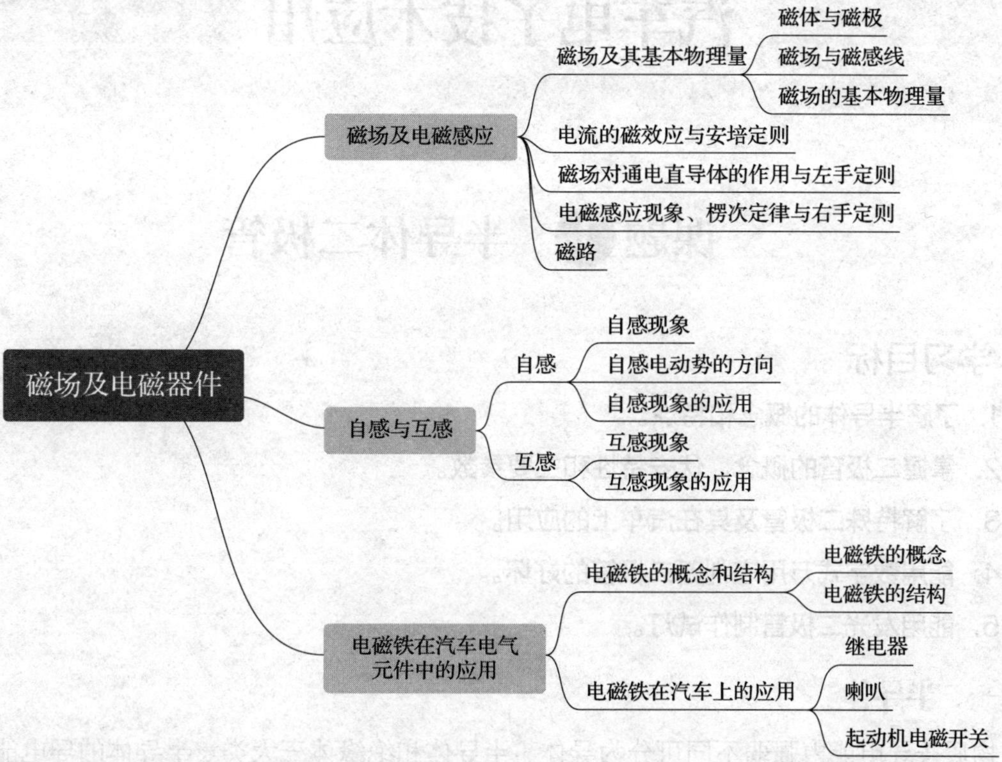
磁场及电磁器件
磁场及电磁感应
磁场及其基本物理量
磁体与磁极
磁场与磁感线
磁场的基本物理量
电流的磁效应与安培定则
磁场对通电直导体的作用与左手定则
电磁感应现象、楞次定律与右手定则
磁路
自感与互感
自感
自感现象
自感电动势的方向
自感现象的应用
互感
互感现象
互感现象的应用
电磁铁在汽车电气元件中的应用
电磁铁的概念和结构
电磁铁的概念
电磁铁的结构
电磁铁在汽车上的应用
继电器
喇叭
起动机电磁开关

模块四
汽车电子技术应用

课题❶ 半导体二极管

学习目标

1. 了解半导体的概念和特点。
2. 掌握二极管的概念、伏安特性和主要参数。
3. 了解特殊二极管及其在汽车上的应用。
4. 能用数字式万用表判断二极管的好坏。
5. 能用发光二极管制作试灯。

一、半导体

物质按导电能力强弱不同可分为导体、半导体和绝缘体三大类。半导体的导电能力介于导体和绝缘体之间。目前，制造半导体器件用得最多的是硅和锗两种材料。由于硅和锗是原子规则排列的单晶体，因此用半导体材料制成的半导体管属于晶体管。

纯净的半导体称为本征半导体，它的导电能力是很弱的。在纯净的半导体中掺入微量的某种杂质元素，半导体的导电能力会增强很多，电阻急剧减小。利用半导体的掺杂特性，可制成 P 型和 N 型两种杂质半导体。

二、二极管的概念、伏安特性和主要参数

1. 二极管的概念

半导体二极管又称为晶体二极管，简称二极管。当 P 型半导体和 N 型半导体结合在一起时，得到的 PN 结封装起来就是二极管，二极管用字母 V（或 VD）表示，其结构和图形符号如图 4-1-1 所示。根据制造材料的不同，二极管可分为硅二极管和锗二极管。

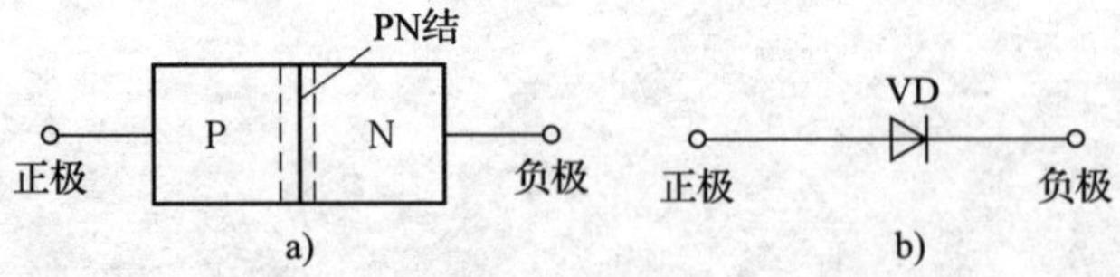

图 4-1-1 二极管的结构及其图形符号
a）结构 b）图形符号

二极管可以看作电流的单向止回阀，它只允许电流以一个方向流动，即从二极管的正极流向负极。这就是二极管的单向导电性。

2. 二极管的伏安特性

流过二极管的电流随着加在二极管两端电压的变化而变化的性质称为二极管的伏安特性，图 4–1–2 所示为二极管的伏安特性曲线。

（1）正向特性

硅二极管的伏安特性曲线如图 4–1–2 所示，从图中可看出，当二极管上正向电压小于某一数值 U_{th} 时，正向电流很小，几乎为零，二极管呈现出较大的电阻，这段区域称为死区，U_{th} 称为死区电压或门槛电压。硅管 U_{th}=0.5 V，锗管 U_{th}=0.1 V。正向电压超过 U_{th} 后，正向电流按指数规律增长，二极管处于导通状态。二极管导通后，二极管两端的电压几乎不再变化，此时二极管两端的电压称为导通压降。硅管的导通压降为 0.7 V，锗管的导通压降为 0.3 V。

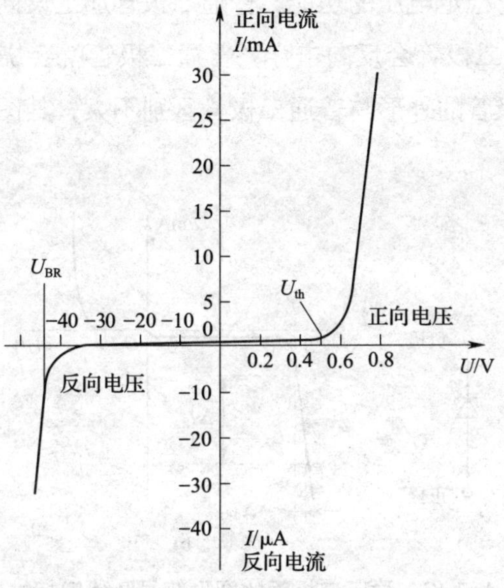

图 4–1–2 硅二极管的伏安特性曲线

（2）反向特性

当二极管被加上反向电压时，流过二极管的电流很小，称为反向饱和电流 I_s，硅管 I_s<0.1 μA，锗管 I_s 约为几十微安。

（3）反向击穿特性

当反向电压增加到某个数值 U_{BR} 时，流过二极管的反向电流将急剧增大，这种现象称为反向击穿，U_{BR} 称为反向击穿电压。使用二极管时，应避免反向电压超过反向击穿电压，以防止二极管损坏。

3. 二极管的主要参数

（1）最大整流电流

最大整流电流 I_F 是指二极管长期运行过程中，允许通过的最大正向平均电流。实际使用时的工作电流应小于 I_F，如果超过此值，二极管可能会因过热而烧坏。

（2）最高反向工作电压

最高反向工作电压 U_{RM} 是指二极管工作时两端所允许加的最大反向电压。通常情况下，U_{RM} 约为反向击穿电压 U_{BR} 的一半，以保证二极管安全工作，防止击穿。

三、特殊二极管

除了普通二极管外，还有专供特殊用途的二极管，如稳压二极管、发光二极管、光敏二极管等。

1. 稳压二极管

稳压二极管是一种由特殊工艺制造的二极管，又称为齐纳二极管、电压调整二极管，它与电阻配合使用，具有稳定电压的功能。普通二极管加上反向电压不导通，但当反向电压足够大（大于 U_{BR}）时二极管会反向击穿，普通二极管就会烧毁。但稳压二极管能够耐得住反向电流。稳压二极管的外形与普通二极管区别不大，其图形符号及伏安特性曲线如图 4–1–3 所示。

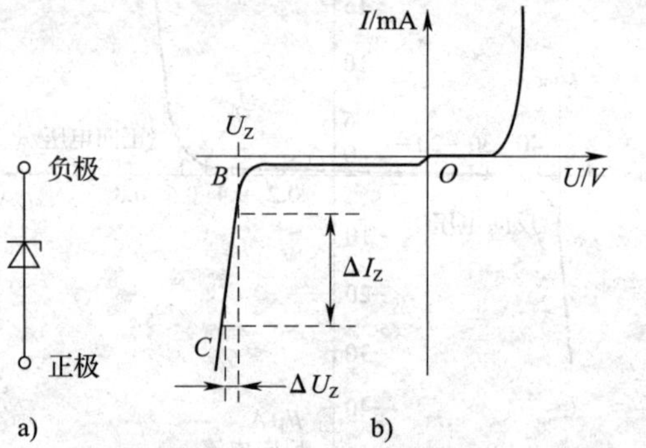

图 4–1–3　稳压二极管的图形符号及伏安特性曲线
a）图形符号　b）伏安特性曲线

稳压二极管工作在反向击穿区（BC 段），当反向电压达到 U_Z 时，大电流反向流过稳压二极管，阻止电压继续升高。这种特性使稳压二极管成为稳定电压的电子器件。

提示

稳压二极管在正常工作时必须与一个电阻串联，这个电阻提供了稳压二极管的稳定工作电流。电阻的阻值应在由稳压二极管的参数确定的一个范围内。稳压二极管在工作时必须将正极接低电位，负极接高电位。

2. 发光二极管

发光二极管（LED）是采用砷、镓、磷等材料制作的二极管，内部基本单元仍是一个PN结。当外加正向电压时，二极管发光，其亮度随流过电流的增大而增强，发光的颜色与构成PN结的材料有关，通常有红、黄、绿、蓝、紫等颜色，还有发出不可见的红外线的发光二极管。发光二极管的外形及图形符号如图4-1-4所示。

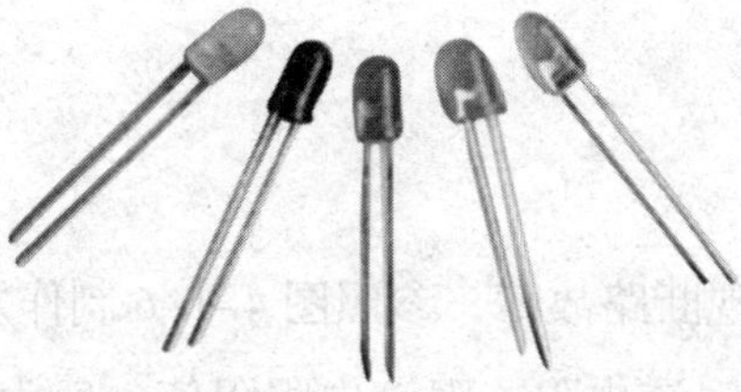

a)

b)

图4-1-4 发光二极管的外形及图形符号

a）外形 b）图形符号

3. 光敏二极管

光敏二极管是在反向电压作用下工作的，当光线照射在PN结上时，二极管的反向电流增加，光照强度越大，反向电流就越大，利用这个特性制成的二极管就是光敏二极管。光敏二极管的结构、图形符号和外形如图4-1-5所示。

a)

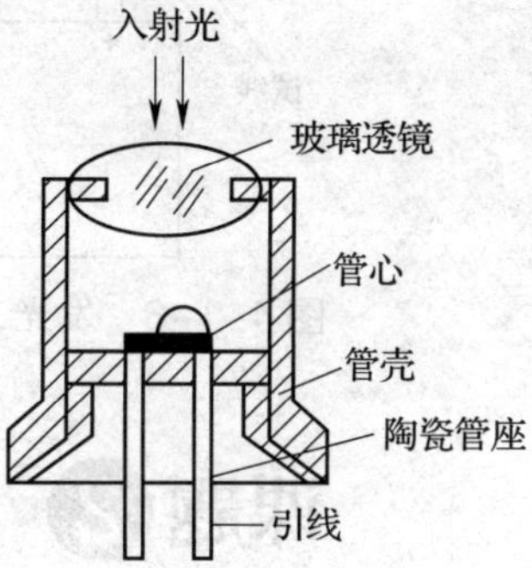

b)

c)

图4-1-5 光敏二极管的外形、结构和图形符号

a）外形 b）结构 c）图形符号

利用光敏二极管制成光电传感器，可以把光信号转变为电信号，以便控制其他电子器件。汽车上的许多传感器是利用光敏二极管制成的，如汽车自动空调控制系统中的日照强度传感器。

技能训练

一、用数字式万用表判断二极管的好坏

1. 从外观辨别二极管的正、负极

通常二极管有银色环的一端为二极管的负极，另一端为正极。发光二极管的长引脚为

二极管的正极。

2. 测量二极管

将万用表的挡位选择开关置于“”挡，万用表的红表笔接二极管正极，黑表笔接二极管负极，观察读数，若满溢（显示“.OL”）则表示二极管已损坏；若有示数（示数为二极管的导通压降）则交换表笔，交换表笔后仍有示数表示二极管已损坏，交换表笔后满溢表示二极管质量良好。

二、用发光二极管制作试灯

发光二极管试灯可以检测电路是否出现断路故障，参照图 4-1-6 制作发光二极管试灯。将两个发光二极管正、反并联后串联一个限流电阻，限流电阻阻值一般为几千欧至十几千欧，具体根据发光二极管的额定电压和额定电流确定。将发光二极管试灯的两根试线分别与电源的正、负极相接，发光二极管即可发光。

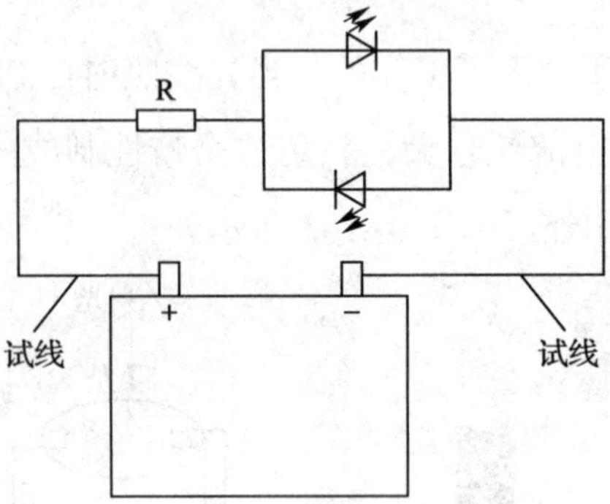

图 4-1-6　发光二极管试灯制作线路图

课题❷　半导体三极管

学习目标

1. 了解三极管的概念和基本参数。
2. 熟悉三极管的特性曲线和三种工作状态。
3. 了解三极管的基本放大电路和开关电路。
4. 了解光敏三极管、晶闸管、场效应晶体管的工作特点及应用。
5. 能正确使用目测法和万用表检测法判断三极管的管型和管脚极性。

一、三极管的概念和基本参数

1. 三极管的概念

半导体三极管也称为晶体三极管，简称三极管或晶体管。它是由两个距离很近的 PN 结组成的，是在一块半导体晶片上制造三个掺杂区，形成两个 PN 结，再引出三个电极，用管壳封装而成。按照两个 PN 结组合方式的不同，三极管分为 NPN 型和 PNP 型两大类，其结构示意图和图形符号如图 4-2-1 所示，用字母 V（或 VT）表示。

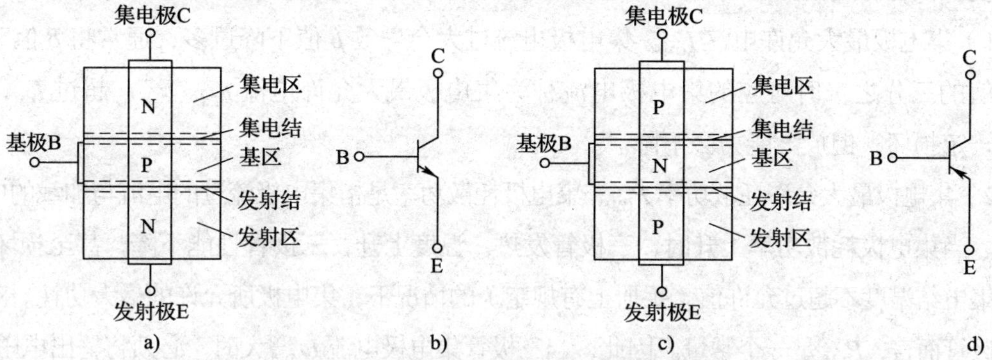

图 4-2-1　三极管的结构示意图和图形符号
a）NPN 型三极管的结构　b）NPN 型三极管的图形符号
c）PNP 型三极管的结构　d）PNP 型三极管的图形符号

提示

NPN 型三极管与 PNP 型三极管不能互相代替。三极管不是两个 PN 结的简单组合，不能用两个二极管代替。

三极管的三个电极分别为发射极 E、集电极 C、基极 B。三极管的基本功能是利用基极电流控制集电极和发射极之间的电流。三极管可以看作一个电流的控制阀，集电极和发射极是电流的通路，而基极就是控制电流的阀门，只不过这个阀门不是靠旋转而是靠本身流过的电流——基极电流来控制集电极和发射极之间的电流。三极管符号中的箭头表示两种不同类型的三极管集电极和发射极之间电流的方向。NPN 型三极管的电流从集电极流向发射极，PNP 型三极管的电流从发射极流向集电极。

2. 三极管的基本参数

（1）共射极直流电流放大系数 h_{FE}

三极管集电极电流与基极电流的比值，即 $h_{FE}=I_C/I_B$，反映三极管的直流电流放大能力。

（2）共射极交流电流放大系数 β

三极管集电极电流的变化量与基极电流的变化量之比，即 $\beta=\frac{\Delta I_C}{\Delta I_B}$，反映三极管的交流电流放大能力。对同一只三极管而言，在相同的工作条件下 $h_{FE}\approx\beta$，应用中不再区分，均用 β 表示。

（3）集电极—发射极间的反向饱和电流 I_{CEO}

当基极开路，集电极、发射极之间加上一定电压时，集电极与发射极之间并不是没有电流流过，只是流过的电流很小，好像是从集电极直接穿透三极管到达发射极的电流，故又称为穿透电流。三极管的穿透电流越小，其质量越好。

（4）极限参数

使三极管得到充分利用而又安全可靠地工作的参数，称为极限参数。

1）集电极最大允许电流 I_{CM}。集电极电流过大会导致 β 值下降过多，通常将 β 值下降到正常值的三分之二时对应的集电极电流称为集电极最大允许电流 I_{CM}。若 I_C 超过 I_{CM}，三极管不一定损坏，但放大能力会下降。

2）集电极最大允许耗散功率 P_{CM}。集电极耗散功率是指集电极流过的电流与加载的电压的乘积。当集电极耗散功率上升时，三极管发热，温度上升，三极管性能下降，甚至损坏。P_{CM} 是指集电结温度不超过允许值（手册上有规定）的情况下，集电极所允许的最大功耗。对于一个三极管而言，P_{CM} 是一个常量。因此，当三极管集电极电流 I_C 增大时，必须将输出电压减小。

3）集电极—发射极间的反向击穿电压 $U_{(BR)CEO}$。当三极管工作时，若加在任何两个电极之间的反向电压超过一定值，都会产生很大的电流，从而导致三极管损坏。$U_{(BR)CEO}$ 是指当基极开路时，集电极与发射极之间的击穿电压。

二、三极管的特性曲线

三极管各极上的电压和电流之间的关系，可通过伏安特性曲线直观地描述。三极管的特性曲线主要有输入特性曲线和输出特性曲线两种，可以用晶体管特性图示仪直接观察，也可以通过实验电路来测试。实验电路如图 4-2-2 所示。

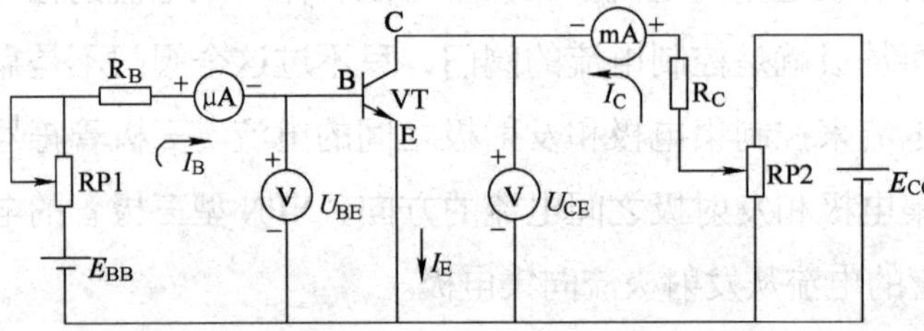

图 4-2-2　三极管特性曲线实验电路

1. 输入特性曲线

输入特性曲线是指在 U_{CE} 一定的条件下，加在三极管基极与发射极之间的电压 U_{BE} 和基极电流 I_B 之间的关系曲线，如图 4-2-3 所示。

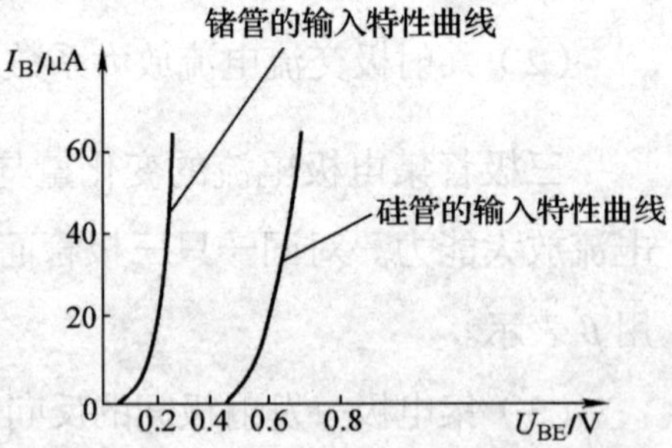

图 4-2-3　三极管的输入特性曲线

从输入特性曲线可以看出，三极管的输入特性曲线与二极管的正向特性曲线相似，只有当发射结的正向电压 U_{BE} 大于死区电压（硅管 0.5 V，锗管 0.1 V）时，才产生基极电流 I_B，这时三极管处于正常放大状态，发射结两端的电压为 U_{BE}（硅管为 0.7 V，锗管为 0.3 V）。

2. 输出特性曲线

输出特性曲线是指在 I_B 一定的条件下，三极管集电极与发射极之间的电压 U_{CE} 与集电极电流 I_C 之间的关系曲线，如图 4-2-4 所示。

每条曲线都可分为线性上升、弯曲、平坦三部分。对应不同的 I_B 值可得不同的曲线，从而形成一组曲线簇。各条曲线的上升部分都很陡，几乎重合；平坦部分则按 I_B 值从下往上排列，I_B 的取值间隔均匀，相应的输出特性曲线在平坦部分也均匀分布，且与横轴几乎平行。

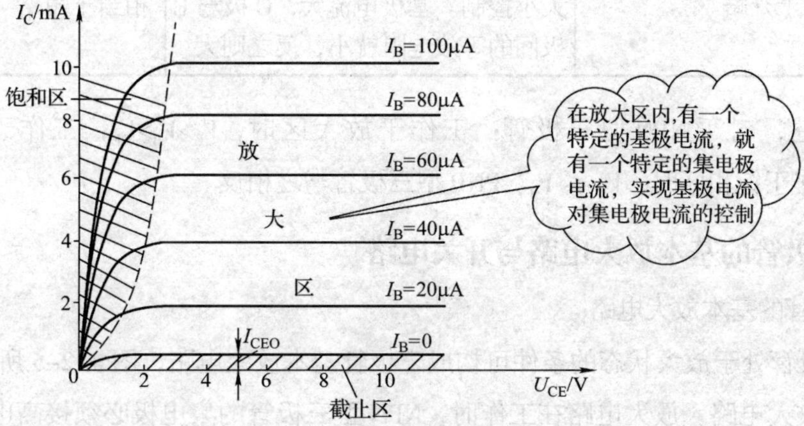

图 4-2-4 三极管的输出特性曲线

三极管的输出特性曲线分为三个区域，不同的区域对应着三极管的三种不同工作状态，见表 4-2-1。

表 4-2-1 三极管输出特性曲线的三个区域

名称	截止区	放大区	饱和区
范围	I_B=0 曲线以下区域，几乎与横轴重合	为平坦部分线性区域，几乎与横轴平行	曲线上升和弯曲部分
条件	发射结反偏（或零偏），集电结反偏	发射结正偏，集电结反偏	发射结正偏，集电结正偏（或零偏）
特征	$I_B=0$，$I_C=I_{CEO}\approx 0$	（1）当 I_B 一定时，I_C 的大小与 U_{CE} 基本无关（但 U_{CE} 的大小随 I_C 的变化而变化），具有恒流特性 （2）I_B 不同时，曲线不同，I_C 受 I_B 控制，具有电流放大作用（$I_C=h_{FE}I_B$，$\Delta I_C=\beta\Delta I_B$）	I_C 不再受 I_B 控制，三极管失去放大作用

续表

名称	截止区	放大区	饱和区
工作状态	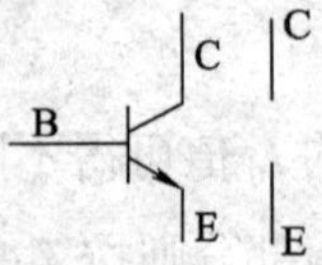 截止状态。C 极与 E 极之间等效电阻很大，相当于开路	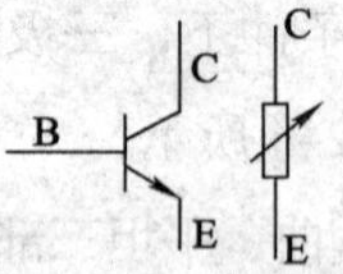 放大状态。C 极与 E 极之间等效电阻线性可变，相当于一只可变电阻，电阻的大小受基极电流大小控制。基极电流大，C 极与 E 极间的等效电阻就小，反之则大	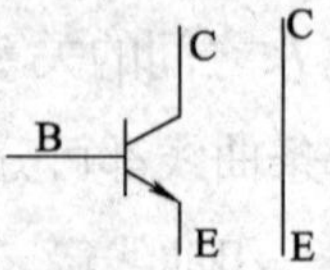 饱和状态。C 极与 E 极之间等效电阻很小，相当于短路

综上所述，对于 NPN 型三极管：工作于放大区时，$V_C>V_B>V_E$；工作于截止区时，$V_B \leqslant V_E$；工作于饱和区时，$V_C \leqslant V_B$。PNP 型三极管与之相反。

三、三极管的基本放大电路与开关电路

1. 三极管的基本放大电路

根据三极管处于放大状态的条件可构成三极管基本放大电路，图 4-2-5 所示为 NPN 型三极管基本放大电路。放大电路在工作时，NPN 型三极管的集电极必须接高电位。需要被放大的信号从基极输入，经过三极管放大后从集电极输出。三极管的放大电路能够将传感器输出的微弱信号进行放大，然后传输到汽车电控单元。另外，对于控制电路，三极管放大电路可以将功率较小的控制信号放大为功率较大的信号，用以驱动执行机构。

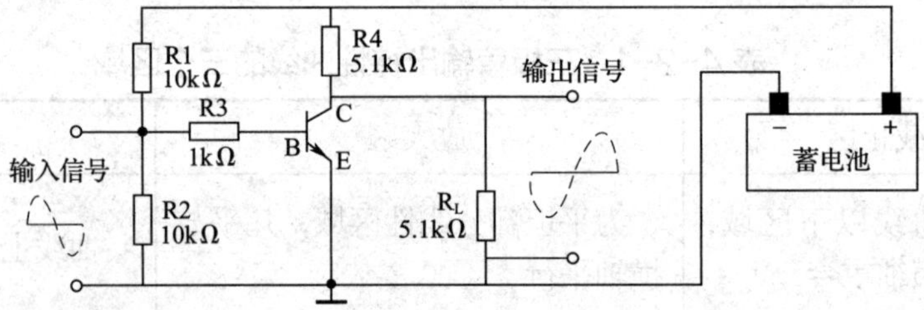

图 4-2-5 NPN 型三极管基本放大电路

学与用

用信号发生器产生图 4-2-6a 所示的电压波形，将其输入图 4-2-5 所示电路中的基极，在集电极就会得到图 4-2-6b 所示的电压波形。用示波器观察对比输入、输出波形。

2. 三极管的开关电路

三极管在基极电流的控制下，在截止与饱和两种状态间交替变换，就如同开关在断开与闭合状态间交替变换。图 4-2-7 所示为 NPN 型三极管的开关状态。当三极管处于饱和导通状态时，集电极与发射极之间的电位差几乎为零，相当于集电极与发射极

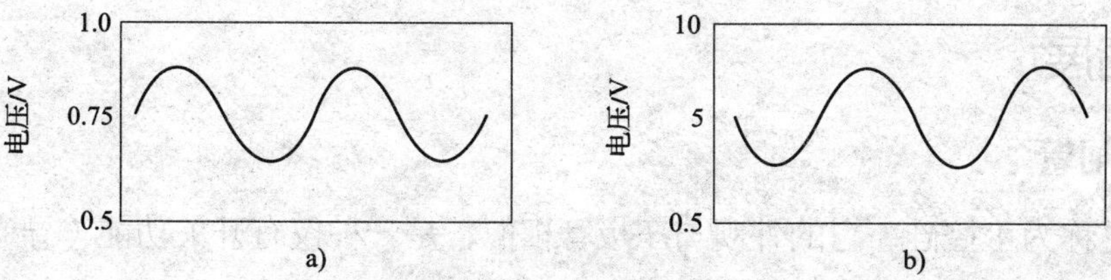

图 4-2-6 电压波形

a）基极电压波形 b）集电极电压波形

之间闭合。当三极管处于截止状态时，集电极与发射极之间几乎没有电流流过，相当于集电极与发射极之间断开。利用三极管的这种特性，可以构成三极管的开关电路。在图 4-2-7 中，R_b 是基极限流电阻，作用是防止基极电流过大。R_c 是集电极电阻，作用是防止三极管饱和时电源短路。在实际开关电路中，R_c 的位置由被控电子元件取代。

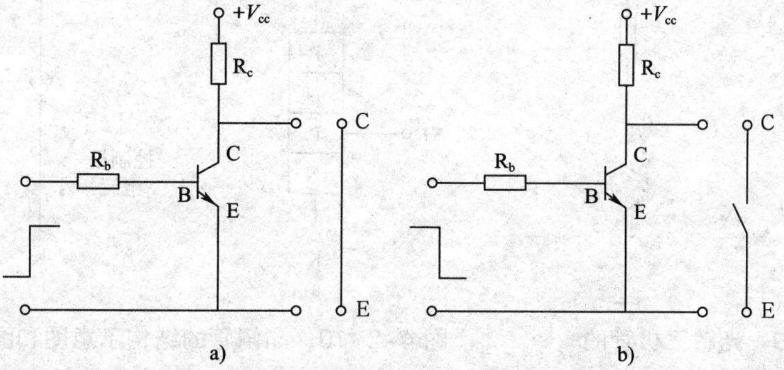

图 4-2-7 NPN 型三极管的开关状态

a）三极管处于饱和状态 b）三极管处于截止状态

工程实践中，一些三极管由特殊工艺制造，只需要很小的基极电流就能够达到饱和导通状态。这种三极管几乎只工作在截止和饱和导通两种状态，即开关状态。一般将经常工作在开关状态，起开关作用的三极管称为开关管。

提示

一定要在开关管控制的继电器、喷油器等线圈结构的电子元件旁边并联一个续流二极管。

四、光敏三极管

光敏三极管也称为光电晶体管，是一种相当于在基极和集电极之间接有光敏二极管的三极管。它的等效电路和图形符号如图 4-2-8 所示。

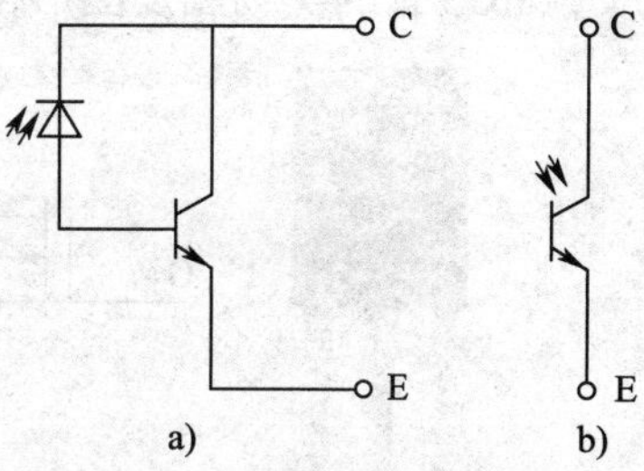

图 4-2-8 光敏三极管的等效电路及图形符号（NPN 型示例）

a）等效电路 b）图形符号

光敏三极管的基本应用电路如图 4-2-9 所示，光敏三极管和负载之间的电位随着外界光线照射强度的变化而发生变化。光敏三极管主要应用于汽车的传感器中。

知识拓展

一、晶闸管

晶闸管也称为可控硅，它的外观与三极管相似，是一种仅有开关功能（导通或阻断）的硅半导体元件，其结构示意图和图形符号如图 4–2–10 所示。晶闸管有三个电极：阳极 A、阴极 K 和控制极 G。它也属于电流控制元件，当控制极与阴极之间有控制电流流过时，阳极和阴极之间呈导通状态。导通后，即使断开控制电流，晶闸管仍然处于导通状态。若要使其恢复到截止状态，就必须将阳极电流变为零。利用晶闸管，可以用很小的控制电流控制很大的阳极电流，它的工作情况与继电器相似。

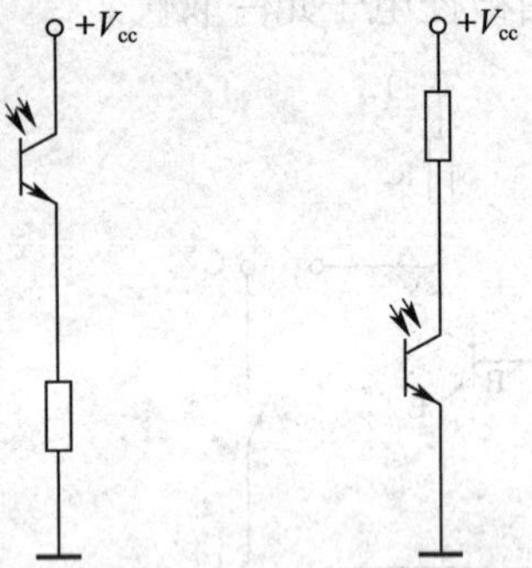

图 4–2–9　光敏三极管的基本应用电路

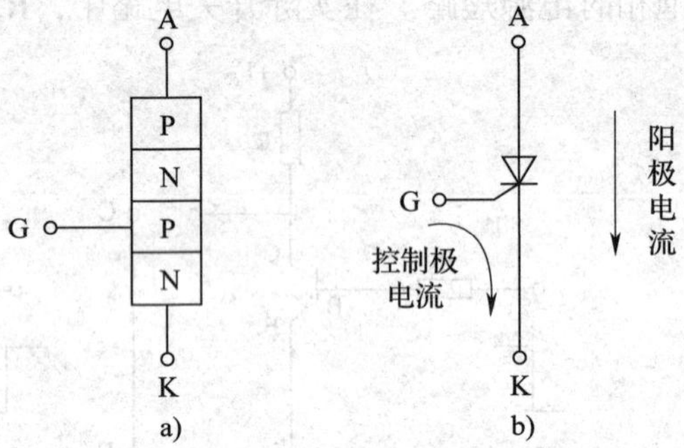

图 4–2–10　晶闸管的结构示意图和图形符号
a）结构示意图　b）图形符号

二、场效应晶体管

场效应晶体管是利用输入回路的电场效应来控制输出回路电流的一种半导体器件。场效应晶体管主要包括结型场效应管和绝缘栅型场效应管（简称 MOS 管）两大类。根据沟道材料的不同，结型场效应管和绝缘栅型场效应管可分为 N 沟道和 P 沟道两种；根据导电方式的不同，MOS 管的 N 沟道和 P 沟道两类中，每一类又可分为增强型和耗尽型。

场效应晶体管有栅极（G）、漏极（D）和源极（S）三个电极。结型场效应管使用较少，MOS 管的实物图及图形符号如图 4–2–11 所示。

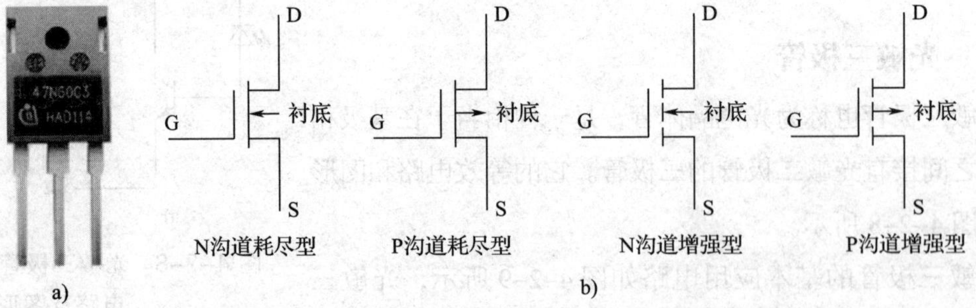

图 4–2–11　MOS 管的实物图及图形符号
a）实物图　b）图形符号

技能训练

三极管管型和管脚极性的判别

在实际工作中经常需要判别三极管的管型和管脚极性，以及检测判断三极管是否损坏。判定的方法主要有目测和万用表检测两种，实际工作中经常采用目测法，当用目测法不能做出准确判断时，再用万用表进行检测。

1. 目测法

（1）管型的判别

一般情况下，三极管是 NPN 型还是 PNP 型应该从管壳上标注的型号来判别。根据标准，三极管型号的第二位（字母）为 A、C 表示 PNP 型管，为 B、D 表示 NPN 型管。例如，3AX、3CG、3AD、3CA 均表示 PNP 型三极管，3BX、3DG、3DD、3DA 均表示 NPN 型三极管。

提示

三极管型号的第一位（数字）3 表示三极管；第三位（字母）表示三极管的功率及频率特性；第四位（数字）表示序列号。详细内容请参考三极管手册。

（2）管脚极性的判别

三极管的三个引脚分布是有一定规律的，根据这一规律，可以非常方便地识别引脚极性。表 4-2-2 为常见三极管的引脚分布规律，供识别时参考。

表 4-2-2　常见三极管的引脚分布规律

外形示意图	封装形式	说明
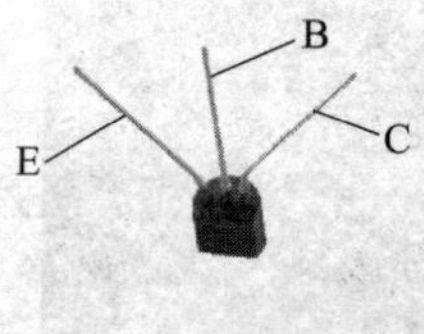	S–1A S–1B	它们都有半圆形的底面。识别时将引脚朝上，切口朝向自己，从左向右依次为 E、B 和 C 极
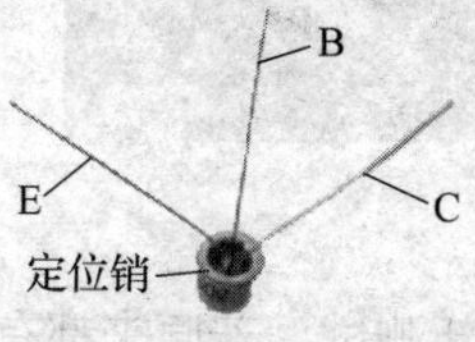	C 型 D 型	它们有三个引脚（C 型有一个定位销，D 型无定位销），三个引脚呈等腰三角形分布，E、C 脚为底边

续表

外形示意图	封装形式	说明
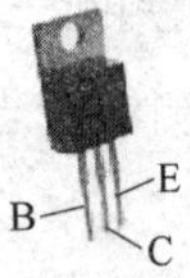	S–6A S–6B S–7 S–8	它们都有散热片。识别时，将印有型号的一面朝向自己，并将引脚朝下，从左向右依次为 B、C 和 E 极
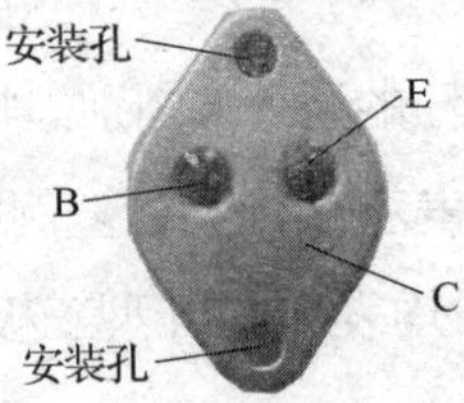	F 型	只有两个引脚，识别时引脚朝上，且引脚靠近上安装孔，左边的引脚是 B 极，右边的引脚是 E 极，外壳为 C 极

2. 万用表检测法

把数字式万用表的红、黑表笔分别插入“VΩ”和“COM”插孔。

（1）基极及管型的判断

把量程转换开关拨至“→|”挡。

1）判断基极。假设任意一个引脚为基极，把一个表笔接假设的基极，另一个表笔分别接另外两个引脚，如图 4–2–12 所示。

图 4–2–12　判断基极及管型

若都有示数或都没有示数（即示数为“.OL”），调换表笔重新测试。若原来都有示数，调换表笔后都没有示数；或原来都没有示数，调换表笔后都有示数，说明假设的基极是正确的。

若一次有示数，一次没有示数，则假设的基极是错误的，需重新假设进行测试。若两次都没有示数，则三极管可能开路损坏；若两次都显示有示数但数值都很小（接近0），则三极管可能击穿损坏。

2）判断管型和材料。以都有示数为准，若示数为0.7 V左右，则该管为硅管；若为0.3 V左右，则该管为锗管。若红表笔接的是基极，则该管是NPN型管；否则，该管为PNP型管。

（2）集电极和发射极的判断

把量程转换开关拨至“hFE”挡，把三极管按管型插入显示屏右下角的PNP型或NPN型插口，将基极插入B插孔，其他两个引脚插入紧挨B孔两侧的C、E孔中，观察数据；再将C、E孔中的引脚对调，观察数据，数值大的一次引脚安插正确，所显示的读数为三极管的放大倍数，如图4–2–13所示。

图4–2–13　判断C极和E极

课题❸　半导体元件在汽车上的应用

学习目标

1. 掌握二极管在汽车电路中的应用。
2. 掌握三极管的开关特性和光敏三极管在汽车电路中的应用。
3. 能正确完成晶体管电压调节器的检验。

一、二极管在汽车电路中的应用

1. 整流电路

将交流电变成直流电的过程称为整流。在汽车交流发电机中，就是利用整流二极管组成的整流板将发电机发出的三相交流电整流为直流电。整流板上整流二极管压装式安装示意图如图4–3–1所示，正极管的外壳为负极，引出极为正极，在管壳底部标有红色标记。在负极搭铁的硅整流发电机中，三个正极管的外壳压装在散热板的三个座孔内，共同组成发电机的正极，由一个与发电机后端盖绝缘的整流板固定螺栓通至机壳外，作为发电机的相线接线柱“B”。负极管的外壳为正极，引出极为负极，在管壳底部一般标有黑色标记。三个负极管的外壳压装在后端盖的三个孔内，和发电机外壳共同组成发电机的负极。三个正极管和三个负极管构成的整流电路称为三相桥式整流电路，将发电机的交流电变为12 V的直流电。汽车交流发电机的整流电路和电压波形如图4–3–2所示。

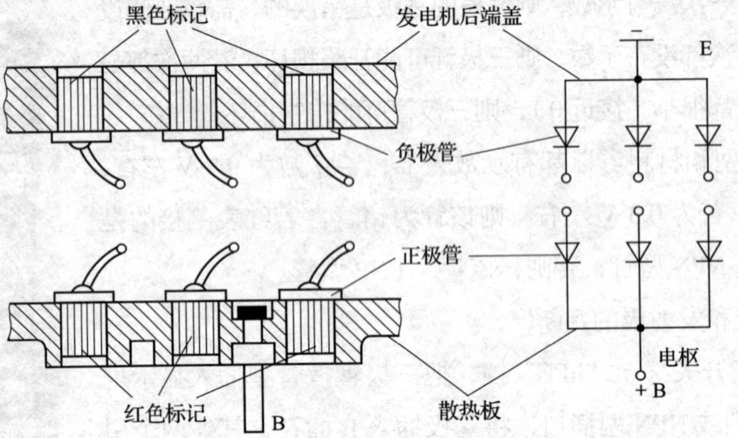

图 4-3-1　汽车交流发电机整流二极管压装式安装示意图

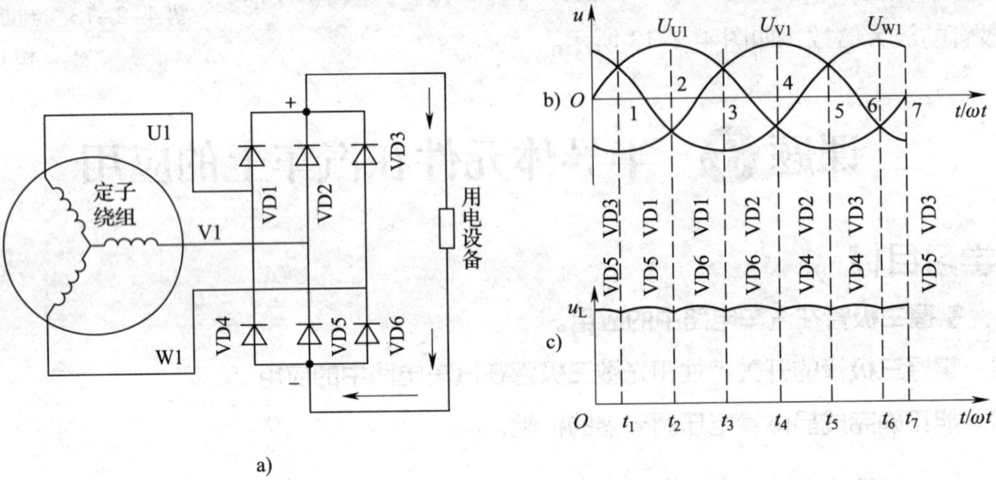

图 4-3-2　汽车交流发电机的整流电路和电压波形

a）整流电路　b）三相交流电压波形　c）输出电压波形

提示

在整流电路中，三个正极管的正极引出线分别与三相绕组的首端相连。在某一瞬间，只有与电位最高的一相绕组相连的正极管导通。同样，三个负极管的引出线也分别同三相绕组的首端相连。在某一瞬间，只有与电位最低的一相绕组相连的负极管导通。

汽车交流发电机故障经常是由整流二极管的损坏导致的。

想一想

如果汽车交流发电机的整流板中有二极管损坏，会出现什么现象？

2. 续流电路

续流电路如图 4-3-3 所示，续流二极管都是并联在线圈的两端。当线圈通过电流时，会在其两端产生感应电动势。当电流消失时，其感应电动势会对电路中的元件产生反向电压。当反向电压高于元器件的反向击穿电压时，会导致元件损坏。将续流二极管并联在线圈两端，当线圈中的电流消失时，线圈产生的感应电动势会因二极管和线圈构成的回路做功而消耗掉，从而保护电路中其他元件的安全。

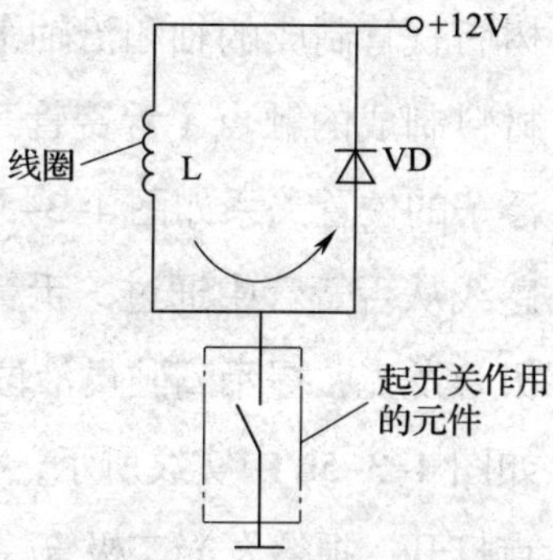

图 4–3–3　续流电路

提示

与线圈并联的二极管一定是负极接高电位，正极接低电位。

二极管的续流电路在汽车电子电路中随处可见，一般在继电器、线圈等旁边都并联有保护二极管。保护二极管有些装在元件外部，有些装在元件内部。

3. 稳压电路

在汽车电路中，由于各个电器总成或元件的工作电流较大，汽车电源系统的电压会出现波动。

在汽车的仪表电路和一部分电子控制电路中，常利用稳压二极管来获取稳定的电压。图 4–3–4 所示是利用稳压二极管为汽车仪表提供稳定电压的电路，图中的稳压二极管与电阻串联，而与仪表并联。如果仪表电压必须稳定在 7 V，便可使用额定电压为 7 V 的稳压二极管。汽车电源电压一部分加在电阻上，7 V 电压加在稳压二极管上。即使电源电压发生变化，也只是导致不同大小的电流流过电阻和稳压二极管，改变电阻两端的电压，而稳压二极管两端的电压始终维持 7 V 不变。

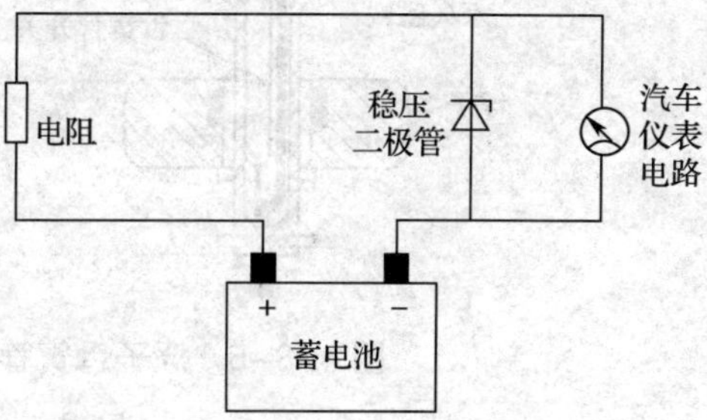

图 4–3–4　简化汽车仪表稳压电路

提示

稳压二极管虽然能够稳压，但作为二极管它能通过的电流有限，因此一般只应用在低电压、小电流的工作场合。一些高电压或大电流的工作场合，不能选用稳压二极管来稳压。

4. 指示、报警电路

在汽车电路中，发光二极管随处可见，主要应用在仪表板上作为指示信号灯或报警信号灯。例如，当液体液面过低，制动灯、尾灯、前照灯等烧坏时，相应的发光二极管就会被接通发光，发出报警指示。

图 4–3–5 所示为浮子舌簧管开关式液位传感器的内部结构和应用电路。该传感器是由

树脂软管制成的轴和沿轴上、下移动的环状浮子组成的。圆管状轴内装有易磁化的强磁性材料制成的触点（舌簧管开关），浮子内嵌有永久磁铁。当液位低于规定值时，舌簧管与浮子的位置关系如图 4-3-5b 中虚线浮子位置所示。当浮子内的永久磁铁接近舌簧管时，磁感线从舌簧管中通过，舌簧管开关的触点闭合，报警发光二极管电路被接通，报警发光二极管发光，提示驾驶员液位已经低于规定值。当液位达到规定值时，浮子上升到规定位置，如图 4-3-5b 中实线所示，没有磁感线通过舌簧管，在舌簧管本身的弹力作用下，舌簧管触点打开，报警发光二极管熄灭，表示液位符合要求。

利用发光二极管制作的传感器，可检测制动液液位、发动机机油液位、冷却液液位等。红外发光二极管经常作为光源与光敏三极管组合在一起，组成光电式传感器或光电耦合器，作为汽车传感器应用在燃油流量检测、曲轴位置检测、车速检测、车高位置检测、转向盘转角检测等方面。

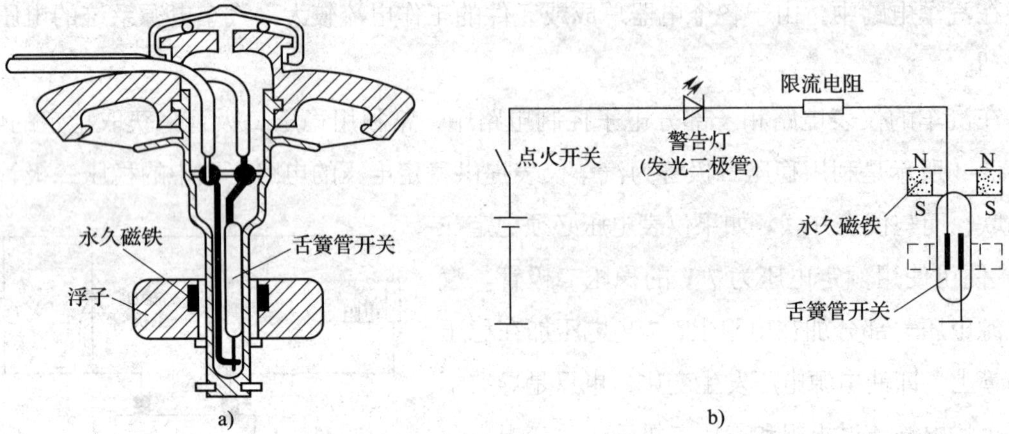

图 4-3-5　浮子舌簧管开关式液位传感器的内部结构和应用电路
a）内部结构　b）应用电路

5. 光电式传感器电路

利用光敏二极管制成光电式传感器，可以将光信号转变为电信号，以便控制其他电子元件。汽车上的许多传感器是利用光敏二极管制成的，如用于汽车自动空调控制系统的日照强度传感器，日照强度传感器及其应用等效电路如图 4-3-6 所示。日照强度传感器可以把太阳照射强度的变化转换成电流的变化，车内自动空调计算机对这种变化进行检测，来调节排风量和排风口温度。图 4-3-7 所示是雷克萨斯 LS400UCF10 型自动空调控制系统日照强度传感器电路图。

光敏二极管作为光传感器，还被应用在汽车灯光自动控制器中，用来检测车辆周围的亮、暗程度。

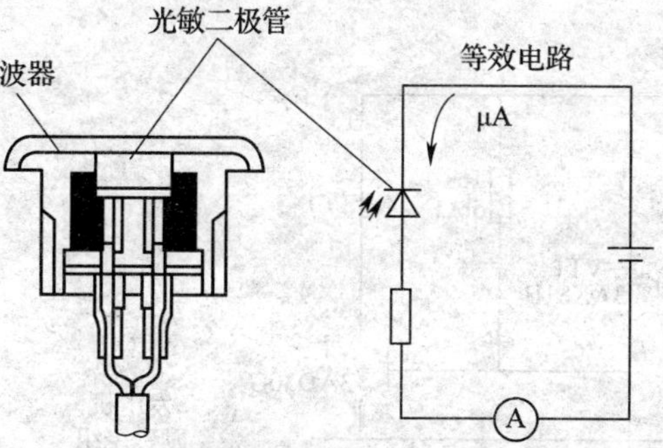

图 4-3-6 日照强度传感器及其应用等效电路

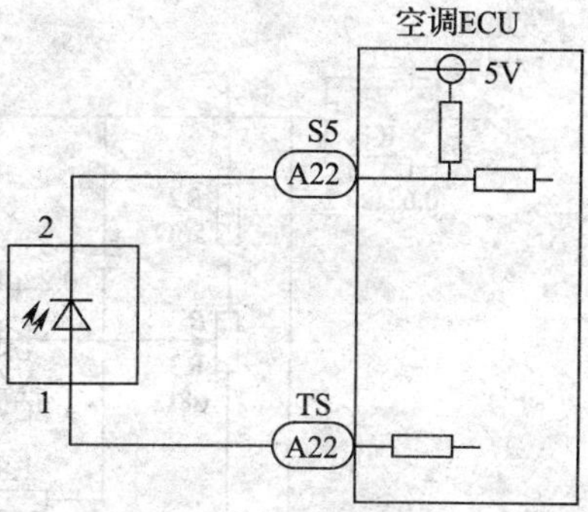

图 4-3-7 雷克萨斯 LS400UCF10 型自动空调控制系统日照强度传感器电路图

提示

光敏二极管大部分应用场合与稳压二极管类似，是反向工作，负极接高电位，正极接低电位。但在有些场合采用正向工作方式。

二、三极管的开关特性在汽车电路中的应用

三极管开关电路在汽车电路中的应用相当广泛，主要用于电压调节器、电子点火器以及各种信号报警电路等。

1. 电压调节器

汽车交流发电机产生的电压会随着发动机转速的改变而产生波动，发电机输出电压与发电机励磁绕组通过的励磁电流成正相关关系，通过控制励磁线圈电路的通断就可以控制流过的励磁电流平均值的大小，从而使发电机的输出电压基本稳定在一个定值。电压调节器就是利用三极管的开关作用控制励磁线圈电路的通断，从而达到调节电压的目的。

在图 4-3-8 所示的 JFT201 型电压调节器电路中，电阻 R2、R3、R4 组成分压电路，*B* 点电位随着发电机输出电压的变化而变化。当发电机输出电压小于预定调节电压值时，*A* 点与 *B* 点之间的电压小于稳压二极管 VZ 的反向击穿电压，稳压二极管 VZ 截止，三极管 VT1 的发射结和集电结反偏，VT1 截止。而 VT2 的发射结和集电结正偏，因而饱和导通，接通励磁线圈，发电机正常发电。

当发电机输出电压升高，达到预定调节值时，*A* 点与 *B* 点之间的电压大于等于稳压二极管 VZ 的反向击穿电压，稳压二极管 VZ 导通，三极管 VT1 的发射结和集电结正偏，VT1 饱和导通，VT2 的发射结和集电结反偏，VT2 截止，断开励磁线圈，发电机输出电压下降。

当发电机输出电压稍低于调节值时，稳压二极管 VZ 又恢复到截止状态，VT1 由导通变为截止，使 VT2 导通。如此反复，使发电机的输出电压维持在规定的调整值附近。

R7 是 VT1 的负载电阻，电阻 R8 和电容 C3 可以加快三极管 VT2 的开关转换速度，减少损耗。电容 C1 的作用是降低分压电阻上电压的变换速度，降低开关管的开关频率，减轻

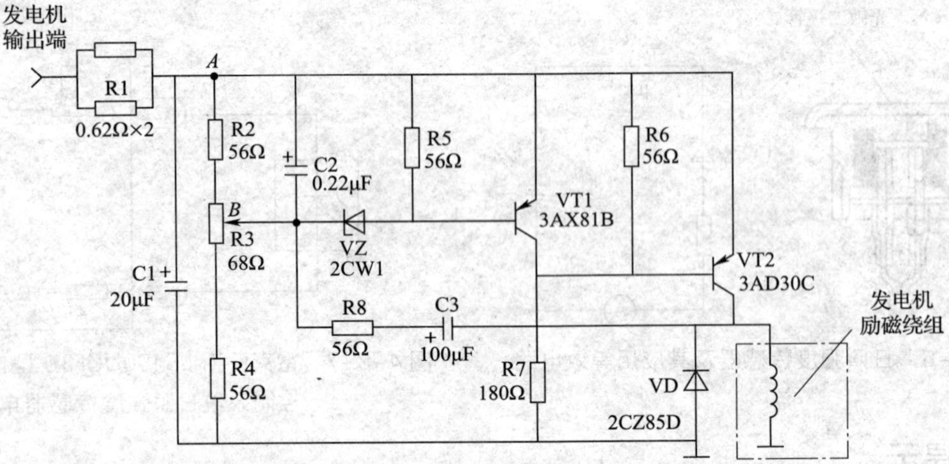

图 4-3-8　JFT201 型电压调节器电路

VT2 管的发热程度。电容 C2 是滤波电容，可以使稳压二极管 VZ 两端的电压平滑过渡，减小发电机输出电压的脉动影响，降低开关管的开关频率和损耗。二极管 VD 是续流二极管，保护开关管 VT2 免受励磁线圈反向电动势的冲击。

2. 电子点火器

晶体管点火电路的点火信号由装在分电器内的信号发生器提供。图 4-3-9 所示为一种磁感应式信号发生器电压信号的变化过程。随着分电器的旋转，信号转子转动，它的凸起与信号线圈之间的间隙不断变化，通过信号线圈的磁通量随之发生变化。当凸起接近信号线圈时磁通量迅速增加，在线圈两端产生电压信号；当凸起与信号线圈正对时，磁通变化量最小，线圈两端电压为零；当凸起远离信号线圈时，磁通量迅速减小，线圈两端电压急剧地改变极性，产生负的电压信号。信号线圈输出交流信号，电压从正变为负的瞬间就是点火时刻，磁感应式信号发生器的信号波形如图 4-3-10 所示。当发动机不转时，通过信号线圈的磁通量不变，不产生电压信号。

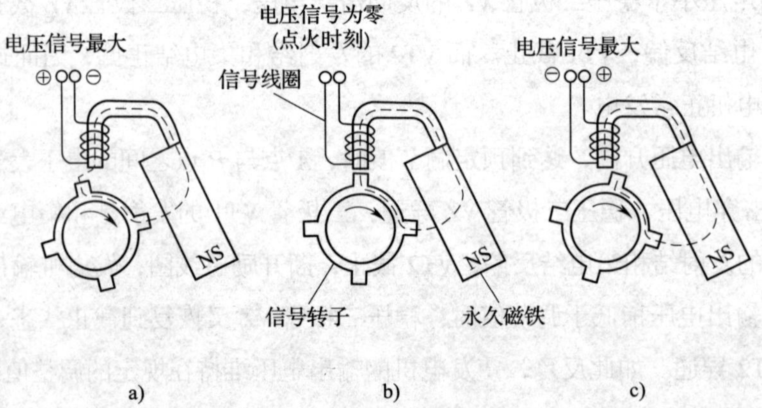

图 4-3-9　磁感应式信号发生器电压信号的变化过程
a）转子接近线圈　b）转子正对线圈　c）转子离开线圈

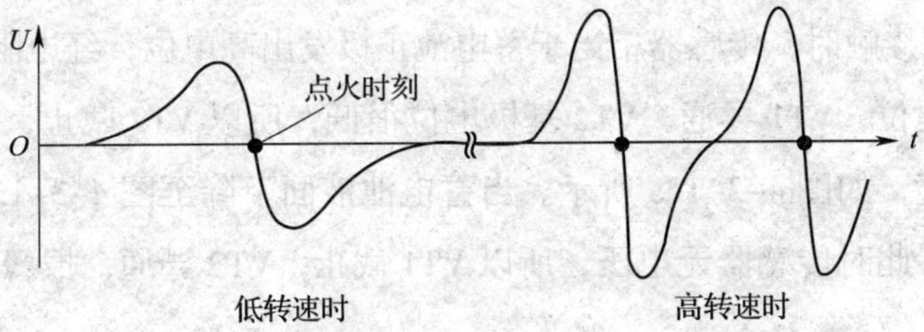

图 4-3-10 磁感应式信号发生器的信号波形

当发动机转动时，信号线圈产生电压。当产生正电压时，如图 4-3-11a 所示，点火开关闭合后，线圈电压上正下负，*A* 点电位更高，保证三极管能饱和导通，点火线圈的一次线圈流过电流。当信号发生器产生负电压信号时，如图 4-3-11b 所示，点火开关闭合后，线圈电压上负下正，*A* 点电位变为零或负值，三极管基极没有电流流过，三极管截止，点火线圈的一次线圈断开，二次线圈产生高压，送入分电器点火。

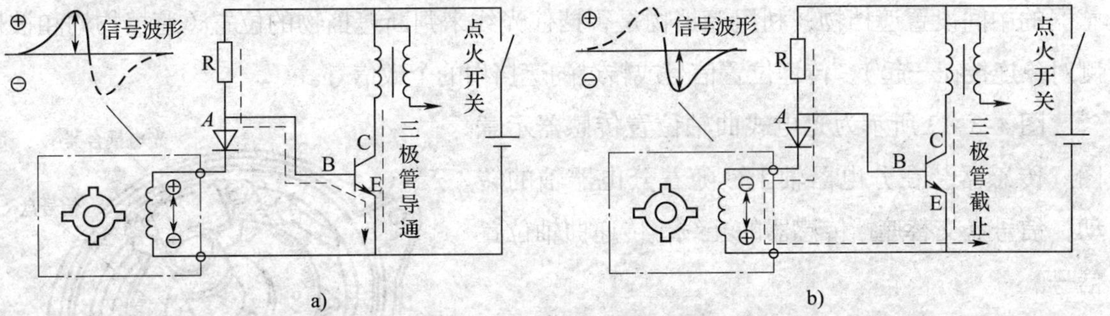

图 4-3-11 信号电压极性变化与三极管的导通

a）信号发生器产生正电压 b）信号发生器产生负电压

3. 蓄电池液位报警电路

汽车电路中包含很多信号报警电路，其基本原理是监控一个点的电位变化，从而控制三极管的开关，使其发出声音或光报警信号。蓄电池液位传感器用于蓄电池液位报警系统，以检测蓄电池液位的高低，蓄电池液位报警电路如图 4-3-12 所示。点火开关闭合后，当传

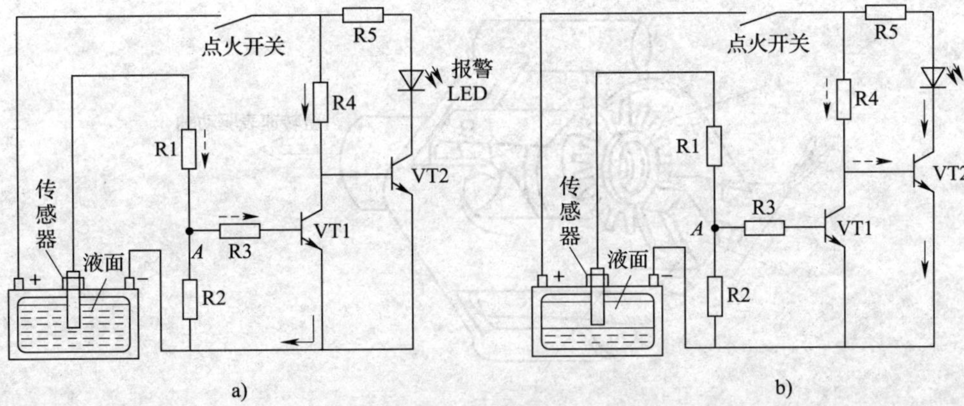

图 4-3-12 蓄电池液位报警电路

a）蓄电池液位正常 b）蓄电池液位过低

感器和蓄电池液面接触时，传感器相当于蓄电池正极发出高电位，经电阻 R1 和 R2 分压后，在 *A* 点形成一定电位，VT1 导通，VT2 基极电位很低，所以 VT2 截止，此时报警灯无电流通过，报警灯不亮，如图 4-3-12a 所示。当蓄电池液面下降至图 4-3-12b 所示位置时，传感器和液面分离，此时传感器无电压，所以 VT1 截止，VT2 导通，报警灯亮，警告驾驶员蓄电池液面低。

三、光敏三极管在汽车电路中的应用

光敏三极管主要应用于汽车传感器中。把发光二极管和光敏三极管组合在一起，可实现以光信号为媒介的电信号的转换，采用这种组合方式的器件称为光电耦合器。当光电耦合器作为传感器使用时，称为光电式传感器。

汽车中光电式传感器的应用主要有曲轴位置检测、转向角度检测等，均是在光电式传感器的中间设置遮挡物，利用遮挡物是否挡住光线来判断遮挡物的位置（遮挡物均和被检测对象连接在一起），传递位置信号或转过的遮挡物的个数信号。

图 4-3-13 所示为光电式曲轴位置传感器示意图。传感器装在分电器轴上，随着分电器轴的转动，信号盘交替遮挡传感器的光线，传递曲轴位置信号。

图 4-3-14 所示为光电式车速传感器示意图。光电式车速传感器装在组合仪表内，由带切槽的转子和光电耦合器组成。带切槽的转子由转速表软轴驱动，当转子转动时，盘齿间断地遮住发光二极管光源，使光敏三极管的输出电压发生变化。软轴转一圈，输出 20 个脉冲，经分频后变成 4 个脉冲送给 ECU。

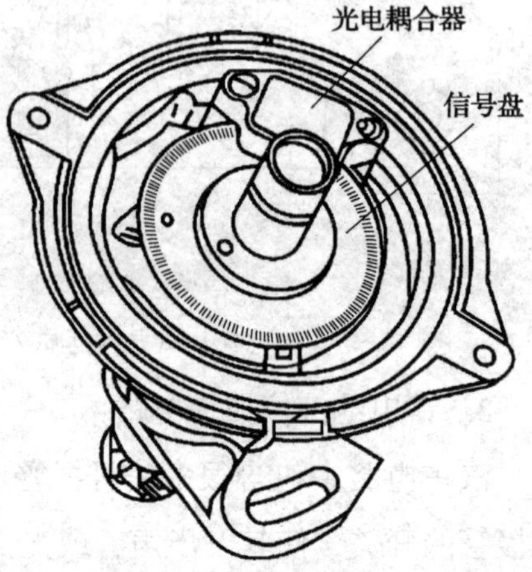

图 4-3-13　光电式曲轴位置传感器示意图

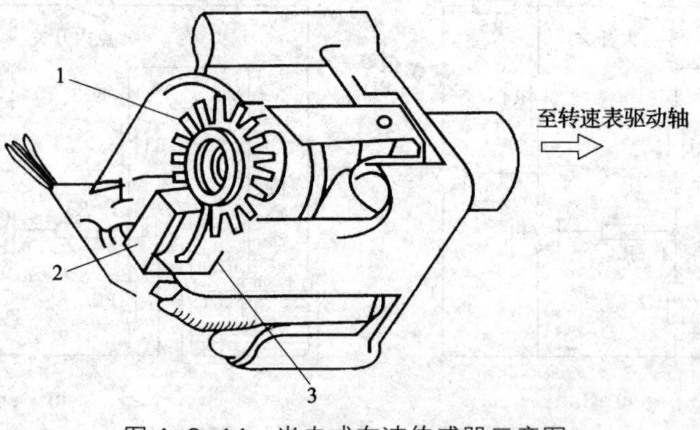

图 4-3-14　光电式车速传感器示意图
1—带切槽的转子　2—发光二极管　3—光敏三极管

技能训练

晶体管电压调节器的检验

根据配合使用的交流发电机的形式，电压调节器有内搭铁式和外搭铁式之分。励磁线圈接在“B+”与“F”之间的是外搭铁式，接在“F”与“-”之间的是内搭铁式。晶体管电压调节器的检验步骤如下：

1. 将一个 0～50 V/5 A 可调直流电源、两只 2 W/12 V 灯泡和开关按照图 4-3-15 所示电路连接，接通开关，逐渐升高电压，当电压升为 4～5 V 时，灯泡发光。若“B+”与“F”之间的灯泡发光，表明晶体管电压调节器是外搭铁式；若“F”与“-”之间的灯泡发光，表明晶体管电压调节器是内搭铁式。

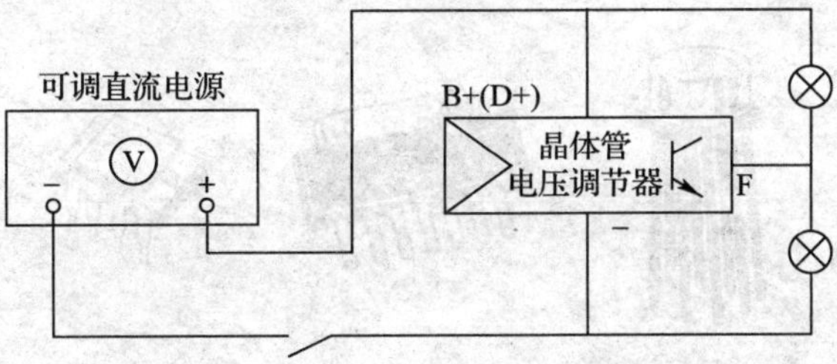

图 4-3-15 晶体管电压调节器检验电路

2. 将不亮的灯泡拆去，继续升高电压，灯泡亮度会随之增强，表明晶体管电压调节器内部开关管闭合。电压升高到预定调节值后，灯泡会由亮转灭，说明晶体管电压调节器内部开关管断开。当电压又降低到规定值以下时，灯泡又亮，说明开关管又闭合。如果电压调节器不能实现上述过程，则说明晶体管电压调节器损坏。

课题❹ 集成电路及其应用

学习目标

1. 了解集成电路的分类。
2. 熟悉集成电路脚位的识别方法。
3. 掌握集成运算放大器的组成、引脚功能及其两种基本电路。
4. 了解集成运算放大器在汽车上的应用。
5. 能正确完成进气压力传感器的检测。

一、集成电路的分类

集成电路是指采用一定的工艺，把晶体管、电阻、电容等元件和它们之间的连线全部集成在一小块或几小块半导体基片上，然后封装在一个管壳内，成为具有所需电路功能的微型结构。

根据处理信号的不同，集成电路可以分为模拟集成电路、数字集成电路、数/模混合集成电路。根据集成度的大小，集成电路又可以分为小规模集成电路、中规模集成电路、大规模集成电路、超大规模集成电路等。

二、集成电路脚位的识别

汽车中集成电路常见的外形有圆形、管壳型、单列直插型、双列直插型、扁平型等，如图 4-4-1 所示。

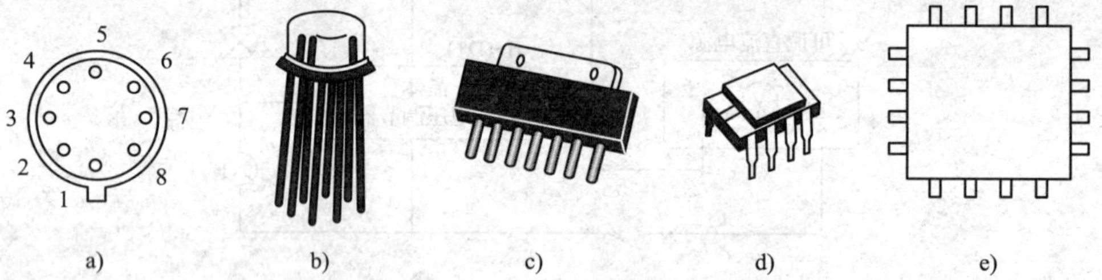

图 4-4-1　汽车中集成电路的常见外形

a）圆形　b）管壳型　c）单列直插型　d）双列直插型　e）扁平型

单列直插型集成电路的脚位识别方法为：打点或带小坑的为 1 脚，按从左到右的顺序数。

双列直插型、扁平型集成电路的脚位识别方法为：从起始脚开始，按逆时针方向数，通常打点或带小坑的为 1 脚，有的集成电路以缺口槽位为起始标记，正对缺口槽位的左下引脚为 1 脚，如图 4-4-2 所示。

图 4-4-2　扁平型集成电路的脚位识别

三、集成运算放大器及其在汽车上的应用

集成运算放大器简称集成运放，是由多级直接耦合放大电路组成的高增益模拟集成电路。在实际分析过程中常常把集成运算放大器理想化，采用理想集成运算放大器进行分析，不但简化了分析过程，而且分析的结果与实际情况相差很小。理想集成运算放大器的符号如图 4-4-3 所示。

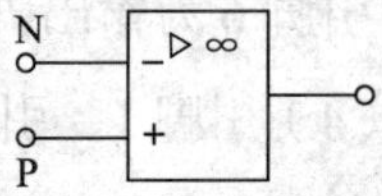

图 4-4-3 理想集成运算放大器符号

1. 集成运算放大器的组成

集成运算放大器的结构通常分为输入级、中间级和输出级三部分。

（1）输入级

输入级是决定集成运算放大器性能的关键部分，通常采用双端输入的差分放大电路。其目的在于有效地减小零点漂移，抑制干扰信号，增大输入电阻。

（2）中间级

中间级由多级电压放大电路组成，使集成运算放大器获得很高的电压放大倍数。

（3）输出级

输出级通常采用互补对称的共集电极电路，减小输出电阻，提高电路的带负载能力。

2. 集成运算放大器各引脚的功能

以 LM741 为例，介绍集成运算放大器各引脚的功能。LM741 的实物和引脚图如图 4-4-4 所示。LM741 由 8 个引脚组成，名称中的 741 表示有 7 个活动引脚，4 个引脚（2、3、4、7）能够接受输入，1 个引脚（6）是输出引脚。

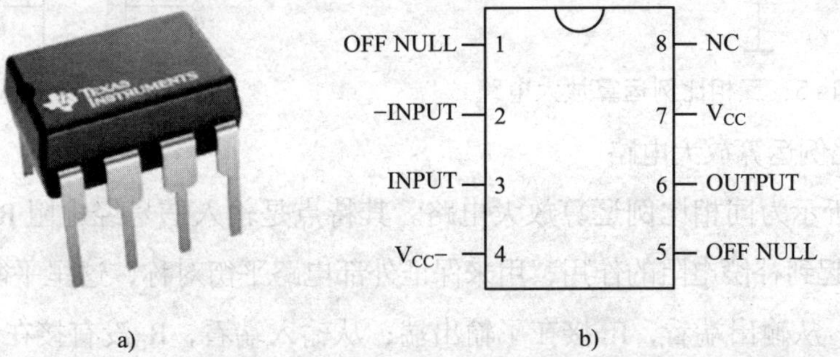

图 4-4-4 LM741 的实物和引脚图

a）实物 b）引脚图

（1）引脚 4、引脚 7

引脚 4 和引脚 7 分别是负电压和正电压电源端子。

（2）引脚 2、引脚 3

引脚 2 为反相输入端，引脚 3 为同相输入端。

（3）引脚 6

引脚 6 为输出脚。

（4）引脚 1、引脚 5

引脚 1 和引脚 5 用于外部失调电压的调整。由于 LM741 的电压增益较高，即使异常状况引起反相或同相输入电压的最小变化或其他外部干扰也会影响输出电压。为了克服这种影响，可以在引脚 1 和引脚 5 上施加偏移电压。

（5）引脚 8

引脚 8 未连接到集成运算放大器内部的任何电路，只是用来填充 8 引脚标准封装中的空隙。

3. 集成运算放大器的两种基本电路

（1）反相比例运算放大电路

反相比例运算放大电路如图 4–4–5 所示，其特点是输入信号加在集成运算放大器的反相输入端。R_f 为反馈电阻，从输出端看，R_f 接在了输出端；从输入端看，R_f 接在了输入端，所以 R_f 为电路引入了电压并联负反馈。R2 为平衡电阻，取值为 $R_2=R_1//R_f$。若取 $R_f=R_1=R$，则 $u_o=-u_i$，电路便成为“反相器”，反相器的符号如图 4–4–6 所示。

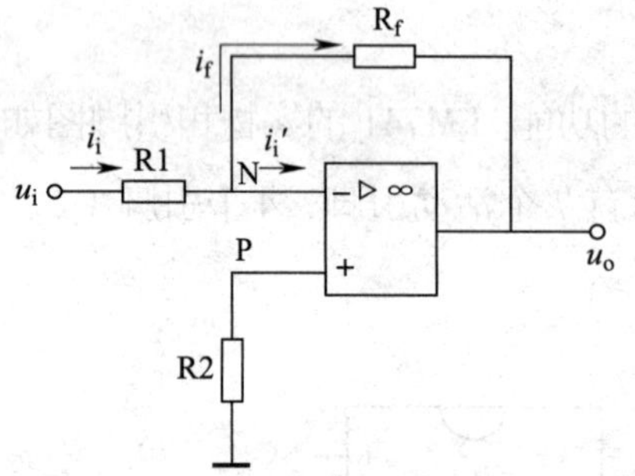

图 4–4–5　反相比例运算放大电路

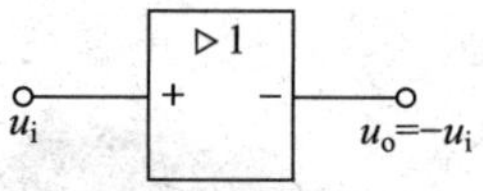

图 4–4–6　反相器的符号

（2）同相比例运算放大电路

图 4–4–7 所示为同相比例运算放大电路。其特点是输入信号经电阻 R2 接到同相输入端，同样，R2 起到补偿电阻的作用，用来保证外部电路平衡对称，这里平衡电阻 $R_2=R_1//R_f$。R_f 为反馈电阻，从输出端看，R_f 接在了输出端；从输入端看，R_f 没有接在同相输入端，而接在了反相输入端，所以 R_f 为电路引入了电压串联负反馈。

若令 $R_f=0$ 或 $R_1=\infty$（即开路状态），则电路无电压放大作用，$u_o=u_i$，该电路称为“电压跟随器”。电压跟随器的符号如图 4–4–8 所示。

4. 集成运算放大器在汽车上的应用

（1）集成运算放大器在压力传感器上的应用

在汽车电喷发动机中，用来测量进气量的进气压力传感器就是由压敏电阻、集成运算

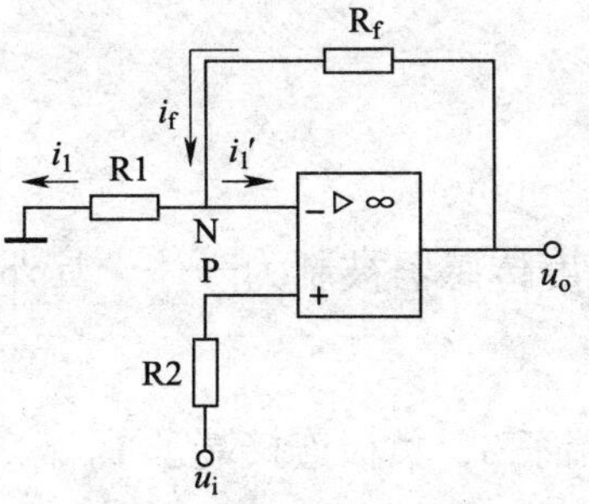

图 4–4–7　同相比例运算放大电路

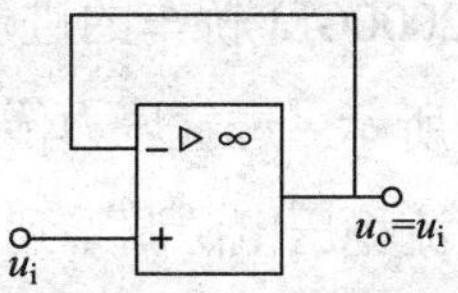

图 4–4–8　电压跟随器的符号

放大器等制成的，压敏电阻式进气压力传感器的结构示意图和工作原理图如图 4–4–9 所示。这种传感器被通用、丰田等汽车公司广泛采用，桑塔纳 2000GLI 型轿车也采用了这种传感器。

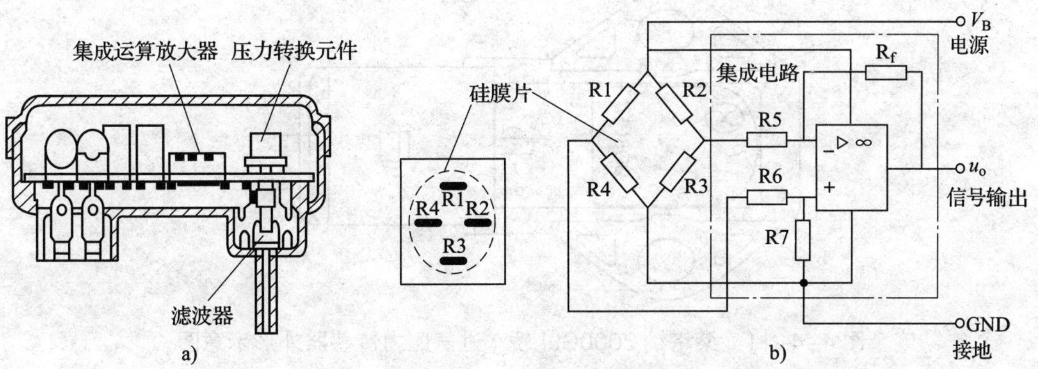

图 4–4–9　压敏电阻式进气压力传感器的结构示意图和工作原理图

a）结构示意图　b）工作原理图

（2）集成运算放大器在自动空调控制器上的应用

光敏二极管和光敏三极管能够将光信号转变为电信号，图 4–4–10 所示为一种最简单的光电测量电路。无光照时，光敏二极管的反向电流很小。有光照时，光敏二极管中有电流流过，光照强度越大，光电流越大，经过集成运放后，输出电压 $u_o=iR_f$。汽车自动空调控制系统中的传感器就是利用上述电路进行工作的。

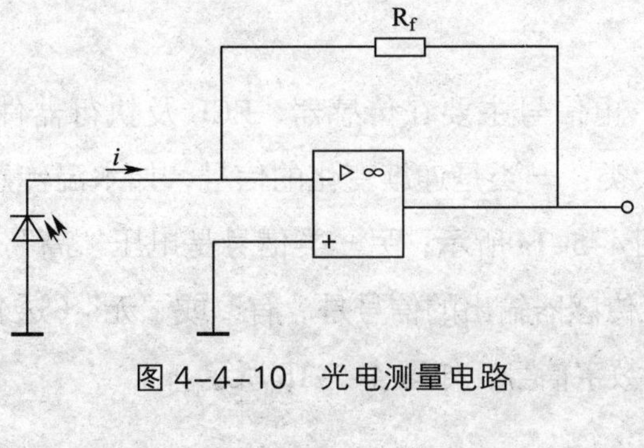

图 4–4–10　光电测量电路

技能训练

进气压力传感器的检测

桑塔纳 2000GLI 轿车的进气压力传感器与进气温度传感器被制为一体，其外形示意图如图 4–4–11 所示。进气压力传感器的检测步骤如下：

1. 将直流稳压电源调整到 +5 V 输出，正极连接端子 3，负极连接端子 1。

2. 用万用表的电压挡测量端子 4 和端子 1 之间的电压，标准值为 3.8 ~ 4.2 V。

3. 将真空枪接在进气压力传感器的通气口上，并使其逐渐成为真空状态，这个过程中端子 4 和端子 1 间的电压应为 0.8 ~ 1.3 V，且电压随着真空度的增大而增大。若检测结果不符合上述要求，说明进气压力传感器损坏。

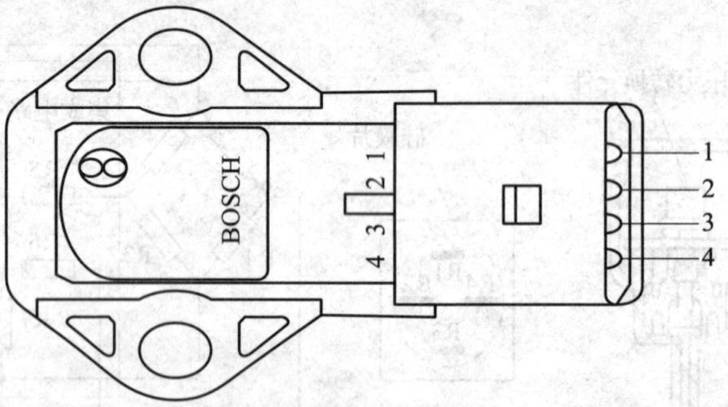

图 4–4–11　桑塔纳 2000GLI 轿车进气压力传感器外形示意图

1—搭铁　2—进气温度信号输出端子　3—电源（+5 V）端子　4—传感器信号输出端子

课题 5　微型计算机基础

学习目标

1. 了解数字信号和二进制的基本知识。

2. 了解单片机的组成及各部分功能。

一、数字信号

在汽车电子电路中，电信号主要在传感器、ECU 及执行器件之间传递。传感器输入 ECU 的信号可以分为两大类：一类是连续变化的信号，如水温传感器输出的信号，这类信号被称为模拟信号，如图 4–5–1a 所示；另一类信号是电压“高”“低”间隔变化的脉冲式信号，如光电式曲轴位置传感器输出的信号是“有”或“无”（透光或遮光）规律变化的脉冲信号，这类信号被称为数字信号，如图 4–5–1b 所示。

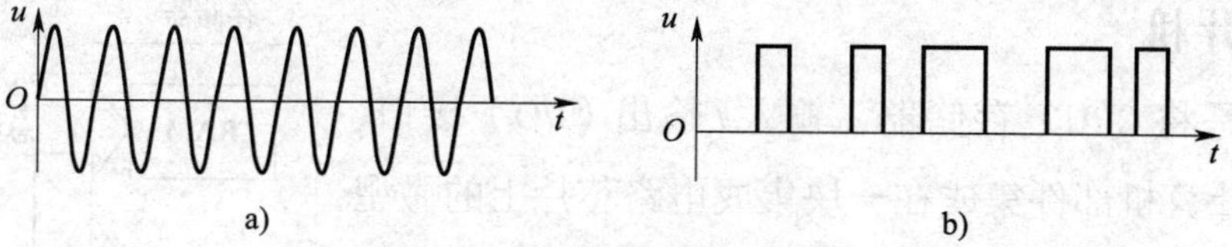

图 4–5–1　模拟信号和数字信号

a）模拟信号　b）数字信号

输出模拟信号的传感器有：叶片式空气流量传感器、热丝式空气流量传感器、水温传感器、压力传感器、节气门位置传感器等。输出数字信号的传感器有：卡门涡旋式空气流量传感器、曲轴位置传感器、光电式传感器、霍尔式传感器。

在汽车电路中，数字集成电路随处可见，ECU 就是一个典型的数字系统。

二、二进制

二进制顾名思义就是“逢二进一”，位权的表示方法是 2^i（i=0，1，2，3，…），数字也是从右向左依次排列，如 10（读作“一零”），右边的 0 表示 0 个 1，左边的 1 表示 1 个 2，相当于十进制的 2。以此类推，数值 3 用 11 表示，4 用 100 表示，5 用 101 表示。

二进制数按照一定的规律组合在一起，表示一定的信息，这样的一组二进制数称为二进制码。最常用的二进制码是 8421BCD 码，它将 1 位十进制数转换为千位二进制码，十进制数与 8421BCD 码之间的关系见表 4–5–1。

表 4–5–1　十进制数与 8421BCD 码之间的关系

十进制数	8421BCD 码
0	0000
1	0001
2	0010
3	0011
4	0100
5	0101
6	0110
7	0111
8	1000
9	1001
10	00010000
11	00010001

三、单片机

单片机是将 CPU、存储器、输入 / 输出（I/O）接口、总线等主要计算机部件集成在一块集成电路芯片上的微型计算机，基本结构如图 4–5–2 所示。虽然单片机只是一块芯片，但其已经具有微型计算机的功能。目前，汽车电控系统采用的单片机均为数字式单片机。

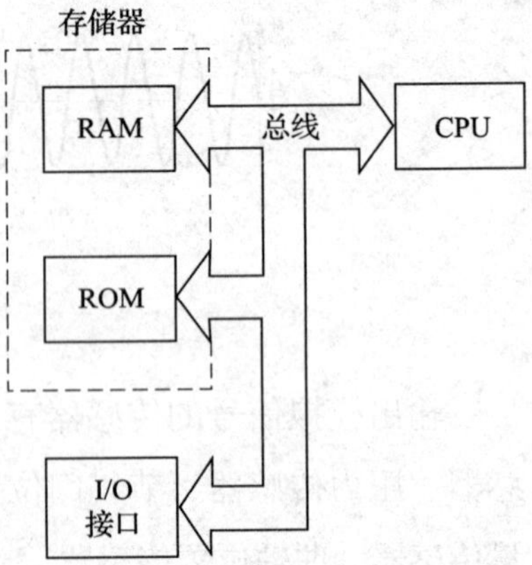

图 4–5–2　单片机基本结构框图

单片机分为通用型单片机和专用型单片机，通常所说的单片机指通用型单片机。根据处理数据的不同，单片机又可分为 4 位、8 位、16 位和 32 位单片机。目前汽车上常用的是 8 位单片机和 16 位单片机，也有一些开始使用 32 位单片机。

1. CPU

CPU 具有译码指令和数据处理能力，由运算器、寄存器和控制器组成。

运算器是计算机的运算部件，用于实现数学运算和逻辑运算。汽车上各种电控系统 ECU 内部的数据运算与逻辑判断都在这里进行。

寄存器用于暂时存储数据或程序指令。

控制器是计算机的指挥控制部件，作用是按照监控程序和应用程序使计算机各部分协调工作。

2. 存储器

在单片机或其他微型计算机中，存储器是用来存储程序指令和数据的部件。

存储器按读写操作原理可分为只读存储器（ROM）和随机存取存储器（RAM）。按功能可分为程序存储器和数据存储器。按构成材料可分为半导体存储器和磁质存储器。

（1）只读存储器。ROM 是一种一旦信息写入就不可变更，而只能读出的存储器。实质上，ROM 是一次性写入、可随机读出的存储器。一般说来，写入 ROM 的信息不会由于断电而破坏或丢失。

在汽车电控系统中，ROM 用来存储制造厂家编制的控制程序、运行程序和原始实验数据（如最佳点火提前角），即使点火开关切断电源，ROM 中存储的信息也不会丢失。

（2）随机存取存储器。RAM 与 ROM 相比，有两点不同：一是 RAM 中的信息既可随时写入或读出，也可随时改写，改写时不必先擦除原有内容；二是 RAM 中的信息会因突然断电而丢失。因此，在汽车上，RAM 通常用来存储单片机工作过程中需要暂时存储的数据（如输入 / 输出数据、单片机运算结果、故障码、空燃比修正数据），这些数据可根据需要随时调用或被新的数据改写。

提示

汽车 ECU 的故障码存储在 RAM 中，为保证数据不丢失，在检修或更换蓄电池之前，必须先调取故障码或采取必要的不断电措施。

3. I/O 接口

I/O 接口是 CPU 与传感器或执行器进行数据交换以及 CPU 下达控制指令的通道。由于传感器和执行器种类繁多，它们的信号频率、电平、功率、工作时序等不可能与 CPU 完全匹配，因此，必须根据 CPU 的指令，通过 I/O 接口进行协调和控制。

4. 总线

总线是微机内部传递信息的电路连线。在单片机内部，CPU、ROM、RAM 与 I/O 接口之间的信息交换都是通过总线实现的。按传递信息的不同，总线可分为数据总线、地址总线和控制总线三种。

（1）数据总线。数据总线主要用于传送数据与指令。数据总线的导线根数与数据的位数相对应。例如，16 位微机的数据总线有 16 根导线。

（2）地址总线。地址总线用来传递地址数码。在微机内，各元件之间的通信主要依靠地址数码进行。例如，当需要存入或读出存储器中某个单元的数据时，必须先将该单元的地址数码送到地址总线，然后才能送出读取指令或写入指令，完成读取或写入操作。

（3）控制总线。微机中的元件都与控制总线连接，CPU 可通过控制总线随时掌握各个元件的状态，并根据需要随时向某个元件发出控制指令。

课题❻ 汽车计算机控制技术

学习目标

1. 了解汽车计算机控制系统的组成。
2. 了解汽车计算机控制系统的工作过程。
3. 熟悉汽车发动机电控系统、汽车底盘电控系统和汽车车身电控系统。
4. 了解车载网络系统。

汽车电子控制技术的快速发展主要取决于三个因素：一是晶体管技术、大规模集成电路技术、计算机技术和网络技术的飞速发展；二是各国政府制定了越来越严格的法规，迫使汽车制造商必须采用先进的电子控制技术，以满足燃油经济性、安全性、排放性能方面的要求；三是用户对汽车安全性、舒适性、动力性、经济性等提出了越来越高的要求。汽车电子控制技术的发展过程大致可分为电子电路控制、微型计算机控制和车载局域网控制三个阶段。

一、汽车计算机控制系统的组成

汽车计算机控制系统作为控制系统的核心，其硬件结构一般可分为三部分：传感器、电子控制单元（ECU）和执行器，如图 4-6-1 所示。

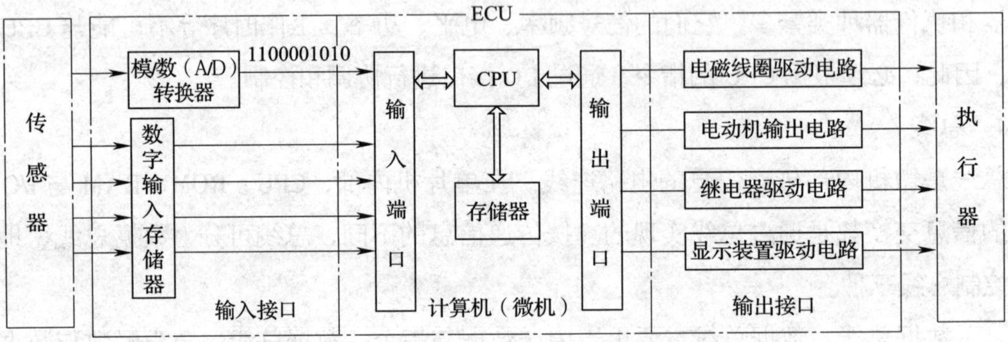

图 4-6-1　汽车计算机控制系统的基本组成

二、汽车计算机控制系统的工作过程

汽车运行过程中，各种传感器不断检测汽车运行的工况信息，并将这些信息通过输入接口实时传送到 ECU。ECU 接收到信息后，根据内部预先存储的数据和编好的控制程序，通过数学计算和逻辑判断，进行相应的决策和处理，确定适应发动机工况的点火提前角、喷油时间等参数，并将这些数据转变为电信号，通过输出接口将控制信号输出给相应的执行器，执行器接收到控制信号后，执行相应的动作，实现某种预定的功能。

ECU 除了具有控制功能外，还具有故障自诊断功能。在发动机运转过程中，ECU 会对部分传感器传输的信号进行监测与鉴别。若发现传感器的传输信号超过规定的范围，ECU 将判定该传感器或相关线路产生故障，并将故障码存储在存储器中，以便维修和调用，同时还用一个预先设定的数据或其他传感器提供的信号对发动机实施控制，使发动机进入故障应急运行状态。

三、汽车计算机控制系统的应用

1. 汽车发动机电控系统

发动机电控系统主要包括电控汽油喷射系统（EFI）、电控点火系统（ESA）、怠速控制系统（ISC）、废气再循环控制系统（EGR）、可变配气正时控制系统（VVT）等。

（1）电控汽油喷射系统

电控汽油喷射系统的功能是通过控制燃油的喷射量获得最佳空燃比，从而提高功率、降低油耗、减少排气污染。电控汽油喷射系统如图 4-6-2 所示。

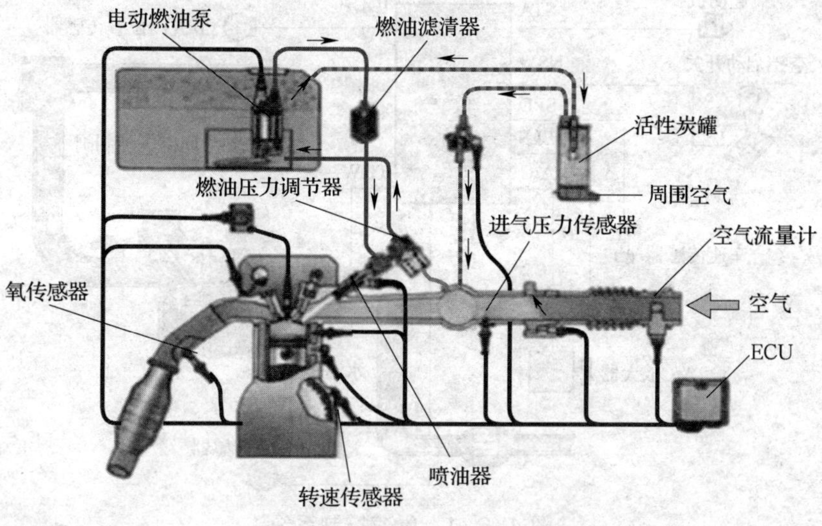

图 4-6-2　电控汽油喷射系统

（2）电控点火系统

电控点火系统可使发动机在不同转速、进气量等条件下，获得最佳点火提前角，从而提高功率、降低油耗、减少排气污染。电控点火系统如图 4-6-3 所示。

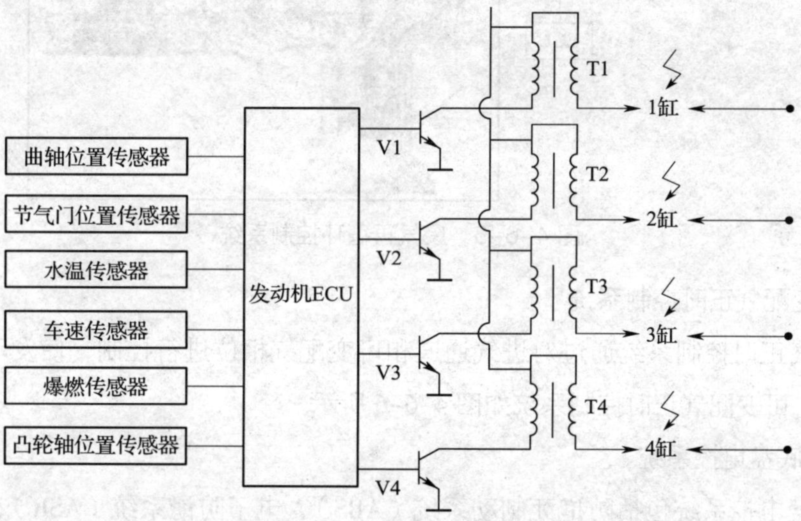

图 4-6-3　电控点火系统

（3）怠速控制系统

怠速控制系统能根据发动机冷却液温度、空调开关状态、动力转向开关状态等信息，使发动机怠速转速处于最佳状态。怠速控制系统如图 4-6-4 所示。

（4）废气再循环控制系统

废气再循环控制系统的功能是将适量的废气引入气缸，再次参加燃烧，从而降低气缸内的最高温度，减少氮氧化物的排放量。废气再循环控制系统如图 4-6-5 所示。

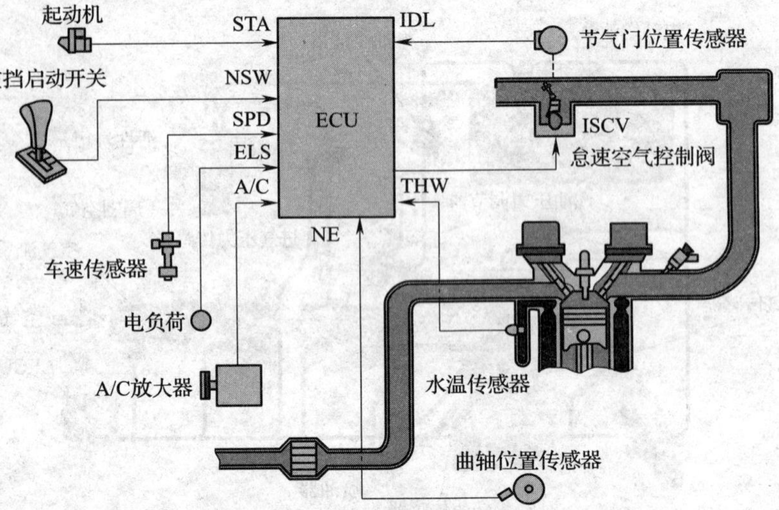

图 4-6-4　怠速控制系统

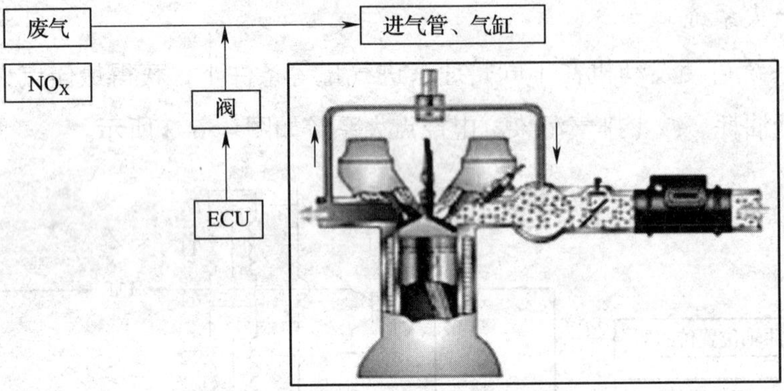

图 4-6-5　废气再循环控制系统

（5）可变配气正时控制系统

可变配气正时控制系统通过对进气通道和可变配气相位进行控制，使发动机始终保持最佳进气量。可变配气正时控制系统如图 4-6-6 所示。

2. 汽车底盘电控系统

汽车底盘电控系统包括防抱死制动系统（ABS）、电子防滑系统（ASR）、电控自动变速器（ECAT）、电控悬架系统、电控动力转向系统（EPS）、自适应巡航系统（ACC）等。

（1）防抱死制动系统和电子防滑系统

防抱死制动系统和电子防滑系统能够通过对车辆制动、起步和加速工况的控制，达到提高车辆稳定性的目的。防抱死制动系统和电子防滑系统如图 4-6-7 所示。

（2）电控自动变速器

电控自动变速器能根据发动机节气门开度、车速等行驶条件，由 ECU 根据换挡特性和换挡规律，精确控制传动比，使汽车工作在最佳挡位。电控液力自动变速器如图 4-6-8 所示。

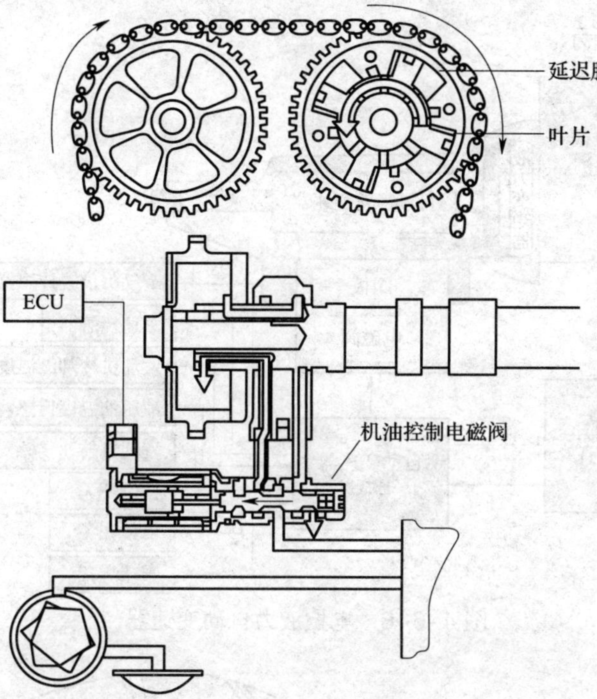

图 4-6-6 可变配气正时控制系统

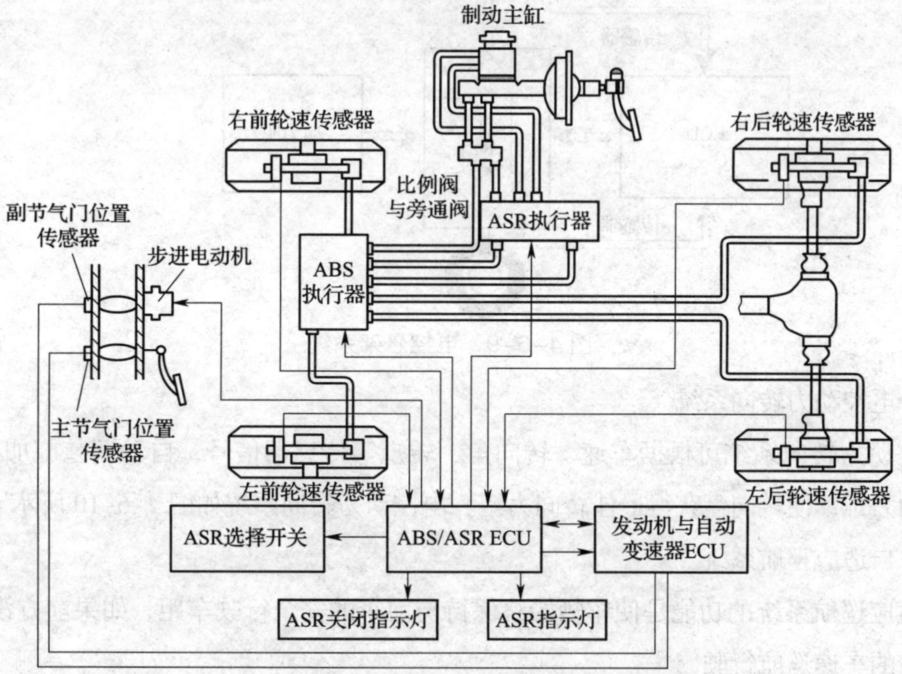

图 4-6-7 防抱死制动系统和电子防滑系统

（3）电控悬架系统

电控悬架系统可根据不同的路面状况和车辆运行工况自动控制车身高度，调整悬架的弹性、刚度和阻尼特性，改善车辆行驶的稳定性、平顺性、可操纵性和乘坐舒适性。电控悬架系统如图 4–6–9 所示。

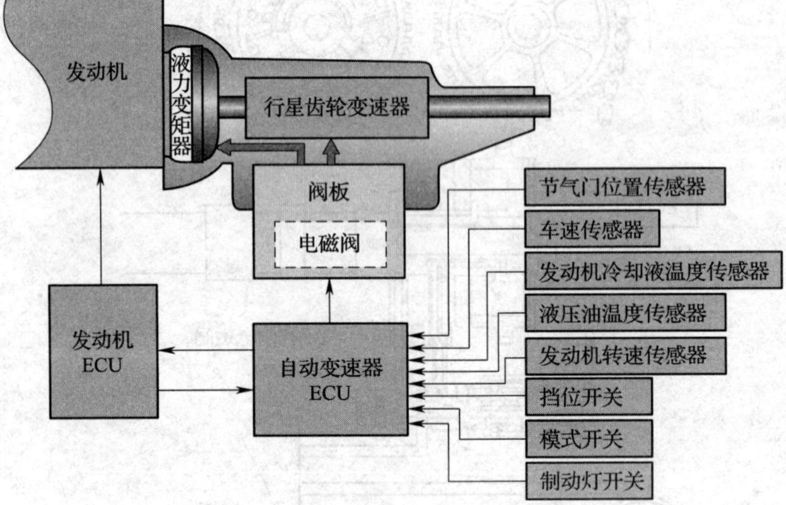

图 4–6–8　电控液力自动变速器

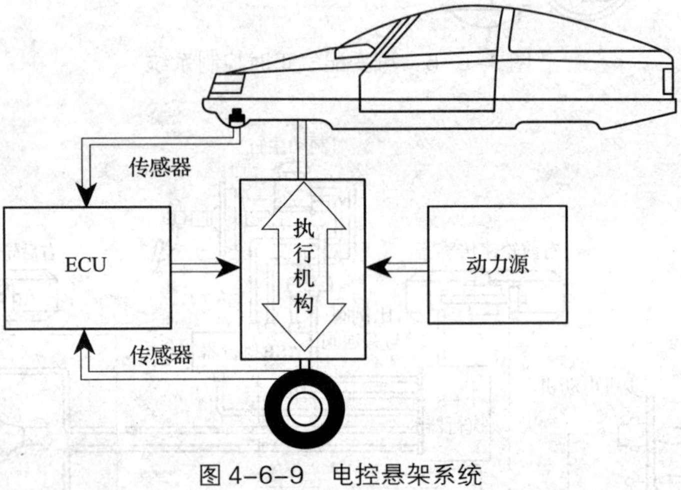

图 4–6–9　电控悬架系统

（4）电控动力转向系统

电控动力转向系统可根据车速、转向角、转矩等传感器信号，自动调整施加在转向盘上的转向力矩，使转向盘获得最佳转向力矩。电控动力转向系统如图 4–6–10 所示。

（5）自适应巡航系统

自适应巡航系统的功能是使车辆始终保持与前车的安全行驶车距，如果前方没有车辆，则按设定的车速巡航行驶。

3. 汽车车身电控系统

汽车车身电控系统包括自动空调控制系统、车辆信息显示系统、自适应前照灯控制系统、安全气囊控制系统等。

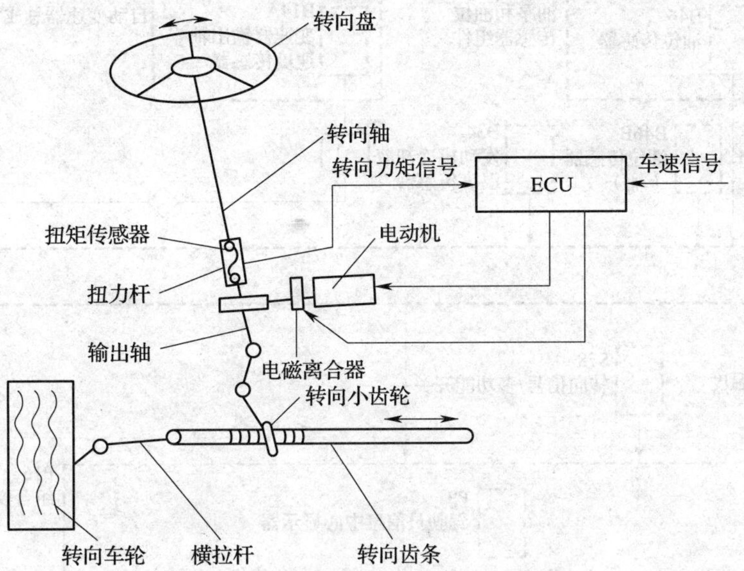

图 4-6-10 电控动力转向系统

（1）自动空调控制系统

自动空调控制系统能够根据各种温度传感器输入的信号自动地调节车内温度，将车内温度保持在设定范围内。自动空调控制系统如图 4-6-11 所示。

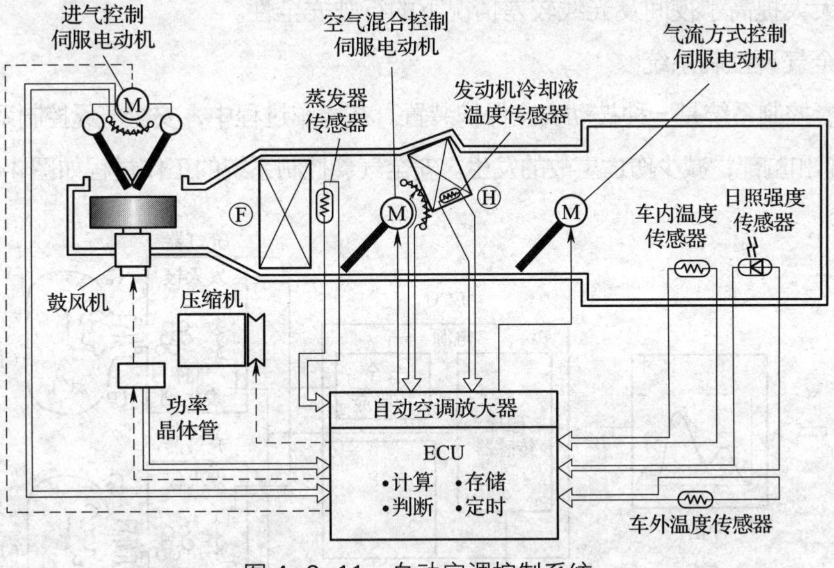

图 4-6-11 自动空调控制系统

（2）车辆信息显示系统

车辆信息显示系统的主要功能是对发动机系统、制动系统和电源系统的相关信息进行显示，以便驾驶员随时了解各个系统的工作情况，正确使用汽车，及时发现问题并采取措施。车辆信息显示系统的控制过程如图 4-6-12 所示。

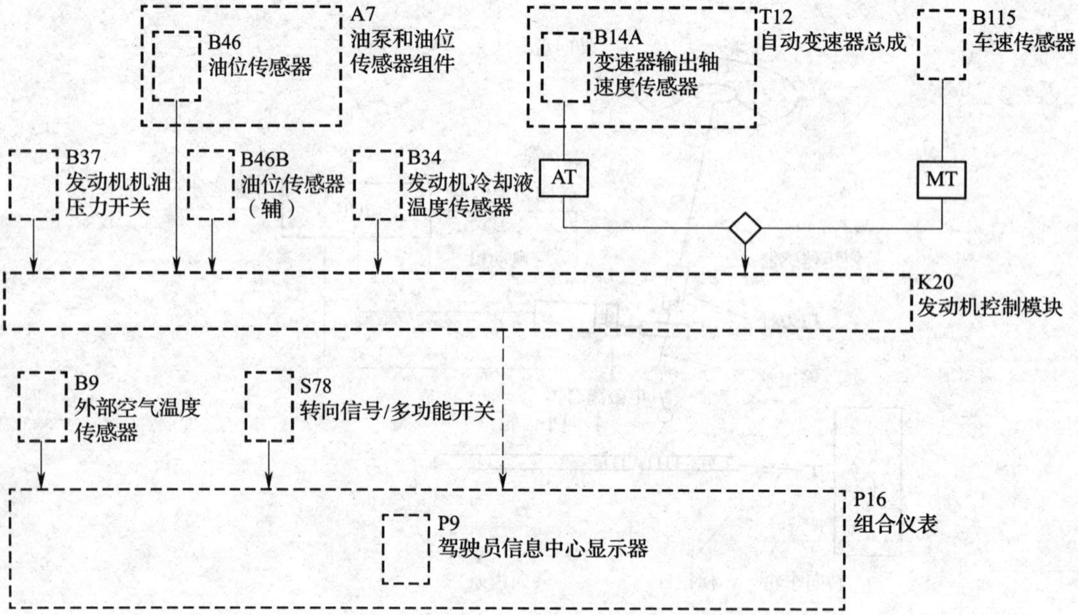

图 4-6-12　车辆信息显示系统的控制过程

（3）自适应前照灯控制系统

自适应前照灯控制系统通过感知驾驶员操作情况、车辆行驶状态、路面变化、天气等信息，自动控制前照灯实时进行照射方向、角度、光型等的调整，为驾驶员提供最佳道路照明效果，大大提高了夜间及光线较差情况下的行驶安全性。

（4）安全气囊控制系统

安全气囊控制系统是一种被动安全保护装置。在撞车过程中，安全气囊控制系统能够保护驾驶员的头部和胸部，减少伤亡事故的发生。安全气囊控制系统的工作过程如图 4-6-13 所示。

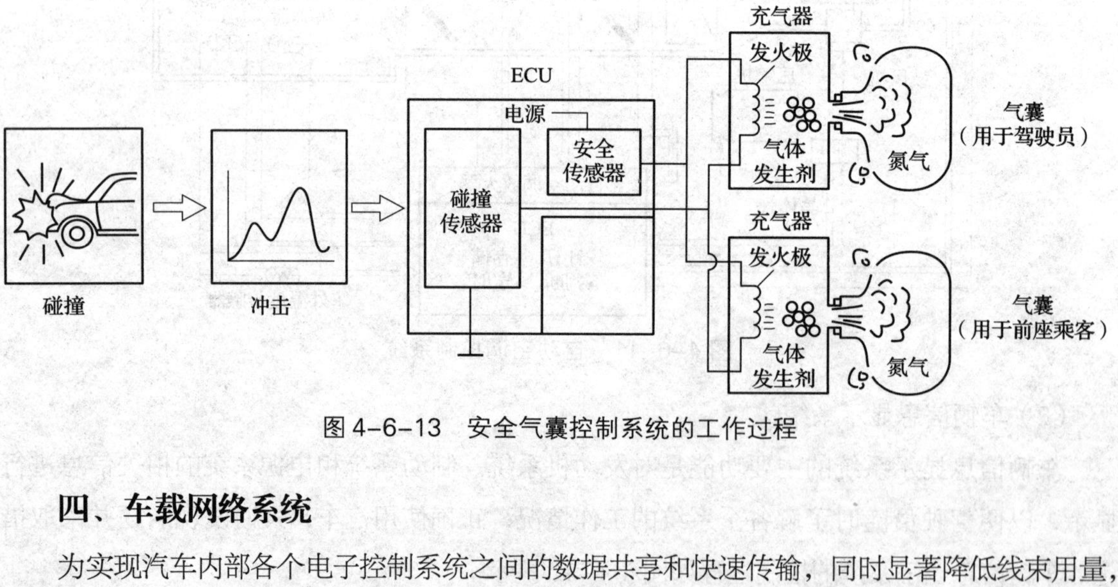

图 4-6-13　安全气囊控制系统的工作过程

四、车载网络系统

为实现汽车内部各个电子控制系统之间的数据共享和快速传输，同时显著降低线束用量，提高汽车计算机控制系统的安全性和可靠性，现代汽车普遍采用了以控制器局域网为代表的汽车网络，即车载网络系统。车载网络系统将车身内部各种传感器、控制器和执行器通过点对点的方式相互连接，构成复杂的网状结构，并对汽车进行网络化控制，这种技术称为车载网络技术，车载网络技术是汽车电子电控技术与现场总线技术、计算机网络技术相结合的产物。

模块小结

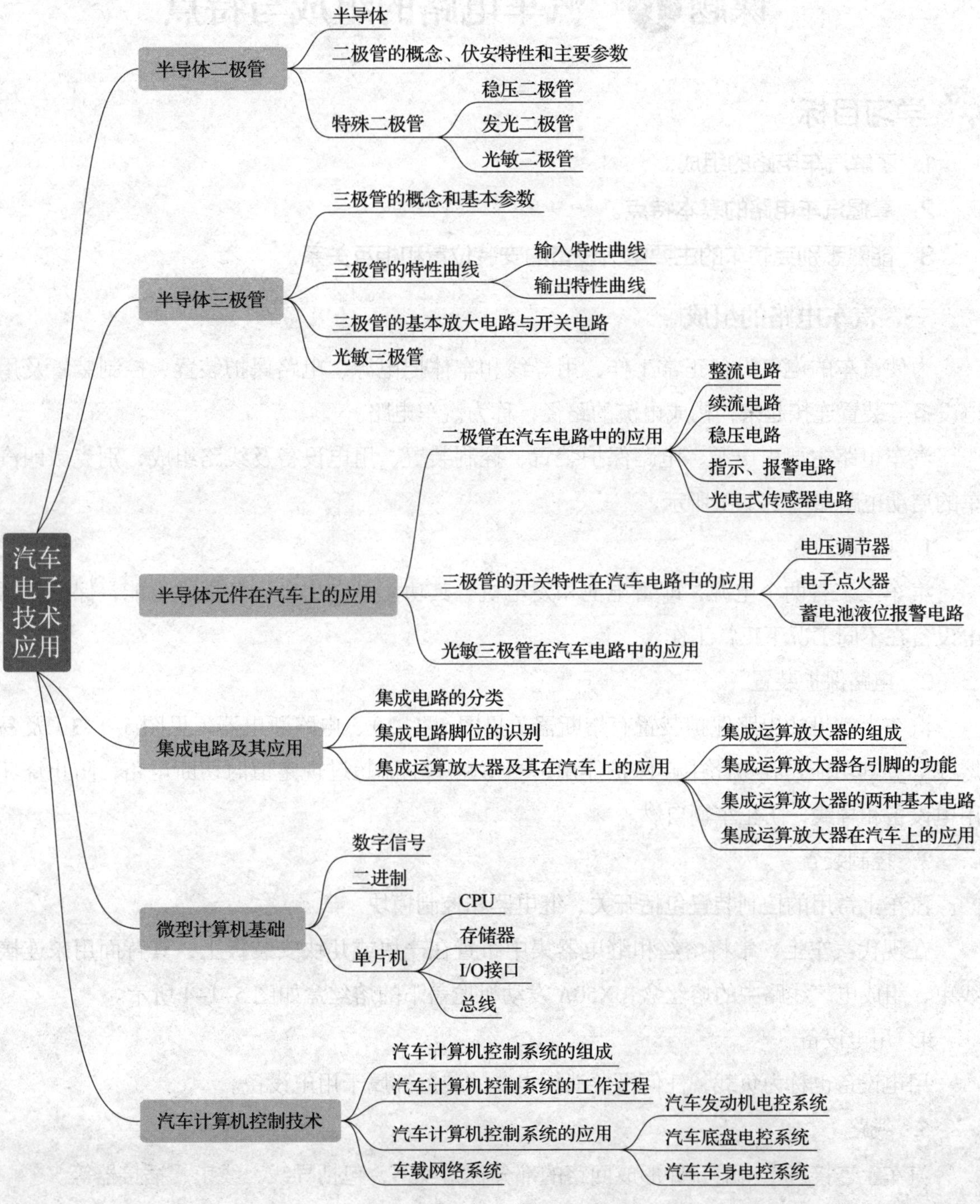

模块五
汽车电路的特点与表达方法

课题1 汽车电路的组成与特点

学习目标

1. 了解汽车电路的组成。
2. 掌握汽车电路的基本特点。
3. 能熟悉别克轿车的主要电气设备的安装位置和相互关系。

一、汽车电路的组成

为使汽车的电气设备正常工作，用导线和车体把电源、电路保护装置、控制装置及用电设备等装置连接起来，构成电流的路径，称为汽车电路。

汽车电路主要由电源、电路保护装置、控制装置、用电设备及线路组成，别克威朗汽车的启动电路如图 5-1-1 所示。

1. 电源

汽车上装有两个电源，即蓄电池和发电机。其功能是向用电设备提供电能，保证各用电设备在不同工况下正常工作。

2. 电路保护装置

汽车上常见的电路保护装置有熔断器（见图 5-1-2）、电路断电器（见图 5-1-3）及易熔线等。其功能是在电路中起保护作用，当电路中电流超过规定值时切断电路，防止烧坏用电设备和导线，防止车辆自燃。

3. 控制装置

汽车上常用的控制装置包括开关、继电器和控制模块。

在现代汽车上，常将熔丝和继电器集中布置在一块或几块安装板上，其背面用来连接线束，组成电气线路中的熔丝盒，X50A 发动机舱盖下的熔丝盒如图 5-1-4 所示。

4. 用电设备

用电设备也称为负载，任何需要消耗电能的装置都属于用电设备。

5. 线路

汽车上连接各个电器元件形成回路的部分称为线路，包括导线、线束、插接器等。

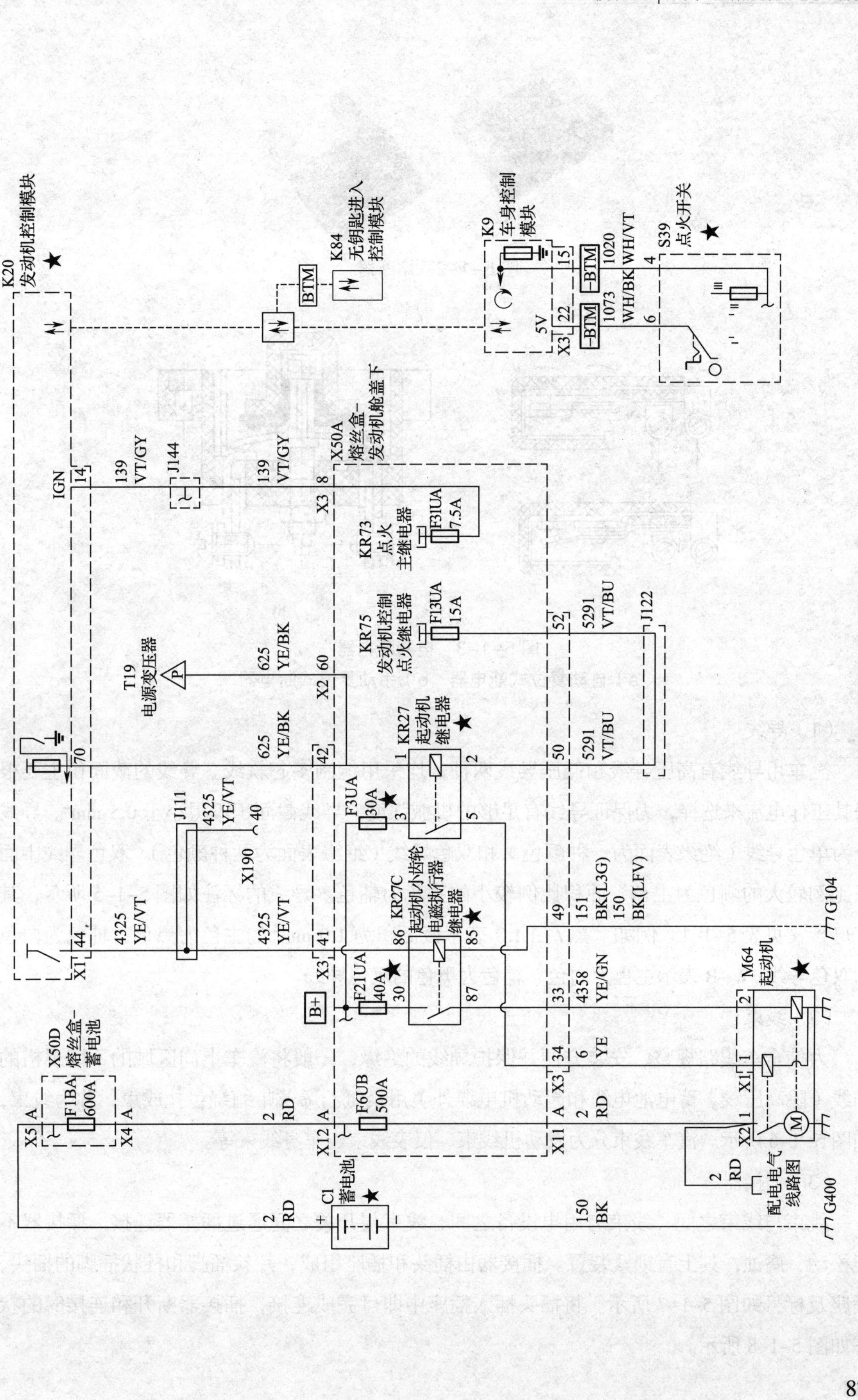

图 5–1–1 别克威朗汽车的启动电路图

图 5–1–2　熔断器

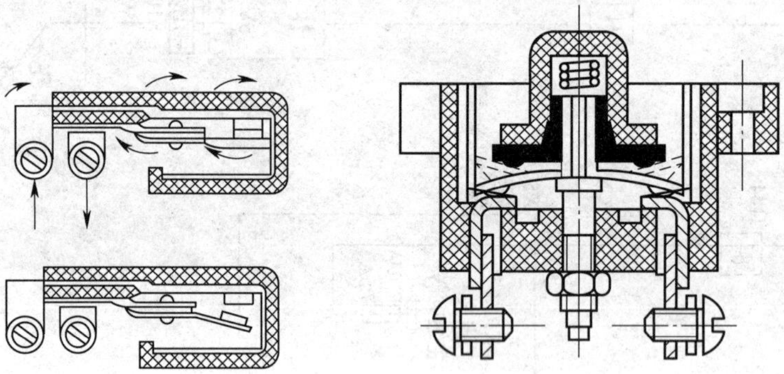

a)　　b)

图 5–1–3　电路断电器

a）自动复位式断电器　b）手动复位式断电器

（1）导线

汽车用导线有高压导线和低压导线两种，均采用铜制多芯软线。导线的截面积主要根据其工作电流来选择，为保证导线有足够的机械强度，导线截面积不得小于 0.5 mm^2。导线分为单色导线（绝缘表面为一种颜色）和双色导线（绝缘表面为两种颜色）。双色导线中面积比例较大的颜色为主色，面积比例较小的颜色为辅色。导线的标注如图 5–1–5 所示，其字母含义见表 5–1–1。例如，黑 / 白 1.0 表示截面积为 1.0 mm^2 的主色为黑色、辅色为白色的双色导线；W–B 表示主色为白色、辅色为黑色的双色导线。

（2）线束

为使全车线路规整、安装方便并保护导线的绝缘，一般将汽车上同区域的不同规格的导线（除高压线、蓄电池电缆和起动机电缆外）用聚氯乙烯薄带缠绕包扎成束，称为线束，如图 5–1–6 所示。汽车线束分为发动机线束、仪表线束、车身线束等。

（3）插接器

线束与线束之间、线束与用电设备之间、线束与开关之间通过插接器连接。插接器不能松动、腐蚀，其上有锁紧装置。插接器由插头和插座组成，片状插脚和柱状插脚的插头、插座及标号如图 5–1–7 所示。将插头插入插座中即可完成连接，插接器断开和连接时的状态如图 5–1–8 所示。

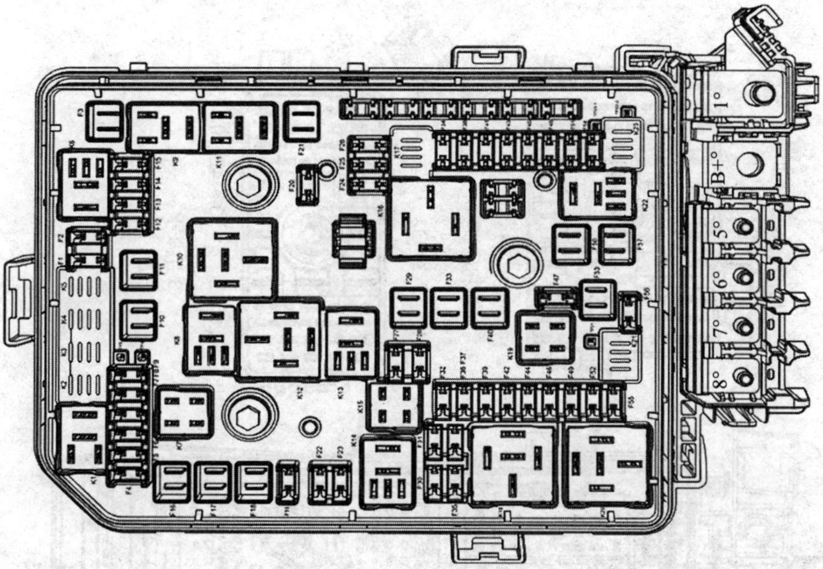

b)

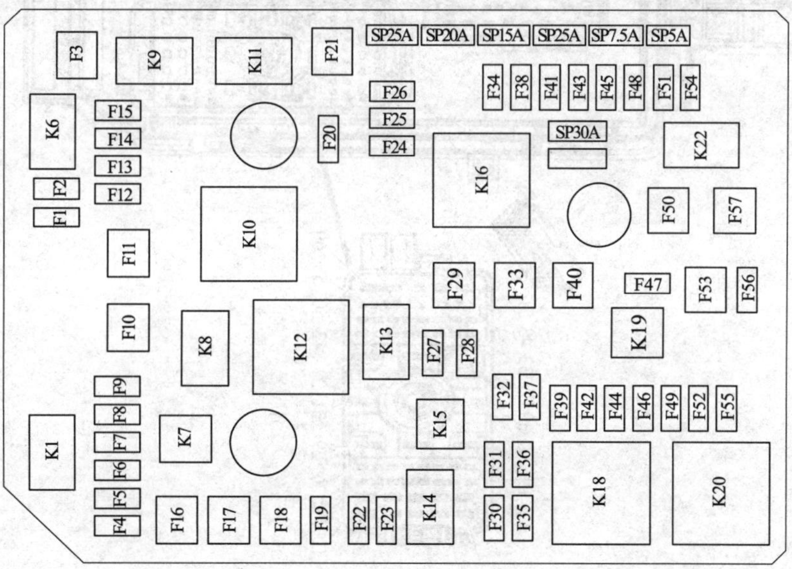
SP25A
SP20A
SP15A
SP25A
SP7.5A
SP5A
SP30A
F1
F2
F3
F4
F5
F6
F7
F8
F9
F10
F11
F12
F13
F14
F15
F16
F17
F18
F19
F20
F21
F22
F23
F24
F25
F26
F27
F28
F29
F30
F31
F32
F33
F34
F35
F36
F37
F38
F39
F40
F41
F42
F43
F44
F45
F46
F47
F48
F49
F50
F51
F52
F53
F54
F55
F56
F57
K1
K6
K7
K8
K9
K10
K11
K12
K13
K14
K15
K16
K18
K19
K20
K22

a)

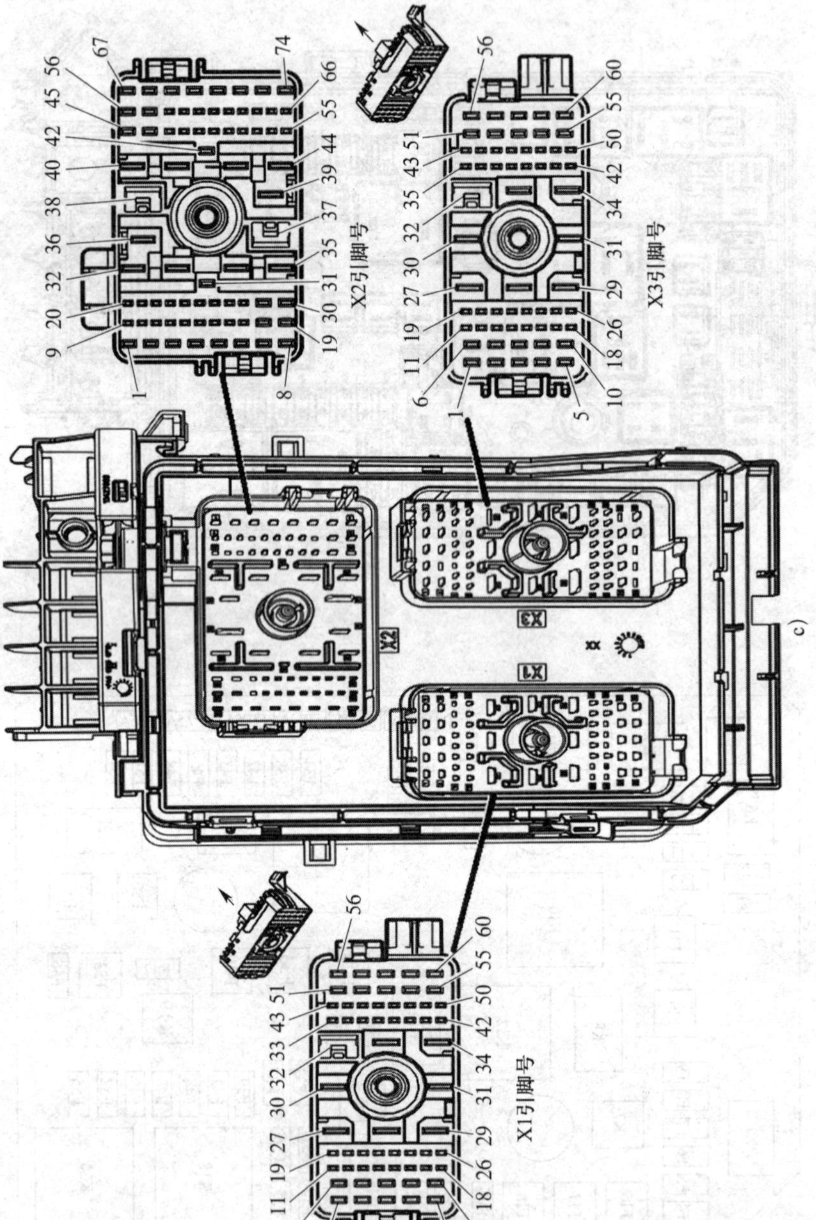

图 5-1-4　别克威朗 X50A 熔丝盒

a）熔丝盒标签　b）熔丝盒俯视图　c）熔丝盒仰视图

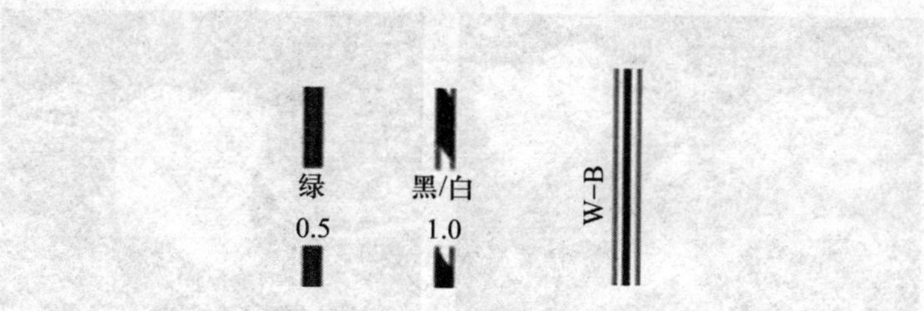

图 5-1-5　导线

表 5-1-1　汽车用导线的颜色及符号

英文	常用缩写	颜色	英文	常用缩写	颜色
Black	BK / B/sw	黑色	Yellow	YE/Y/ge	黄色
White	WH / W/ws	白色	Blue	BU / L/bl	蓝色
Red	RD/ R/ro/rt	红色	Gray	GR / GY/gr	灰色
Green	GN / G/gn	绿色	Brown	BN/ BR/br	褐色

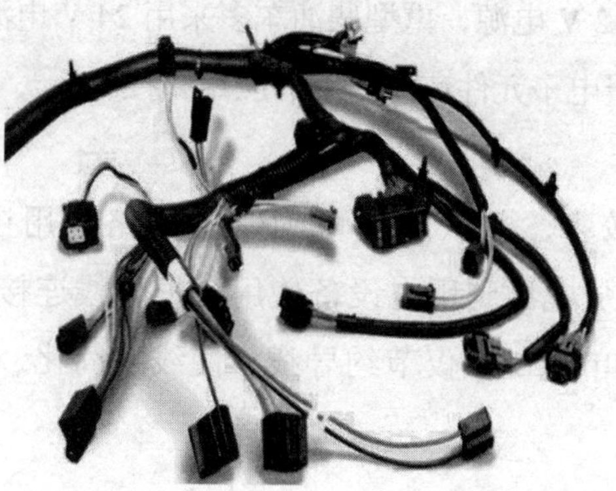

图 5-1-6　汽车线束

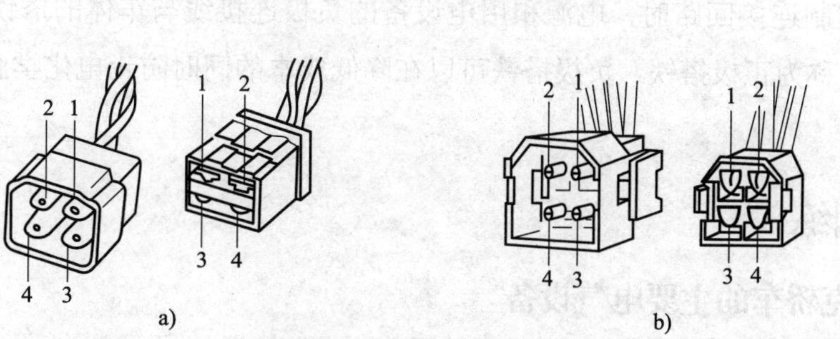

图 5-1-7　片状插脚和柱状插脚的插头、插座和标号
a）片状插脚　b）柱状插脚

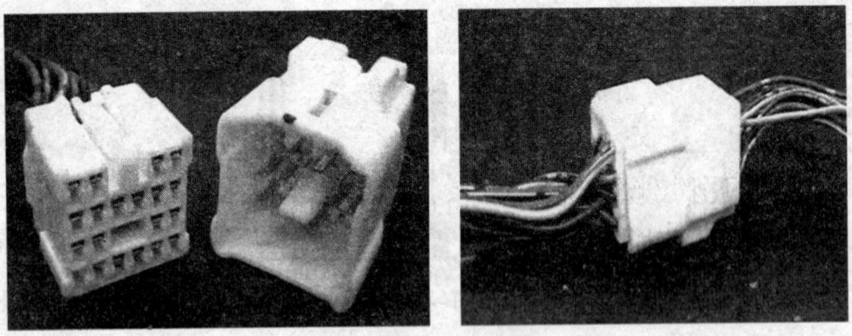

a)　　　　b)

图 5–1–8　插接器

a）断开状态　b）连接状态

二、汽车电路的基本特点

1. 两个电源

汽车电路中具有两个电源，其中一个是蓄电池，在起动发动机和发电机不发电时为用电设备供电；另一个是发电机，在发动机工作过程中为用电设备供电并为蓄电池充电。两个电源为并联连接关系。

2. 低压直流

目前汽油车普遍采用 12 V 电源，重型柴油车多采用 24 V 电源。蓄电池充、放电时均采用直流电，采用直流电便于电子元件在汽车上的应用和控制。

3. 并联单线

汽车上的用电设备较多，并联电路可确保各支路的用电设备电压相等，相互独立，互不影响。单线即是从电源到用电设备使用一根导线连接，而另一根导线则由汽车车身或发动机机体代替。单线制不仅节约导线，使线路简化、清晰，而且也便于安装和检修。

4. 负极搭铁

采用单线制连接回路时，电源和用电设备的负极连接线与车体的搭铁点连接称为负极搭铁，反之称为正极搭铁。负极搭铁可以在降低成本的同时防止电化学腐蚀，降低自燃概率。

技能训练

认识别克轿车的主要电气设备

别克轿车的电器安装位置图如图 5–1–9 所示，要求掌握发电机、汽车仪表、发动机控制模块、空调压缩机、喇叭、散热器风扇、前雾灯、前组合灯、ABS 总成、蓄电池、轮速传感器、熔丝和继电器盒、后组合灯的安装位置及相互关系。

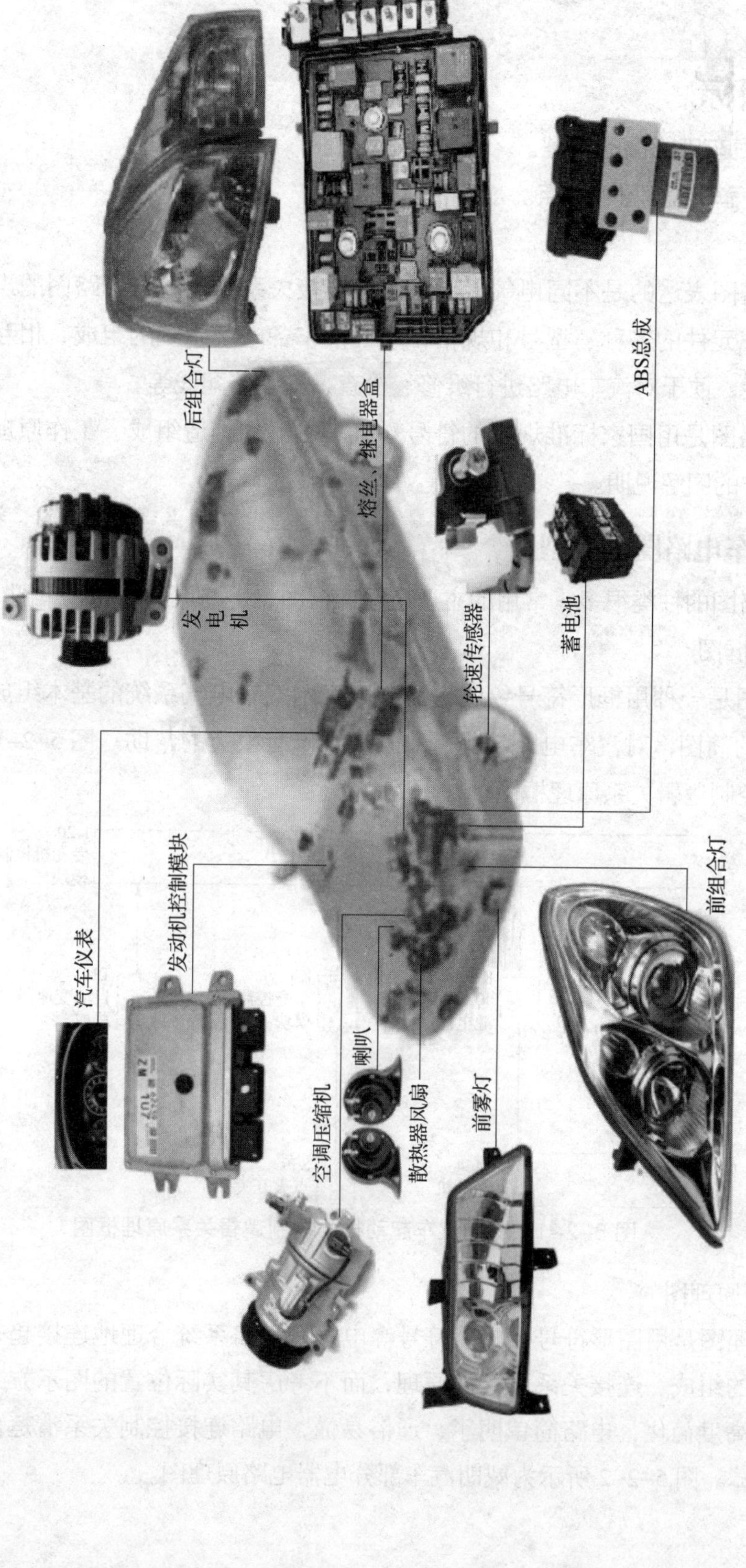

图 5-1-9 别克轿车的电器安装位置图

课题❷ 汽车电路图的类型与特点

学习目标

1. 熟悉汽车电路图的类型。
2. 掌握汽车电路图的特点。

汽车电路图表达的是不同电气元件之间的连接关系，通过对电路图的识读，可以确定电路图中电气元件的名称、型号和规格，掌握汽车各电气系统的组成、相互关系、工作原理和安装位置，便于对汽车电路进行维修、检查、安装、配线等。

汽车电路图是用国家标准规定的符号对汽车电器的构造组成、工作原理、工作过程及安装要求所作的图解说明。

一、汽车电路图的类型

汽车电路图的种类很多，常用的主要有原理框图、电路原理图和线束图。

1. 原理框图

原理框图是一种用框形符号绘制，概略地表示汽车电气系统的基本组成、相互关系及其主要特征的简图，对汽车电路的分析和汽车维修有很大的帮助。图 5–2–1 所示是威朗汽车起动机的控制逻辑关系原理框图。

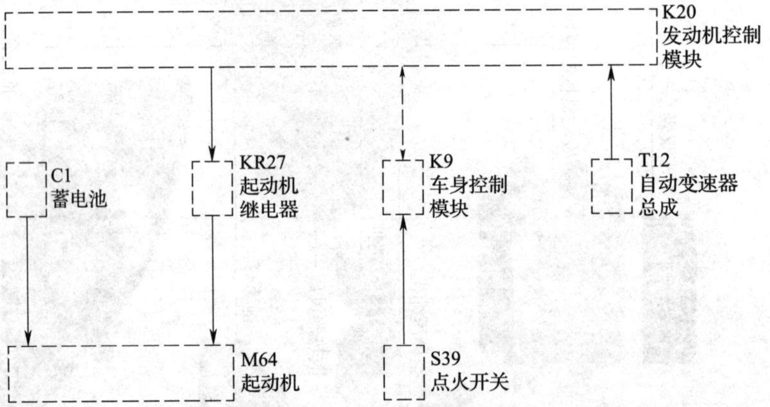

图 5–2–1 威朗汽车起动机的控制逻辑关系原理框图

2. 电路原理图

电路原理图是用图形符号、文字符号等电气符号将系统合理地连接起来，能清晰地表示汽车电路的组成、连接关系和工作原理，而不考虑其实际位置的图示方式。电路原理图对线路做了高度简化，电路简单明了、通俗易懂，电路连接控制关系清楚，有利于快速查找与排除故障。图 5–2–2 所示为威朗汽车部分电器电路原理图。

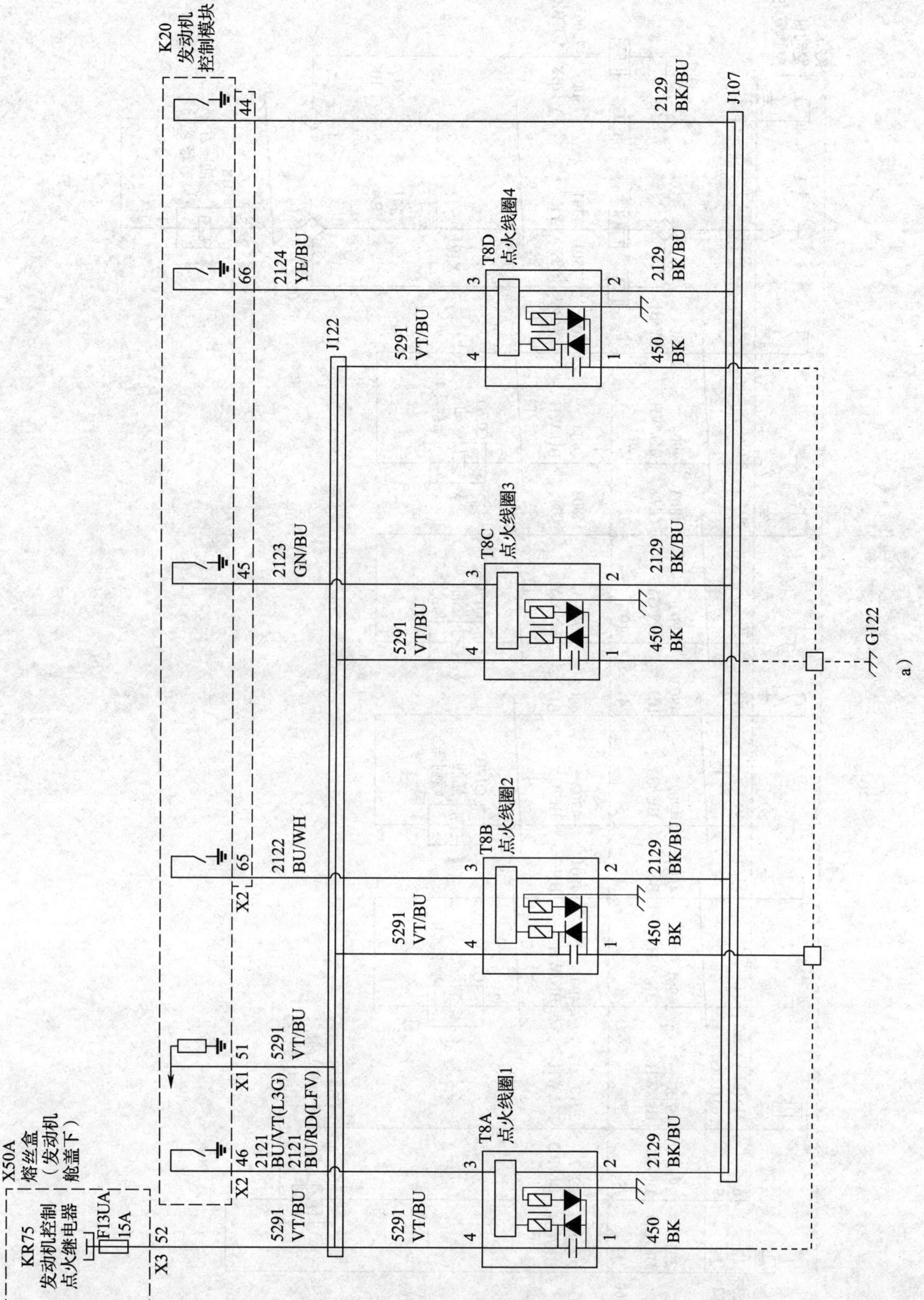
K20
发动机
控制模块
X50A
熔丝盒
（发动机
舱盖下）
KR75
发动机控制
点火继电器
F13UA
15A
X3
52
X2
46
X1
51
X2
65
45
66
44
2121
BU/VT(L3G)
2121
BU/RD(LFV)
5291
VT/BU
2122
BU/WH
2123
GN/BU
2124
YE/BU
2129
BK/BU
450
BK
J122
J107
T8A
点火线圈1
T8B
点火线圈2
T8C
点火线圈3
T8D
点火线圈4
1
2
3
4
G122

a）

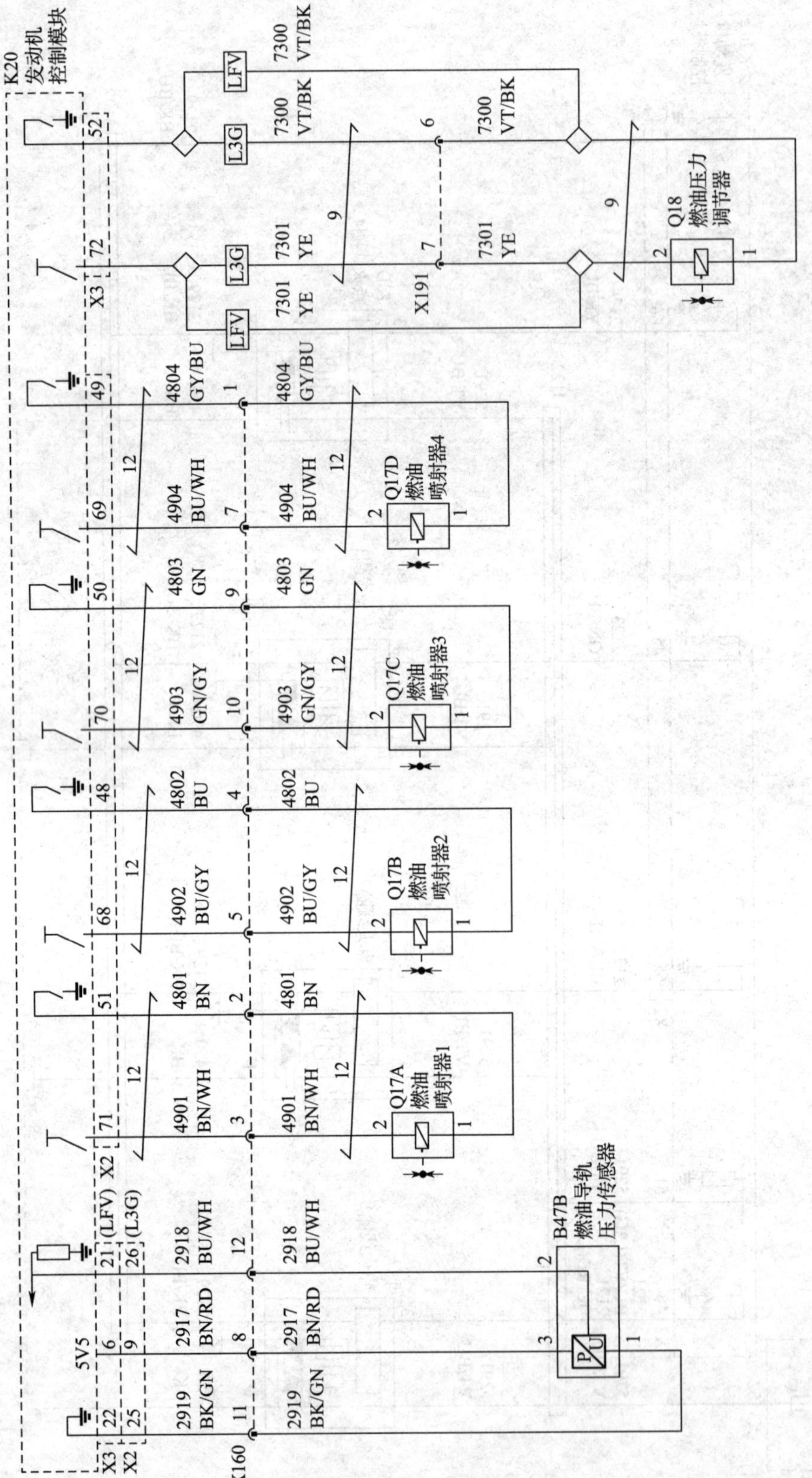
K20
发动机
控制模块
X3
X2
5V5
(LFV)
(L3G)
X160
X191
2919
BK/GN
2917
BN/RD
2918
BU/WH
4901
BN/WH
4801
BN
4902
BU/GY
4802
BU
4903
GN/GY
4803
GN
4904
BU/WH
4804
GY/BU
7301
YE
7300
VT/BK
LFV
L3G
B47B
燃油导轨
压力传感器
Q17A
燃油
喷射器1
Q17B
燃油
喷射器2
Q17C
燃油
喷射器3
Q17D
燃油
喷射器4
Q18
燃油压力
调节器

b)

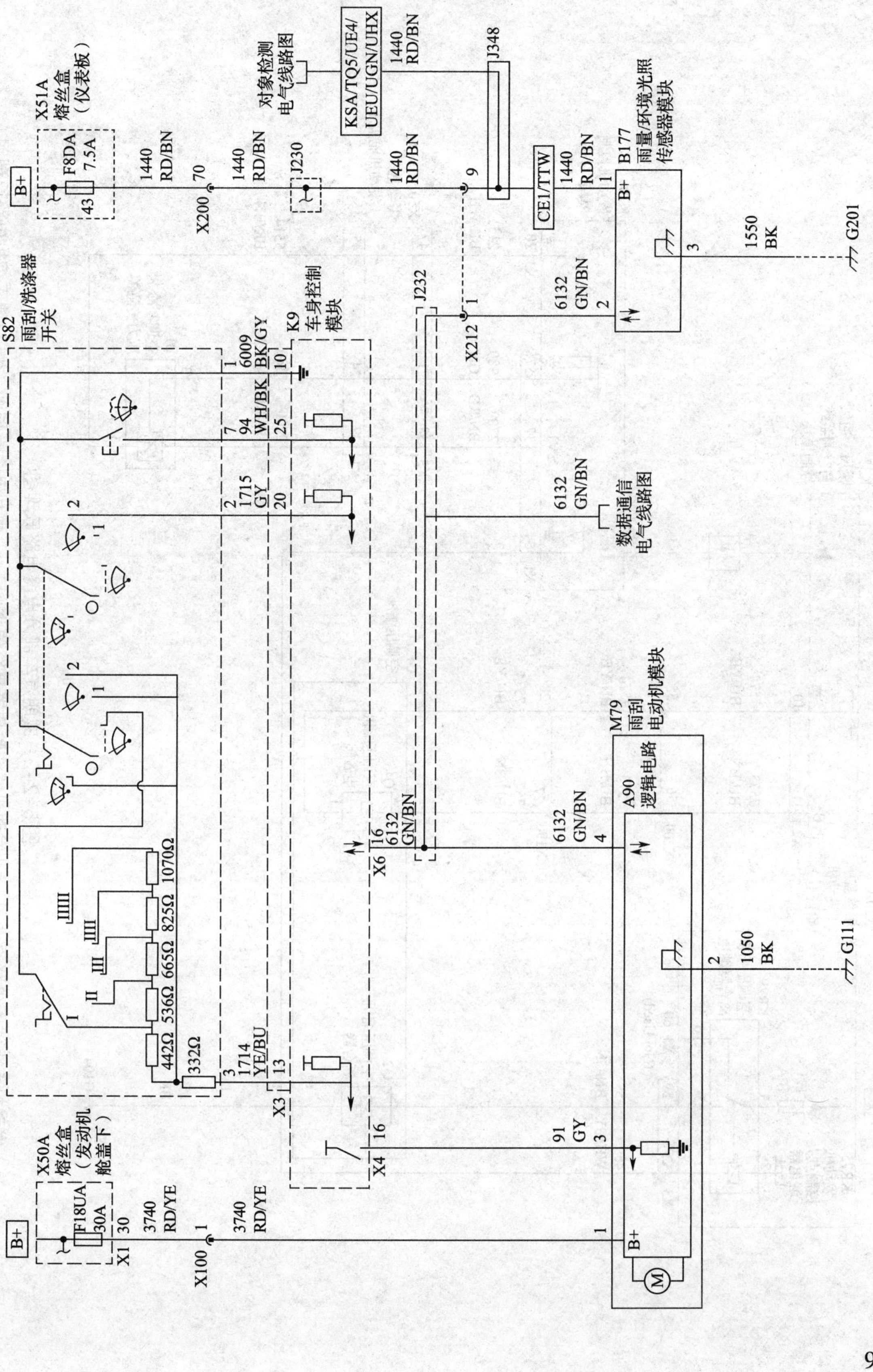
B+
X50A
熔丝盒
（发动机舱盖下）
F18UA
30A
X1 30
3740
RD/YE
X100 1
S82
雨刮/洗涤器开关
442Ω
536Ω
665Ω
825Ω
1070Ω
332Ω
1714
YE/BU
1715
GY
94
WH/BK
6009
BK/GY
K9
车身控制模块
X3
X4
X6
91
GY
6132
GN/BN
J232
M79
雨刮电动机模块
A90
逻辑电路
1050
BK
G111
X51A
熔丝盒
（仪表板）
F8DA
7.5A
1440
RD/BN
X200 70
J230
对象检测电气线路图
KSA/TQ5/UE4/UEU/UGN/UHX
J348
CE1/TTW
X212
数据通信电气线路图
B177
雨量/环境光照传感器模块
1550
BK
G201

c)

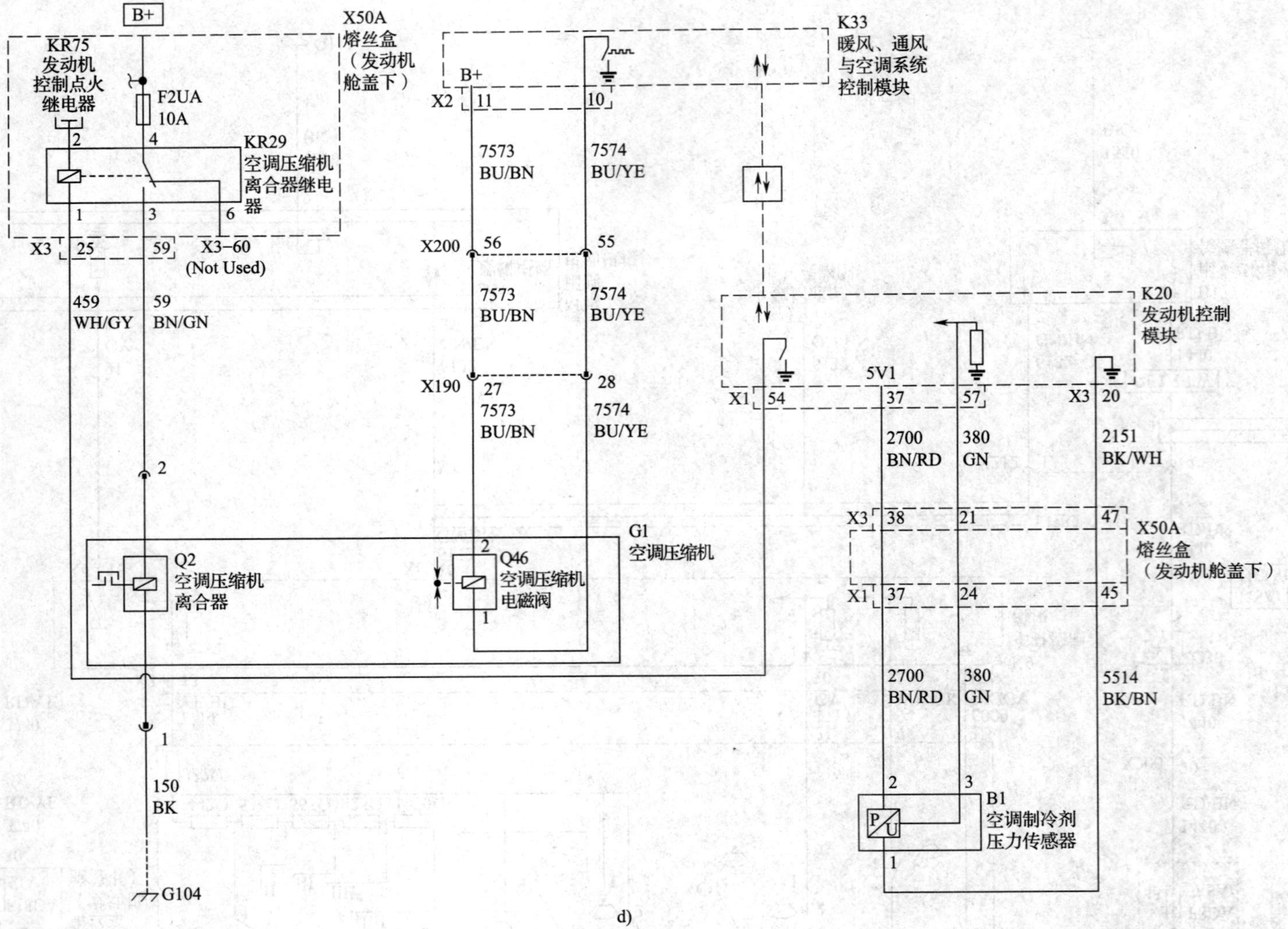

图 5-2-2　威朗汽车部分电器电路原理图

a）发动机点火线圈电路原理图　b）发动机燃油喷射器电路原理图　c）雨刮电路原理图　d）空调压缩机电路原理图

3. 线束图

线束图是根据汽车线束在汽车上的布置、分段及各分支导线端口的具体连接情况而绘制的简图，主要用于汽车电路的安装、配线、检测与维修。线束图的特点是在图上标明各导线的序号、连接的电器名称及接线柱名称、各插接器插头和插座的序号。安装操作人员只要将导线或插接器按图上标明的序号连接到相应的电器接线柱或插接器上，便完成了全车线路的连接。某汽车仪表线束图如图 5–2–3 所示。

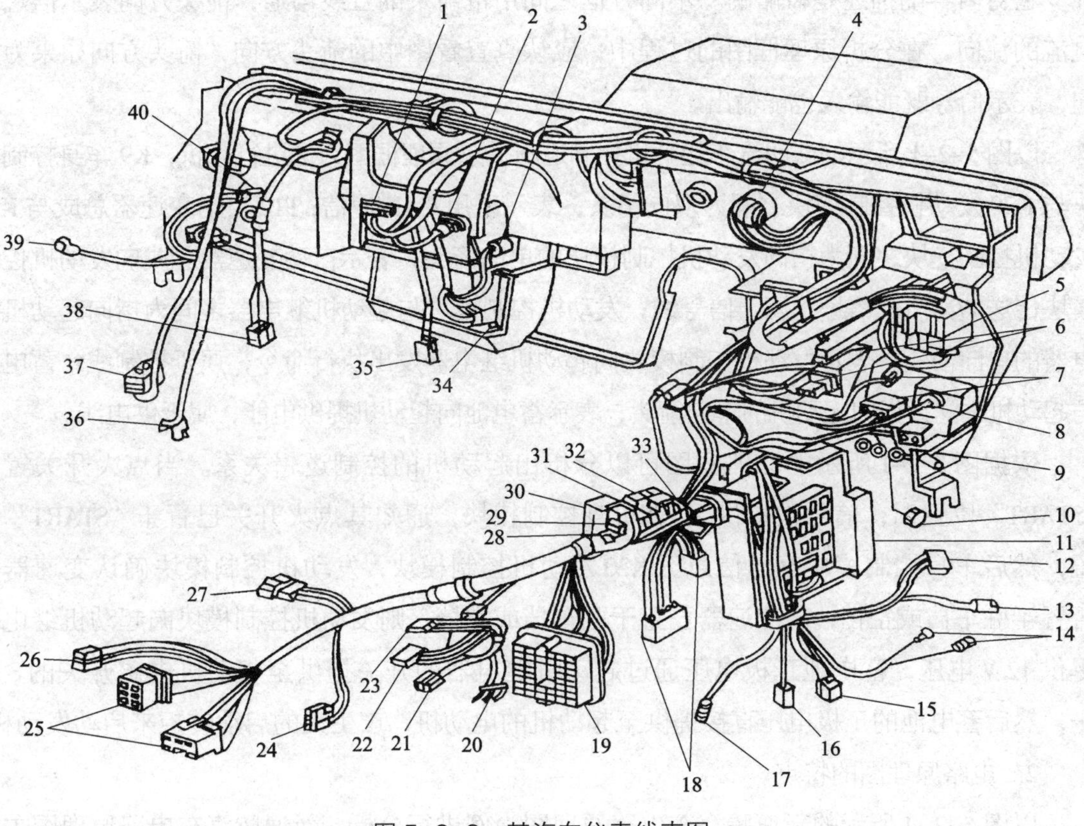

图 5–2–3 某汽车仪表线束图

1—立体声系统接线 2—收音机接线 3—接烟灰缸照明灯 4—印制电路板插接器 5—接灯光开关 6—接后窗加热器开关及照明灯 7—接后窗雨刮和洗涤器开关及照明灯（长车身 MZ44） 8—接灯泡 9—接门窗升降器（长车身 MZ24） 10—搭铁 11—接熔断器盒 12—接立体声扬声器（MZ24） 13—接左门扬声器 14—接左门踏步灯开关 15—接后窗雨刮和洗涤器 16—接后风窗玻璃加热器 17—接天窗电动机 18—接车身线束 19—分开的中央可过线的插接器 20—接车速控制伺服机构 21—接车速控制离合器开关 22—接车速控制制动线路 23—接车速控制开关线路 24—接停车灯开关 25—接点火开关 26—接前照灯变光开关 27—接附件灯泡 28—接转向信号开关 29—接间歇式雨刮 30—接点火开关照明灯 31—接雨刮开关 32—接钥匙照明灯 33—接钥匙忘拔蜂鸣器 34—接点烟器 35—接暖风电动机变速电阻 36—接右前门电阻 37—接空调鼓风电动机变速电阻 38—接暖风 39—接踏步灯开关 40—接杂物箱照明灯

线束图的识读要点包括：确定整车线束的组数、各线束的名称以及各线束在汽车上的实际安装位置；确定每一线束上的分支通向的电气设备、每一分支的导线数目、导线的颜色与标号以及与它们连接的电气设备的接线端子；确定插接器的种类和数量以及与它们连接的电气设备。

二、汽车电路图的特点

1. 原理框图的特点

原理框图描述的是系统或分系统的主要特征，不必画出元件和它们之间的具体连接情况，它对内容的描述是概略的。不同方框之间用带箭头的直线沟通，箭头方向表示信息或电流的流向。在分析原理框图的过程中，应认真查看图中的箭头方向，箭头方向如果为双向，表示信号既能输入也能输出。

以图 5-2-1 所示的威朗汽车起动机控制逻辑关系原理框图为例进行分析，K9 车身控制模块与 K20 发动机控制模块之间为双向箭头，表示采用 CAN 通信；T12 自动变速器总成与 K20 发动机控制模块之间为指向发动机控制模块的单向箭头，表示自动变速器总成向发动机控制模块传送 P/N 挡位信号，属于信号线；发动机控制模块与起动机继电器之间为指向起动机继电器的单向箭头，表示发动机控制模块向起动机继电器发出执行命令，属于控制线；蓄电池与起动机之间为指向起动机的单向箭头，表示蓄电池向起动机提供电能，属于供电线。

依据图 5-2-1 所示的原理框图可以分析出起动机的控制逻辑关系。当点火开关置于“START”位置时，信号被提供至 K9 车身控制模块，通知其点火开关已置于“START”位置，然后车身控制模块互通信息至 K20 发动机控制模块，发动机控制模块确认变速器是否置于驻车挡或空挡，若变速器已置于驻车挡或空挡，则发动机控制模块向起动机继电器提供 12 V 电压，蓄电池正极电压通过起动机继电器的开关提供至起动机电磁开关的 S 端子，然后蓄电池的正极电压直接提供至起动机的电动机，产生大的启动转矩来启动发动机。

2. 电路原理图的特点

以图 5-2-4 所示的新速腾汽车电路原理图为例进行分析，新速腾汽车电路原理图主要由 5 个部分组成，包括电路图名称及页码编号、电控单元、负载回路 、接地点和电路接点编号、说明性标注。

新速腾汽车电路原理图中的接点标记具有固定的含义，例如，数字 30 表示来自蓄电池正极的供电线 、数字 15 表示来自点火开关的点火供电线、数字 50 表示点火开关在启动挡时的启动供电线。无论这些标记在电路原理图中的位置如何改变，相同的标记始终代表相同的接点。

电路原理图中所有电路都是纵向排列，采用断线编号法解决线路交叉的问题。电路原理图中的连接插孔统一用 T 表示，紧接的数字表示插头的针数及连接导线对应的针号。例如，T52c/32 表示该插头为 52 针，是车身控制单元的 c 号插接器，连接导线对应的针号为 32。

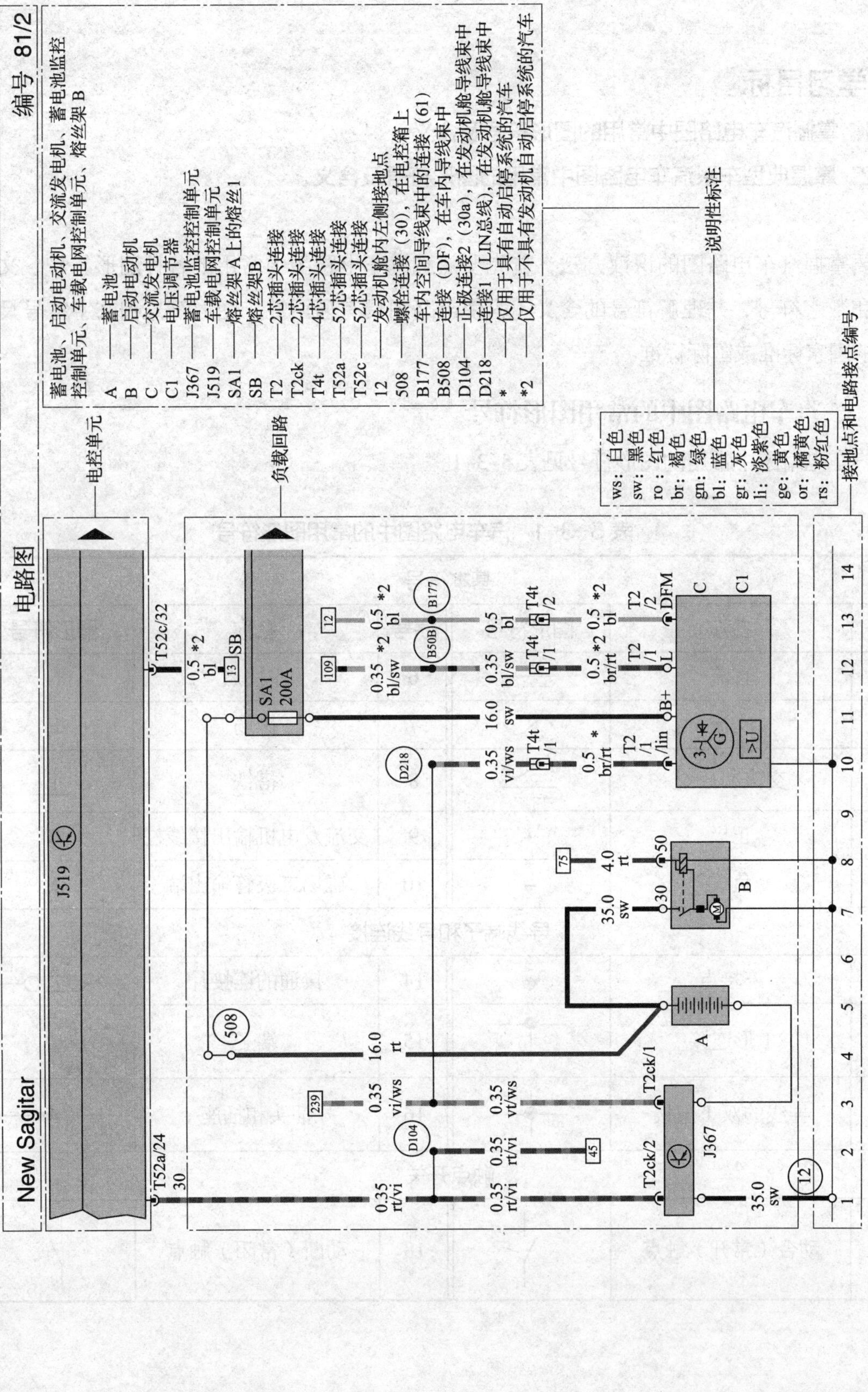

图 5-2-4 新速腾汽车电路原理图

课题❸ 汽车电路的表达方法

学习目标

1. 掌握汽车电路图中常用的图形符号及含义。
2. 掌握典型车系汽车电路图中常用的图形符号及含义。

要掌握汽车电路图的识读方法，首先要熟悉汽车电路图中常用的各种图形符号、文字符号和数字符号，并理解符号的含义。为使电路图具有通用性，图形符号和文字符号具有统一的国家标准或国际标准。

一、汽车电路图中的常用图形符号

汽车电路图中常用的图形符号见表 5–3–1。

表 5–3–1 汽车电路图中的常用图形符号

基本符号					
序号	名称	图形符号	序号	名称	图形符号
1	直流	⎓	6	中性点	N
2	交流	∼	7	磁场	F
3	交流和直流	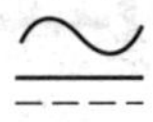	8	搭铁	⊥
4	正极	+	9	交流发电机输出接线柱	B
5	负极	–	10	磁场二极管输出端	D_+
导线端子和导线连接					
11	连接点	●	14	接通的连接片	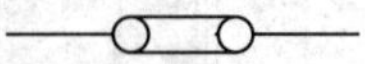
12	T 形连接		15	端子	○
13	导线的双 T 连接	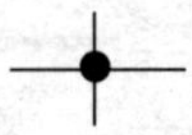	16	插头和插座	
触点开关					
17	动合（常开）触点		18	动断（常闭）触点	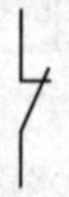

续表

触点开关					
序号	名称	图形符号	序号	名称	图形符号
19	先断后合的转换触点		28	联动开关	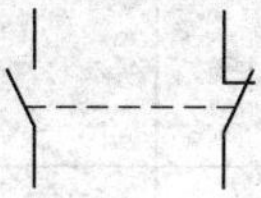
20	中间断开的转换触点		29	手动操作开关，一般符号	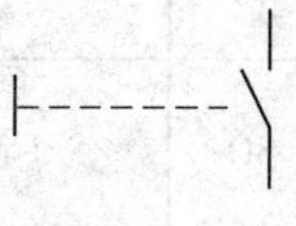
21	双动合触点		30	定位开关（非自动复位）	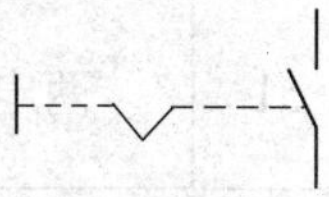
22	机油滤清器报警开关	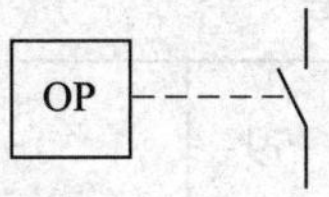	31	按钮开关	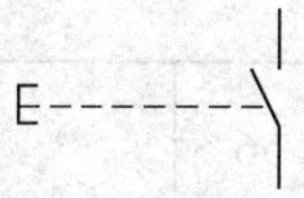
23	带动合触点的热敏开关		32	旋转操作	
24	带动断触点的热敏开关	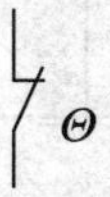	33	旋转多挡开关位置	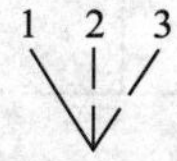
25	液位控制	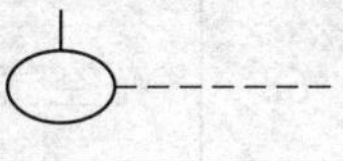	34	钥匙开关（全部定位）	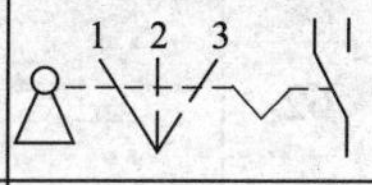
26	温度控制	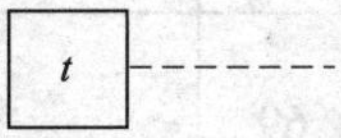	35	多挡开关，点火、启动开关，瞬时位置为 2，能自动返回 1（即 2 挡不能定位）	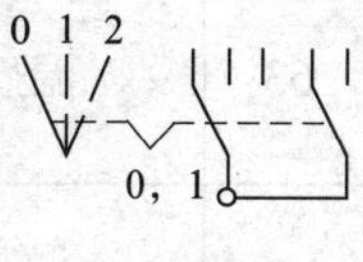
27	凸轮控制	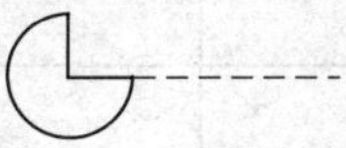			
电器元件					
36	电阻器		42	熔断器	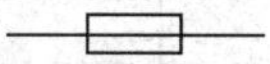
37	可调电阻器	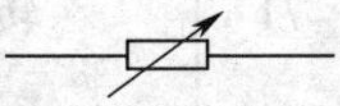	43	加热元件	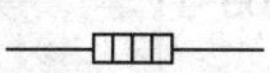
38	压敏电阻器	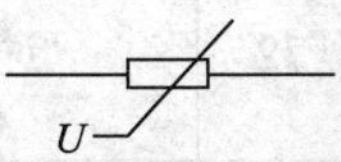	44	电容器 可调电容器	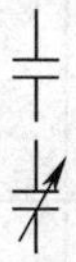
39	热敏电阻器	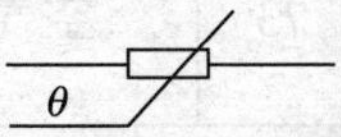	45	三极闸流晶体管	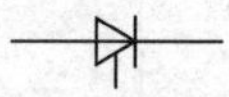
40	带滑动触点的电阻器	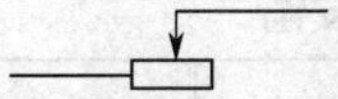	46	半导体二极管	
41	光敏电阻器		47	稳压二极管	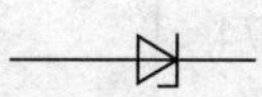

续表

电器元件					
序号	名称	图形符号	序号	名称	图形符号
48	光敏二极管		52	线圈、绕阻 带铁芯的电感器	
49	发光二极管		53	永磁铁	
50	PNP 型三极管		54	动合（常开） 触点的继电器	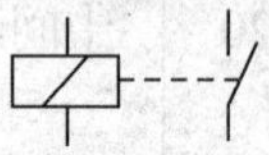
51	两电极压电晶体	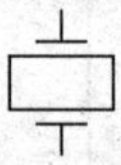	55	动断（常闭） 触点的继电器	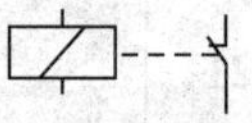
仪表					
56	电压表		59	转速表	
57	电流表		60	温度表	
58	油压表		61	燃油表	
传感器					
62	空气质量传感器	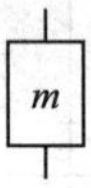	68	空气流量传感器	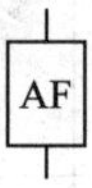
63	温度表传感器	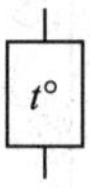	69	氧传感器	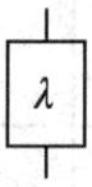
64	空气温度传感器	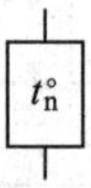	70	爆震传感器	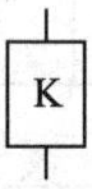
65	水温传感器	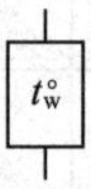	71	转速传感器	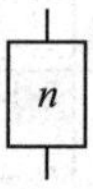
66	燃油表传感器		72	速度传感器	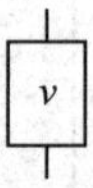
67	油压表传感器	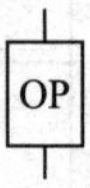	73	空气压力传感器	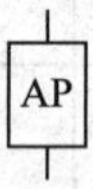
电气设备					
74	灯		75	双丝灯	

续表

电气设备					
序号	名称	图形符号	序号	名称	图形符号
76	音响信号装置，一般符号		90	温度调节器	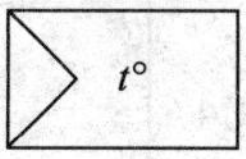
77	脉冲发生器		91	过电压保护装置	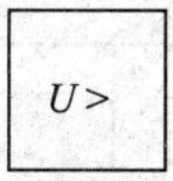
78	闪光器		92	蓄电池	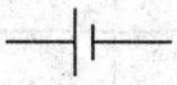
79	霍尔信号发生器	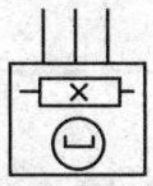	93	直流发电机	
80	磁感应信号发生器	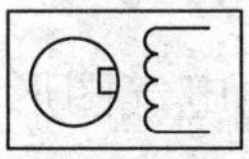	94	星形联结的三相绕组	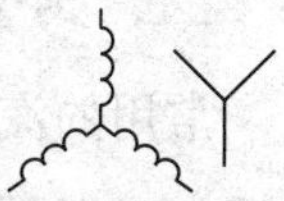
81	点火线圈	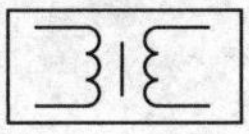	95	三角形联结的三相绕组	
82	分电器		96	定子绕组为星形联结的交流发电机	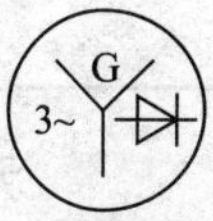
83	火花塞		97	整体式交流发电机	
84	电磁阀，一般符号	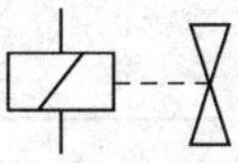	98	集电环或换向器上的电刷	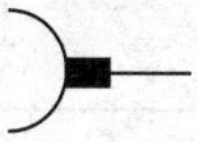
85	常开电磁阀	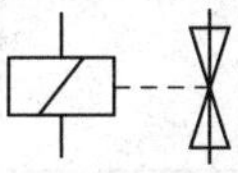	99	直流电动机	
86	常闭电磁阀	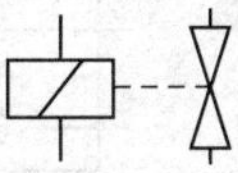	100	直流串励电动机	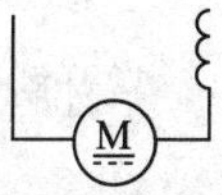
87	电磁离合器	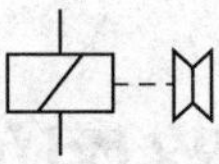	101	直流并励电动机	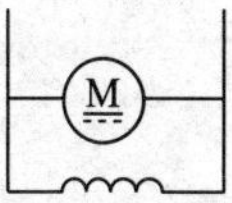
88	加热器（除霜器）	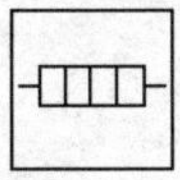	102	永磁直流电动机	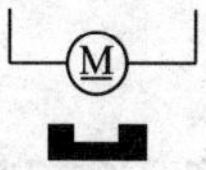
89	电压调节器	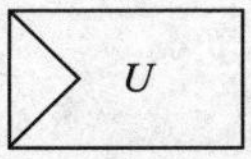	103	燃油泵电动机、洗涤电动机	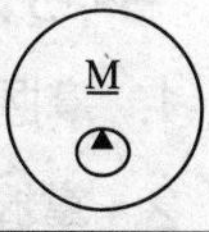

续表

电气设备					
序号	名称	图形符号	序号	名称	图形符号
104	风扇电动机		107	直流伺服电动机	
105	雨刮电动机	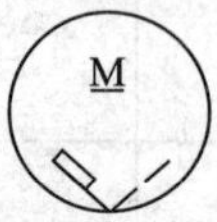	108	稳压器	
106	用电动机操纵的怠速调整装置				

二、典型车系汽车电路图中的常用图形符号

常用的汽车电路图形符号中，一部分为通用电气图形符号，另一部分为汽车生产厂家根据自身器件的结构特点或功能特性制定的具有企业特征的图形符号。典型汽车电路图中的常用图形符号见表 5–3–2。

表 5–3–2 典型汽车电路图中的常用图形符号

元件	符号		
	大众	丰田	通用
常电源	30	BAT	B+
点火开关 ON 挡条件电源	15	IG	IGN Ⅱ
搭铁		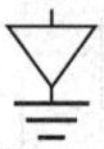	
熔丝			
常开触点继电器	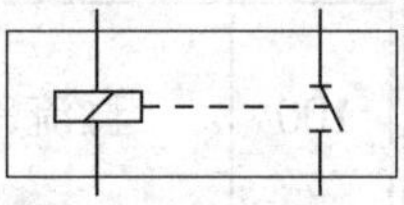	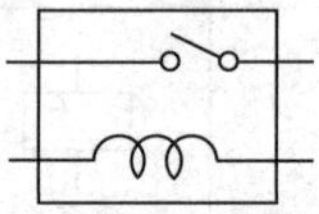	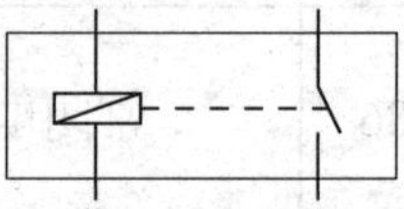

课题❹ 汽车电路图的识读技巧

学习目标

1. 掌握汽车电路图的读图技巧。
2. 掌握典型车系电路图的识读方法。

一、读图技巧

1. 阅览全图，化整为零

按照系统的功能和工作原理，把整车电路划分为若干独立的子系统电路进行分析。一个独立的子系统电路也有不同的部分，如电源、保护装置、控制开关或电控单元、用电器等。

2. 掌握系统的功用、技术参数等

在分析某个系统电路前，要清楚该电路中各部件的功能、作用、技术参数等。例如，电路中各种自动控制开关闭合和断开的条件，是低有效还是高有效。

3. 明确控制方式

（1）明确是直接控制还是间接控制。通过开关控制即为直接控制，通过继电器或电控单元控制即为间接控制。

（2）明确是电子控制还是非电子控制。通过开关或继电器控制即为非电子控制，通过电控单元控制即为电子控制。若是电子控制的电路图，则可以以电控单元为核心将电路图分为四部分，即电控单元信号输入电路、执行器工作电路、电控单元电源电路、电器设备电路。若是非电子控制电路，则可以以用电器为核心，根据用电器确定控制装置，若控制装置为继电器，则要先分析继电器线圈电路，再分析继电器控制用电器电路。

（3）明确是控制供电还是控制搭铁。若控制装置安装在用电器供电线上则是控制供电，若安装在用电器搭铁回路上则是控制搭铁。

（4）明确是单一控制还是综合控制。用电器只受一个控制装置控制的是单一控制，受多个控制装置控制的是综合控制。

4. 利用回路原则

汽车上的用电器都必须在蓄电池正、负极之间构成完整闭合回路才能工作。可以利用该原则，从用电器入手对汽车电路进行分析，明确用电器的电能由哪里提供，搭铁接到哪里。

5. 按操纵开关的功能及不同工作状态分析电路的工作原理

二、典型车系电路图的识读

1. 大众汽车电路图的识读

大众汽车电路图如图 5-4-1 所示。

2. 通用汽车电路图的识读

通用汽车电路图如图 5-4-2 所示。

3. 丰田汽车电路图的识读

丰田汽车电路图如图 5-4-3 所示。

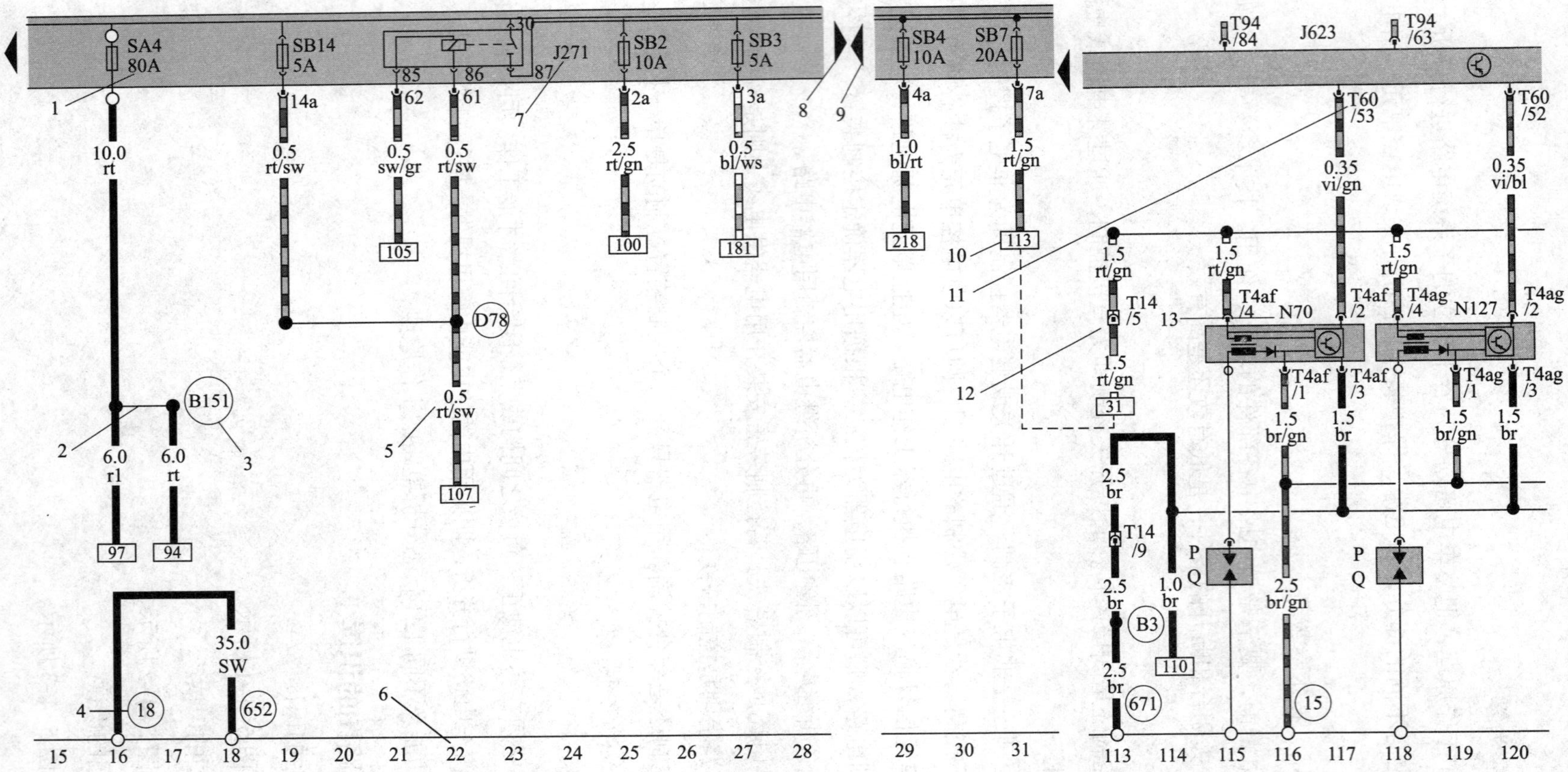

图 5-4-1　大众汽车电路图

1—熔丝代号。SA4 表示此熔丝为熔丝架 A 上的 4 号位熔丝；80 A 表示熔丝的额定电流为 80 A　2—线束内连接线　3—线束内连接线代号　4—接地点代号　5—导线的截面积和颜色。0.5 表示导线的截面积为 0.5 mm^2，rt/sw 表示此导线为双色线，主色为红色，辅色为黑色　6—电路号码　7—继电器代号　8—三角箭头，表示接下一页电路图，电路图有延续　9—三角箭头，表示接上一页电路图　10—导线连接代码。113 表示此导线连接到电路号码 113 所对应的导线连接代码 31 处　11—与元件连接的插头。T60/53 表示与发动机电控单元连接的 60 针插头的 53 号引脚　12—线束的连接插头。T14/5 表示 14 针插头的 5 号引脚　13—元件代号

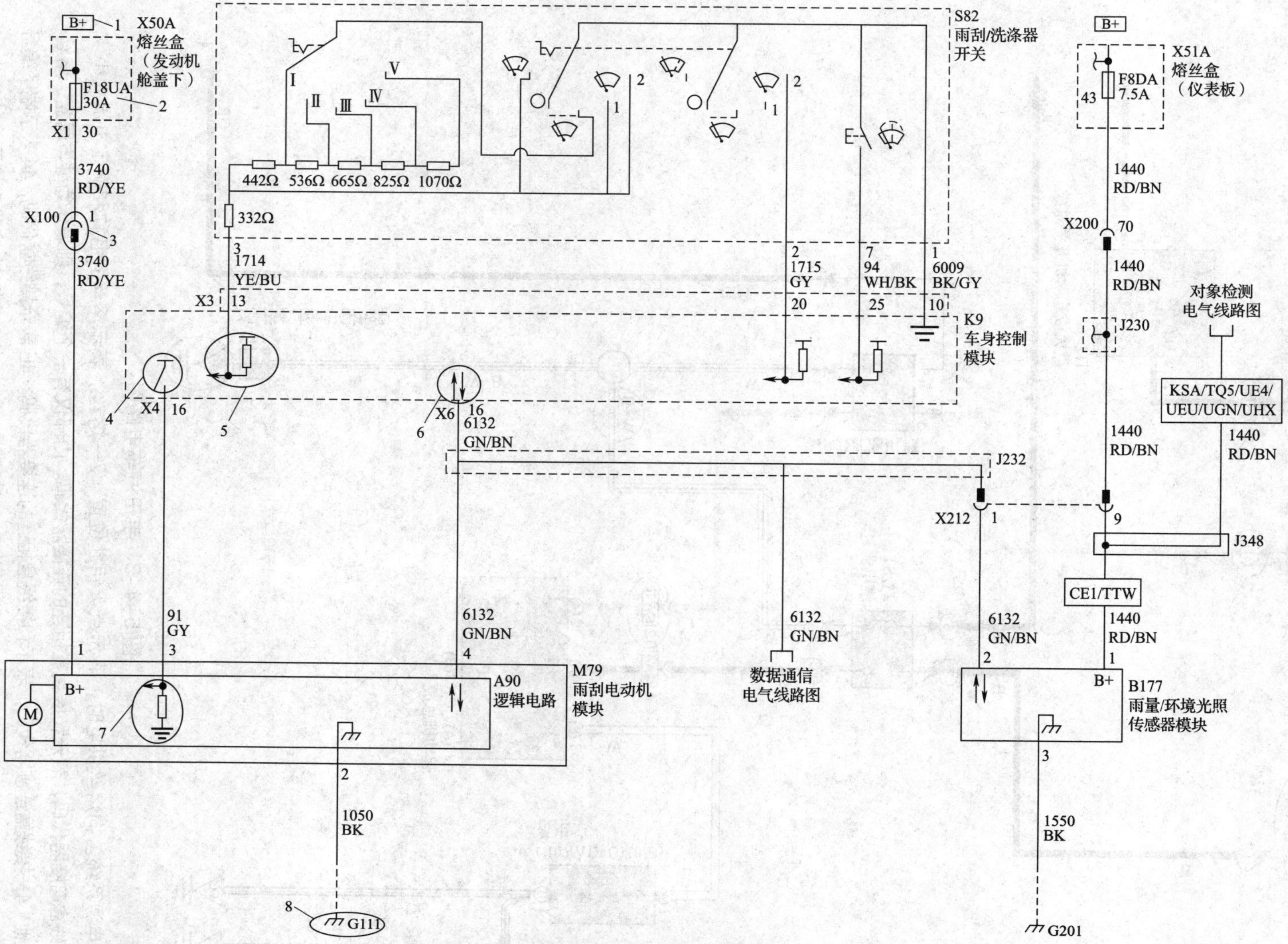

图 5-4-2　通用汽车电路图

1—蓄电池电源　2—熔丝　3—直立式线束连接器　4—输入 / 输出高压侧驱动开关（+）　5—输入 / 输出上拉电阻器（+）
6—串行数据　7—输入 / 输出下拉电阻器（-）　8—搭铁，G111 表示搭铁点代号

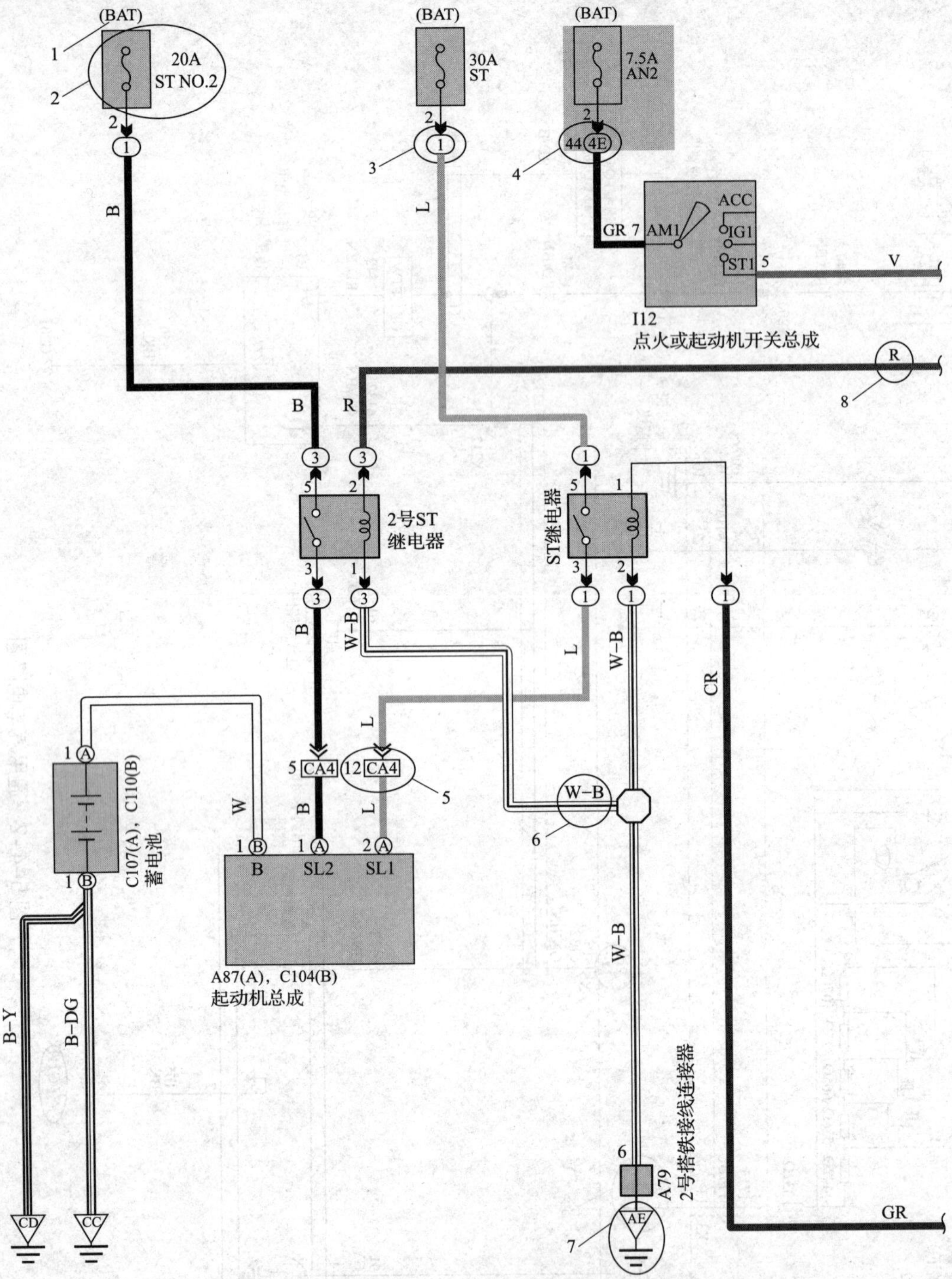

图 5-4-3　丰田汽车电路图

1—电源系统。向熔丝供电时，表示点火钥匙位置　2—熔丝。表示熔丝的名称和额定电流大小　3—接线盒连接器代码，表示和接线盒相连的连接器代码。内部仅有一个编号，则表示为继电器盒、熔丝盒或其他　4—接线盒连接器代码，表示和接线盒相连的连接器代码。4E 表示接线盒代码，44 表示端子编号　5—线束和线束连接器代码，表示用于连接两个线束的连接器代码。CA 表示连接器连接两个线束中的插座式连接器的 C 和插头式连接器的 A，4 表示用于线束同一组合的连接器顺序号，12 表示端子编号　6—线束颜色。W-B 表示线束的主色为白色，辅色为黑色　7—搭铁点代码，表示搭铁点。AE 表示线束 A 与搭铁点 E 连接　8—线束颜色。R 表示线束的颜色为红色。

知识拓展

电路中开关和继电器的状态

开关是控制电路通断的关键，而继电器不仅是控制开关，也是被控制对象。

1. 开关在电路中的作用

开关的作用是控制电路的通断。有的用电设备受两个以上单挡开关（或继电器）的控制，有的受两个以上多挡开关的控制，其工作状态比较复杂。

对于多挡开关，要确定挡位的数量、开关内部同时或分别动作的触刀的数量以及每一挡位接通或关断的电器。要按层、按挡位、按接线柱逐级分析其功能。

图 5-4-4 所示为汽车点火开关，该开关为手动开关，用数字 1、2、3、4 表示接线柱，用 0、Ⅰ、Ⅱ、Ⅲ表示开关挡位。分析图 5-4-4 可知，开关拨至Ⅰ挡，接线柱 1、2、3 接通；开关拨至Ⅱ挡，接线柱 1、2、4 接通；开关拨至Ⅲ挡，接线柱 1、3 接通。

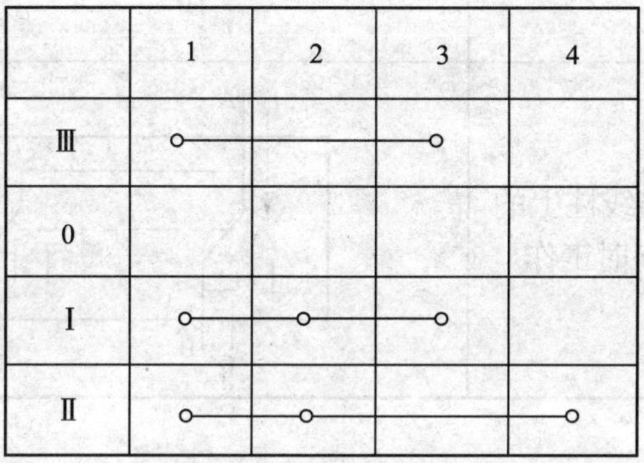

图 5-4-4　汽车点火开关

当开关接线柱较多时，应首先找出从电源来的 1~2 个接线柱，再逐个分析与其他各接线柱相连的用电设备处于何种挡位，从而找出控制关系。

手动车灯总开关不同挡位对应的状态见表 5-4-1，该开关为三位二掷开关，开关有 0、1、2 三个工作位置，A、B、C 三个接线柱。从表 5-4-1 中可以看出，A 接线柱接电源，B、C 接线柱接用电设备。

2. 继电器的原始状态和工作状态

在电路图中，各种开关、继电器都是按原始状态画出的。即按钮未按下、开关未接通、继电器线圈未通电（其常开触点未闭合），如表 5-3-1 中的序号为 54 的常开触点继电器，这种状态称为原始状态。在识图时，不能完全按原始状态进行分析，否则很难理解电路的工作原理，因为大多数电器或电子设备都是通过开关（包括电子开关）或继电器的不同状态而形成回路或改变回路，以实现不同功能。表 5-4-2 给出了常开触点继电器的原始状态和工作状态。

表 5-4-1　手动车灯总开关不同挡位对应的状态

挡位	状态	图示
0（空挡）	用电设备均不工作	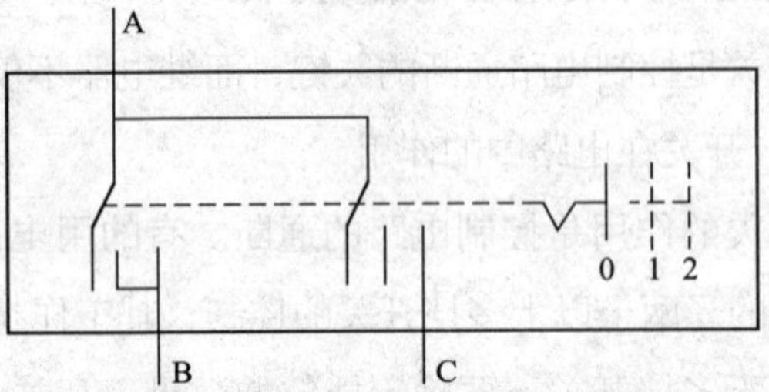
1	接在 B 接线柱上的用电设备工作	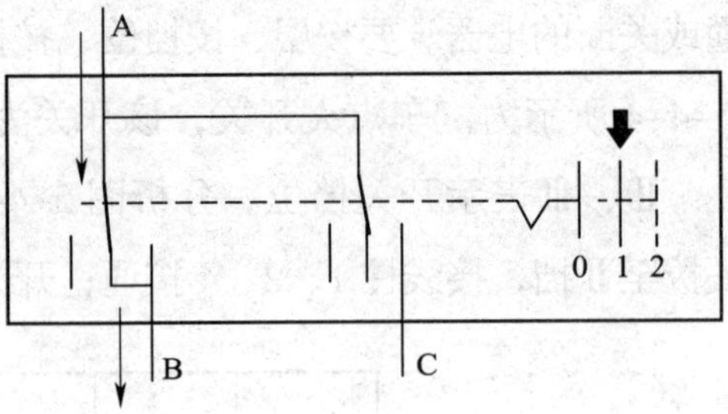
2	接在 B、C 接线柱上的用电设备同时工作	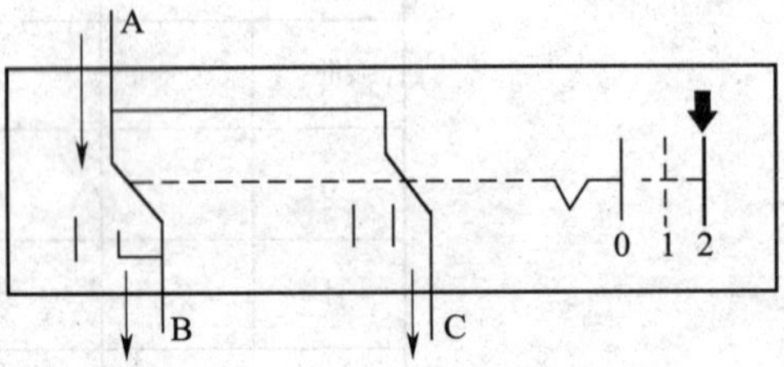

表 5-4-2　常开触点继电器的原始状态和工作状态

状态	触点状态	图示
原始状态	线圈断电，触点断开，不工作	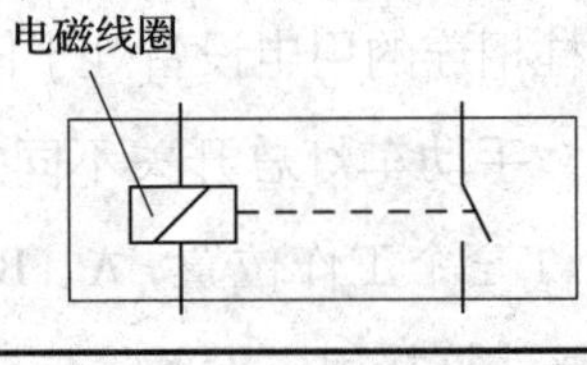
工作状态	线圈通电，触点闭合，继电器工作，即通电	

技能训练

汽车电路图的识读

1. 图 5-4-5 所示为别克威朗轿车驾驶员座椅调节电路图，试分析控制原理并标出电流流向。

2. 图 5-4-6 所示为汽车局部电路图，试拆分出起动机控制电路，分析控制原理并标出电流流向。

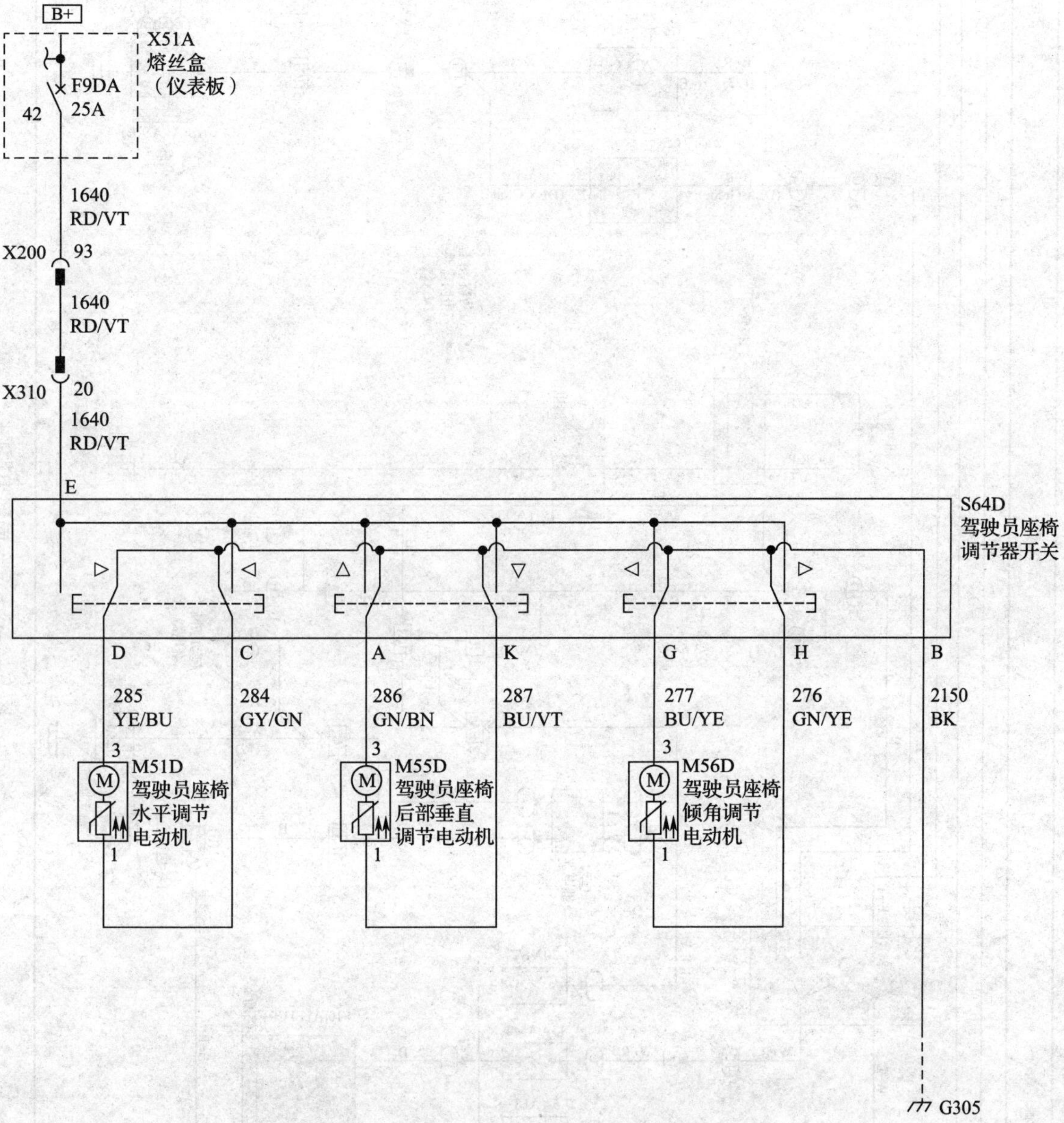

图 5-4-5　别克威朗轿车驾驶员座椅调节电路图

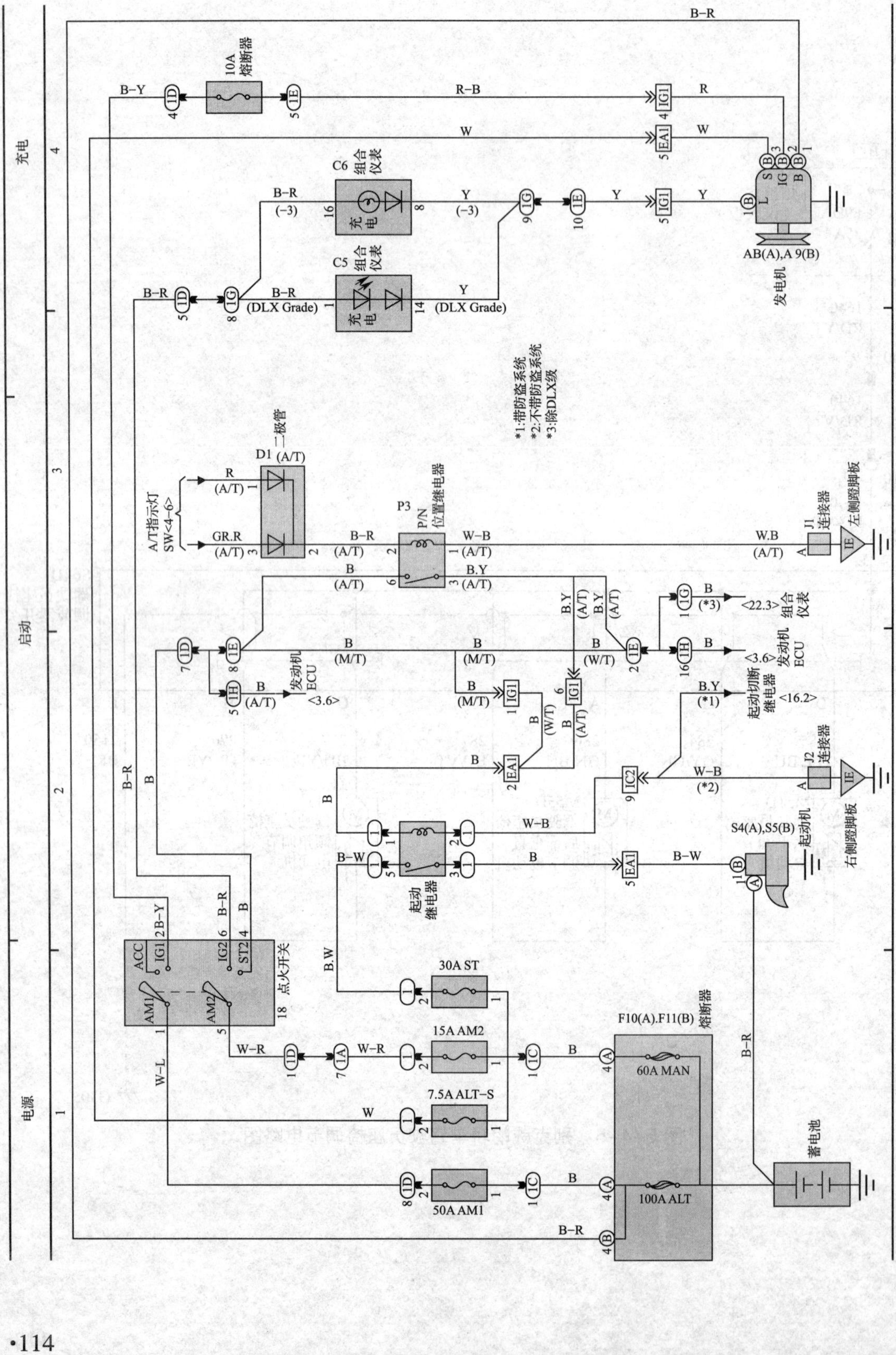

图 5-4-6 汽车局部电路图

模块小结

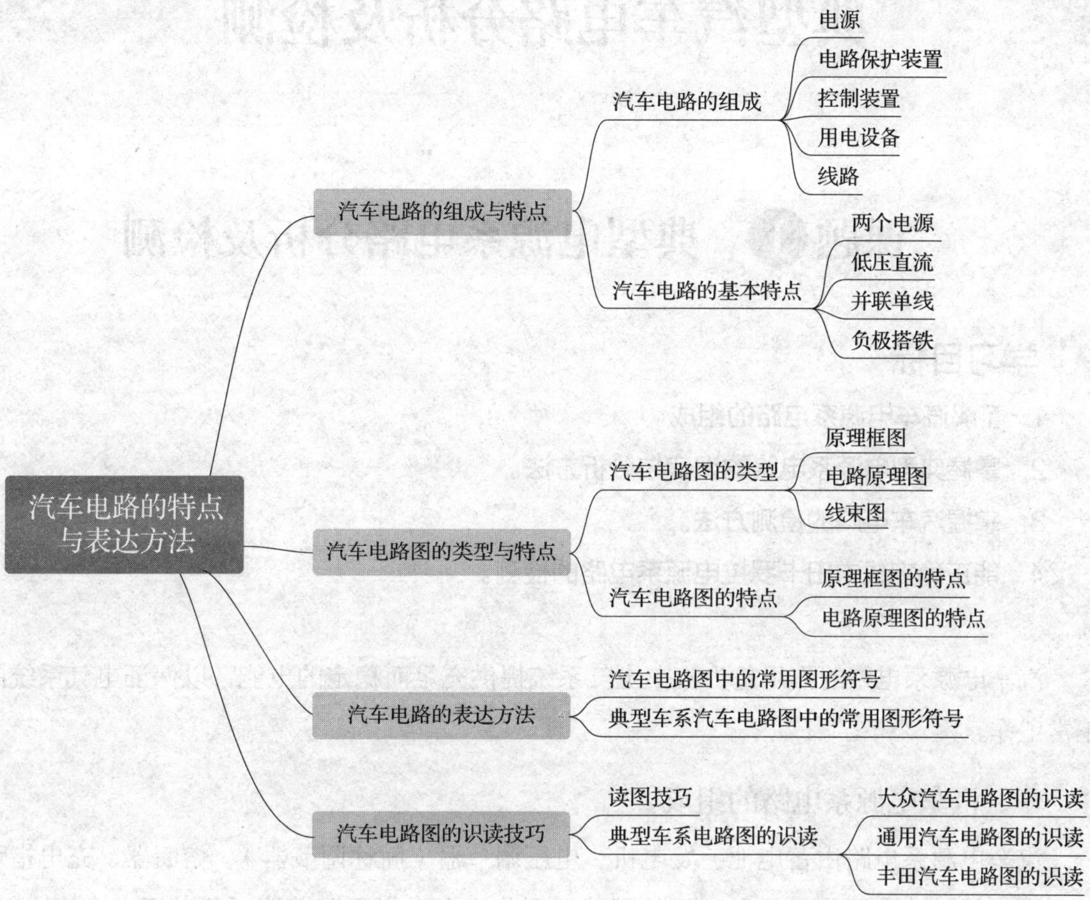
汽车电路的特点与表达方法
汽车电路的组成与特点
汽车电路的组成
电源
电路保护装置
控制装置
用电设备
线路
汽车电路的基本特点
两个电源
低压直流
并联单线
负极搭铁
汽车电路图的类型与特点
汽车电路图的类型
原理框图
电路原理图
线束图
汽车电路图的特点
原理框图的特点
电路原理图的特点
汽车电路的表达方法
汽车电路图中的常用图形符号
典型车系汽车电路图中的常用图形符号
汽车电路图的识读技巧
读图技巧
典型车系电路图的识读
大众汽车电路图的识读
通用汽车电路图的识读
丰田汽车电路图的识读

模块六
典型汽车电路分析及检测

课题1 典型电源系电路分析及检测

学习目标

1. 了解汽车电源系电路的组成。
2. 掌握典型电源系电路的识读与分析方法。
3. 掌握汽车电路的检测方法。
4. 能正确完成丰田卡罗拉电源系电路的检测。

汽车电源系电路的作用是为汽车电气系统提供充足而稳定的电能，以保证电气系统的正常工作。

一、汽车电源系电路的组成

汽车电源系电路由蓄电池、发电机、电压调节器（简称调节器）、熔断器、充电指示灯、点火开关、必要的导线和电缆等组成。现代汽车中电压调节器一般装于发电机内部，与发电机共称为整体式发电机。

蓄电池和发电机并联于汽车电路之中，发电机是主要电源，发动机工作过程中发电机为车上的电气装置供电，同时为蓄电池充电；蓄电池是辅助电源，汽车启动时向起动机提供所需的电能。

二、日系汽车电源系电路图的识读与分析（以丰田卡罗拉为例）

1. 发电机与蓄电池并联，蓄电池负极搭铁

图 6–1–1 所示为丰田卡罗拉电源系电路图。蓄电池正极与发电机正极“B”通过导线相连，蓄电池负极与发电机负极通过搭铁相连，所以发电机和蓄电池是并联连接。

2. 电压调节器为集成电路调节器（IC 调节器），位于发电机内部

3. 励磁电路和充电指示灯由点火开关控制

（1）励磁电路

当发动机不工作时，闭合点火开关，发动机控制单元 ECM 通过 LIN 线向发电机 IC 调

节器发送信号使其接通励磁绕组线路，蓄电池为励磁绕组供电，其电流流向为：

蓄电池“+”→热熔线 FL MAIN 3.0 W→主色为黑色、辅色为红色的双色导线→插接器 1G（1 号端子）→熔丝 ALT 120 A→插接器 1H（1 号端子）→黑色导线→发电机 A 插接器（1 号端子）→发电机 IC 调节器→发电机励磁绕组→搭铁→蓄电池“-”。此时，励磁绕组中有电流流过。

（2）充电指示灯电路

1）当发电机电压过低时，发电机 IC 调节器通过 LIN 线将信号传至发动机控制单元 ECM，

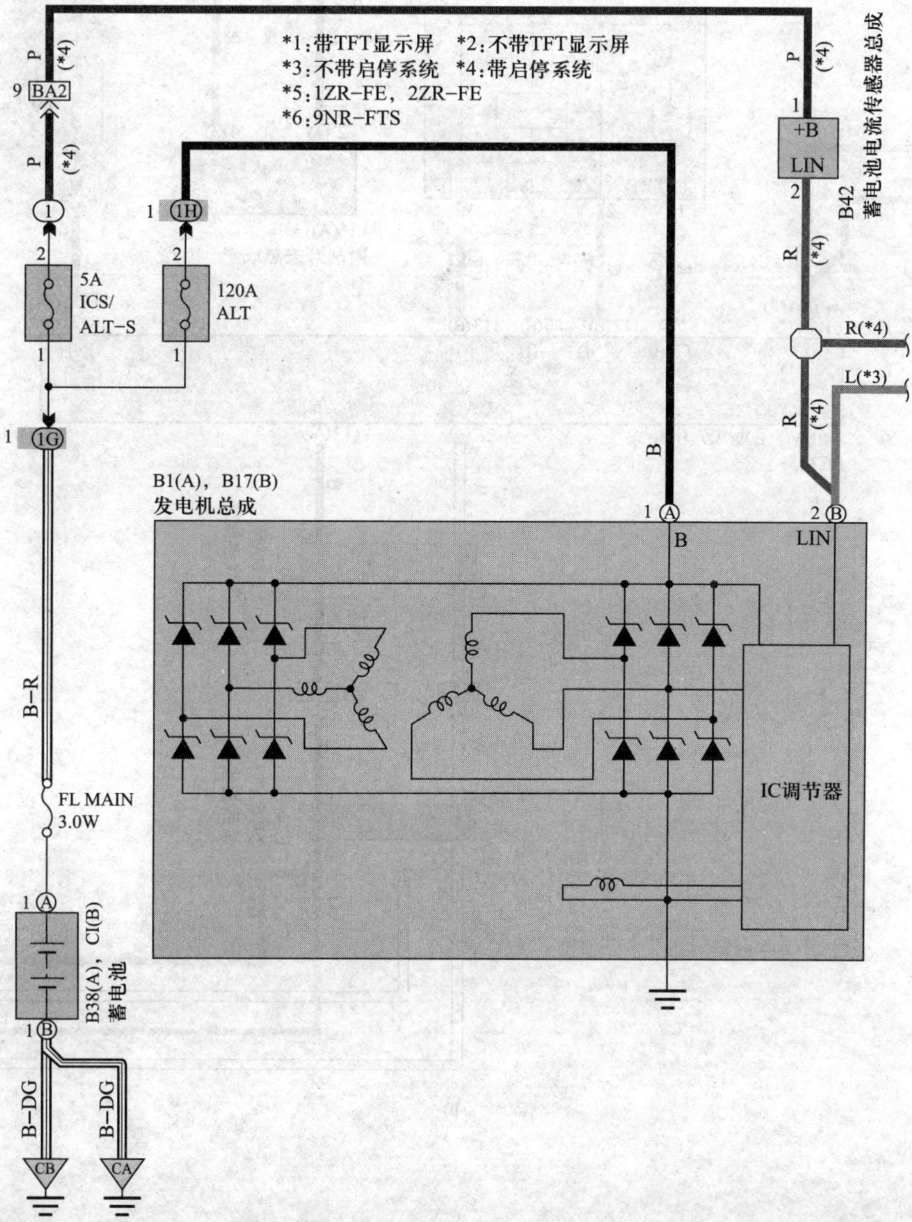

a)

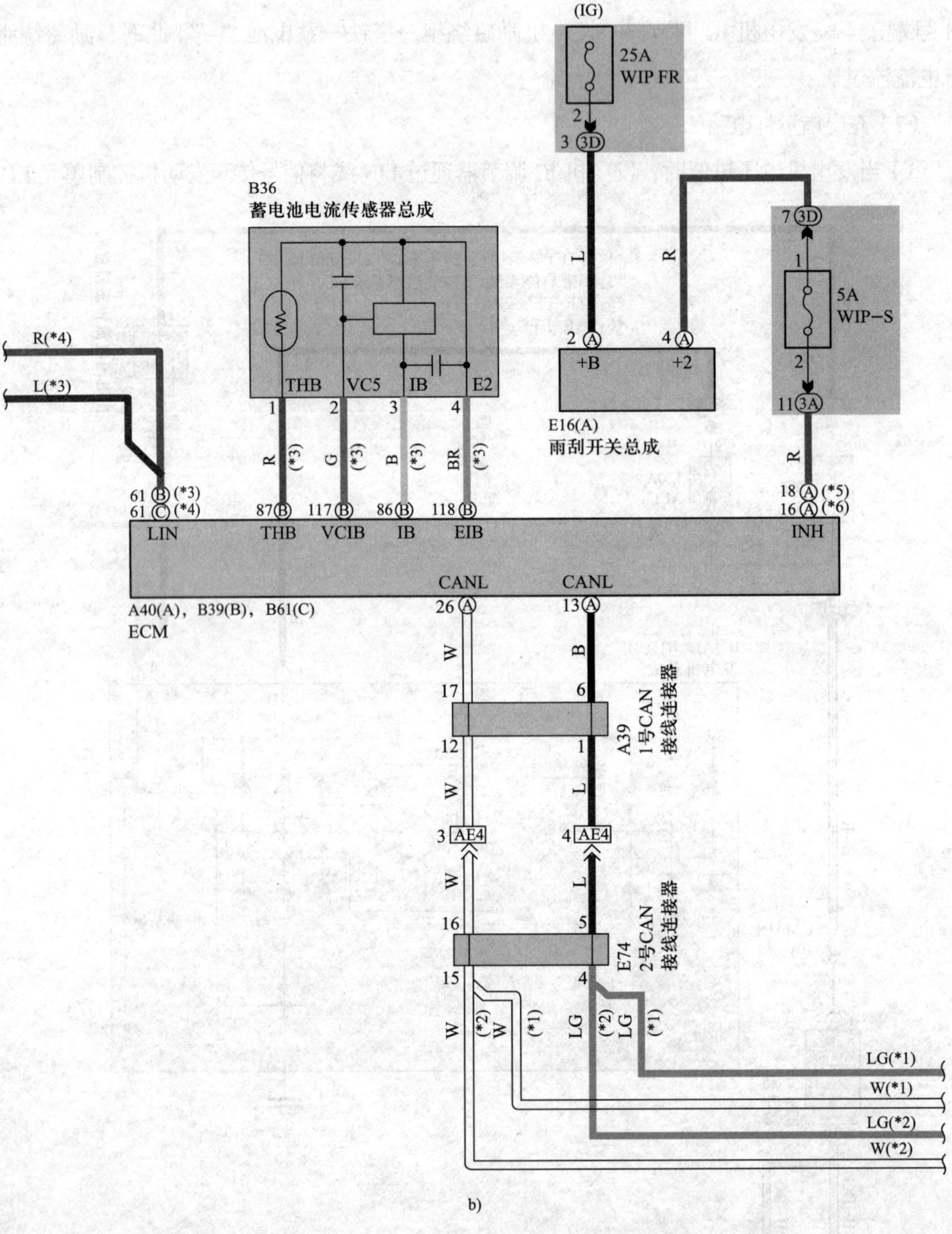
(IG)
25A WIP FR
5A WIP-S
B36
蓄电池电流传感器总成
THB VC5 IB E2
E16(A)
雨刮开关总成
+B +2
R(*4)
L(*3)
LIN THB VCIB IB EIB INH
CANL CANL
A40(A)，B39(B)，B61(C)
ECM
A39 1号CAN接线连接器
E74 2号CAN接线连接器
AE4
LG(*1)
W(*1)
LG(*2)
W(*2)

b)

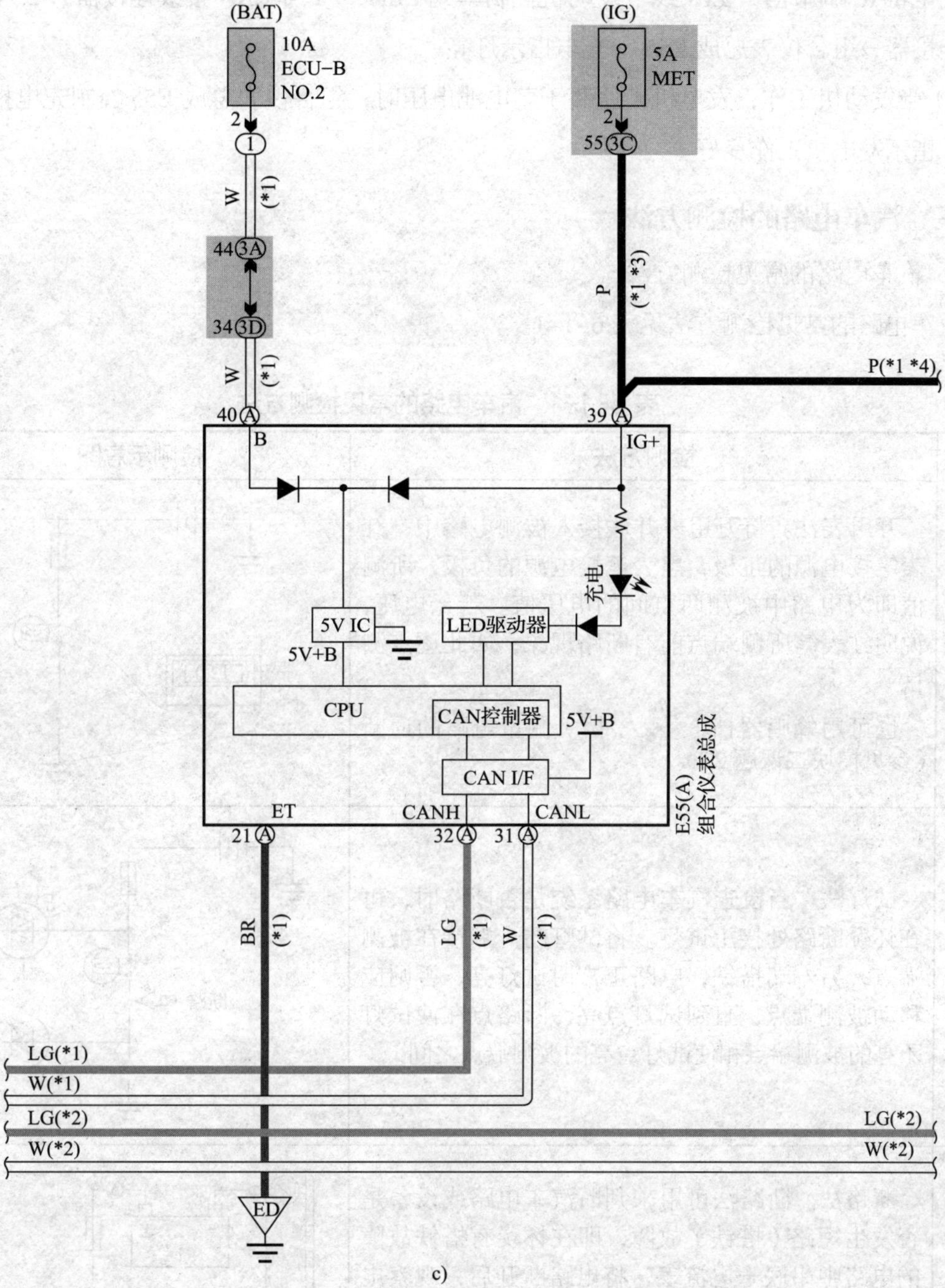

c)

图 6-1-1 丰田卡罗拉电源系电路图

a）局部电路图 1 b）局部电路图 2 c）局部电路图 3

ECM 通过 CAN 总线发送点亮充电指示灯信号至组合仪表总成 E55，充电指示灯亮，信号传递线路为：

发电机 IC 调节器→ LIN 线→发动机控制单元 ECM → 1 号 CAN 接线连接器→ 2 号 CAN 接线连接器→组合仪表总成 E55 →充电指示灯亮。

2）当发动机工作，发电机电压高于蓄电池电压时，组合仪表总成 E55 控制充电指示灯熄灭，指示发电机工作良好。

三、汽车电路的检测方法

1. 汽车电路的常见检测方法

汽车电路的常见检测方法见表 6-1-1。

表 6-1-1　汽车电路的常见检测方法

序号	检测方法	检测示意图
1	万用表法。将万用表并联接入被测电路中，红表笔接电源的正极，黑表笔接电源的负极，所测值即为电路中被测两点间的电压值。若无电压，说明红表笔所测端点前有断路现象；如此逐点测试 也可用蜂鸣器挡（“”挡）测量电路的通断（参见模块二课题 2）	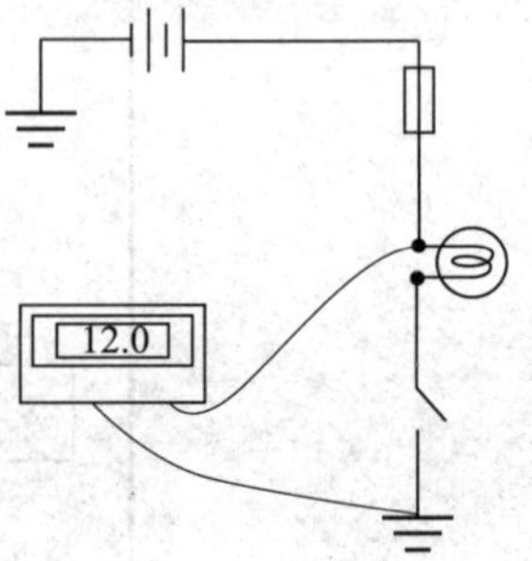
2	试灯法。当检查汽车电路系统是否断路时，可在怀疑断路处接上试灯。将试灯的一端接在被测端点，另一端搭铁，电路正常时试灯亮，否则应移动被测端点，直到试灯点亮，断路点在使试灯不亮的被测端点和使试灯点亮的被测端点之间	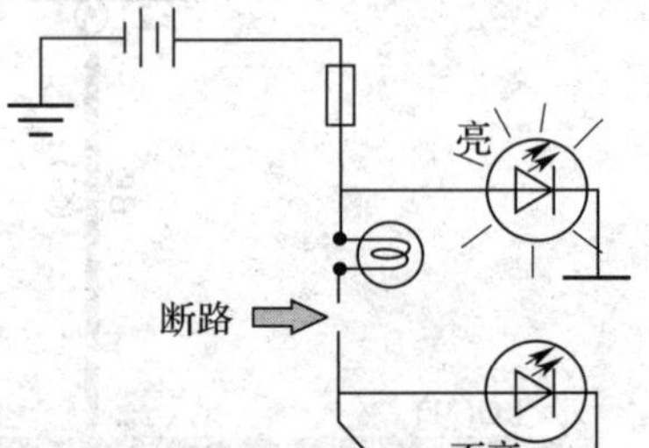
3	断路法。断路法可用来判断汽车电路或设备是否发生短路（搭铁）故障，即在怀疑有搭铁故障的电路中串联一电流表，将电路断开后，观察电流表的变化，如电流变为零，说明断开点与电源之间的电路无搭铁现象；如无变化，说明断开点与电源之间的电路有搭铁现象（见右图所标搭铁处）	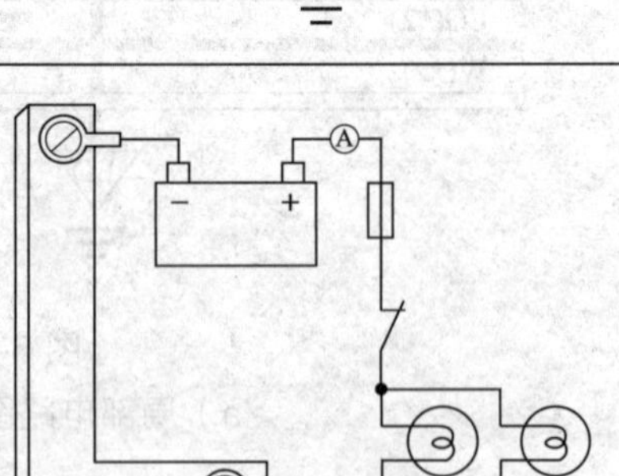

续表

序号	检测方法	检测示意图
4	短路法。短路法可用来判断汽车电路中有无断路故障。用跨接线将怀疑有断路故障的电路或控制元件（如熔断器、继电器、开关）短接，观察电气设备的工作状况，从而判断该电路或电气设备是否断路	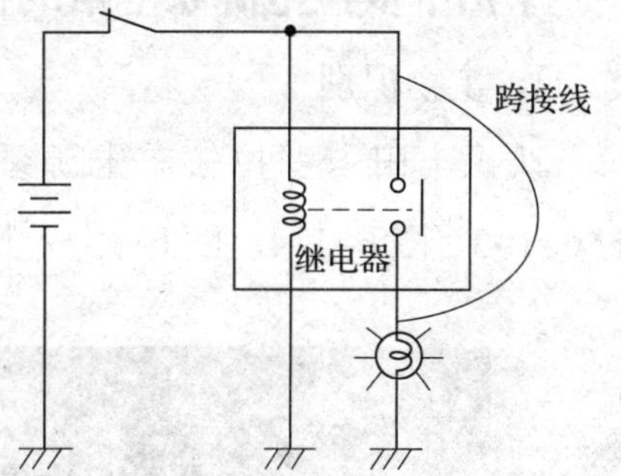
5	低压搭铁试火法。即拆下用电设备的某一线头并与汽车的金属部分（搭铁）碰试，通过是否产生火花来判断电路是否存在故障。拆下电路上的某一线头，在汽车车身或车架上刮碰，如果产生强烈的火花，说明该电路正常；如果无火花产生，说明该段电路出现了断路故障 与电子控制单元、集成电路、晶体管电路相连的电路和发电机电源输出电路切勿用此方法进行测试，以免烧坏	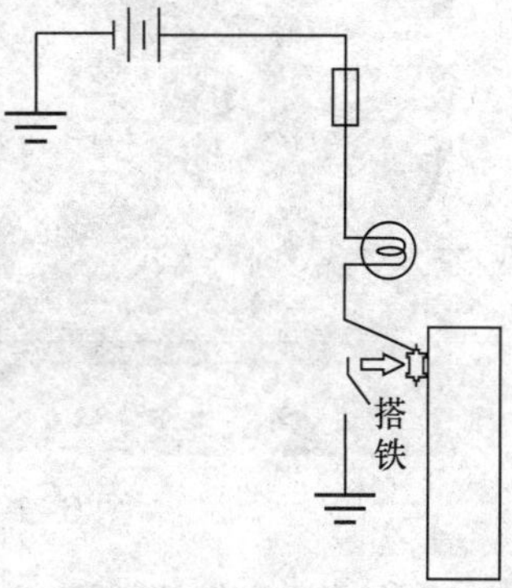

提示

短接电路或控制元件时，为避免烧坏线路或电气设备，应注意：短接前应先检查该系统电路中熔断器是否良好；短接前要先关闭相关开关；短接时间不可过长，故障排除后应及时取下短路导线。

2. 汽车电路质量的检测方法

电路质量的检测是指用万用表的直流电压挡（宜选用 0~5 V 的低量程，以减少测试误差），在电源电压正常（12 V 系统的额定电压为 14 V，24 V 系统的额定电压为 28 V）且通电状态下逆着电路电流方向测试其电压降，如果电压降小于 0.5 V 说明电路情况良好，否则说明线太细或线路接触不良。电路电压降测试示意图如图 6-1-2 所示，先测量蓄电池正极与 *F* 点间的电压降，如小于 0.5 V，说明线路良好；如大于或等于 0.5 V，则分别测量蓄电池正极与 *D*、*C*、*B*、*A* 点间的电压降，从而确定接触不良的线路段。

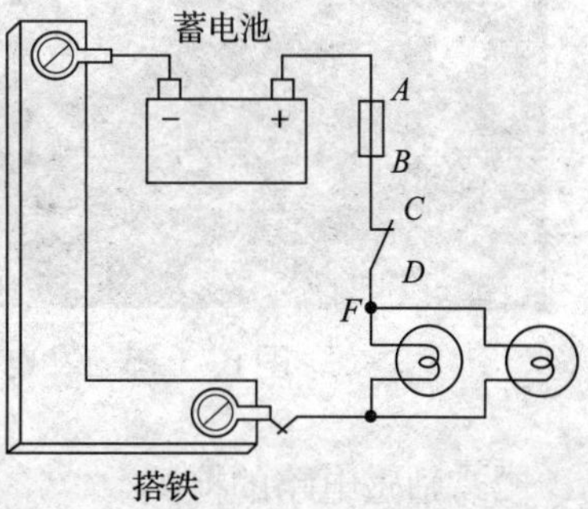

图 6-1-2　电路电压降测试示意图

若电压表表笔引线长度不够，可分别测出各测试点与搭铁之间的电压，然后求其电压降。

技能训练

丰田卡罗拉电源系电路的检测

1. 实物识别

认识丰田卡罗拉轿车电源系电路中的各部件，说出它们的名称和相互关系（参见图 6–1–3、图 6–1–4、图 6–1–5、图 6–1–6）。

图 6–1–3　发动机舱电源系电路主要部件位置图

图 6–1–4　蓄电池正极

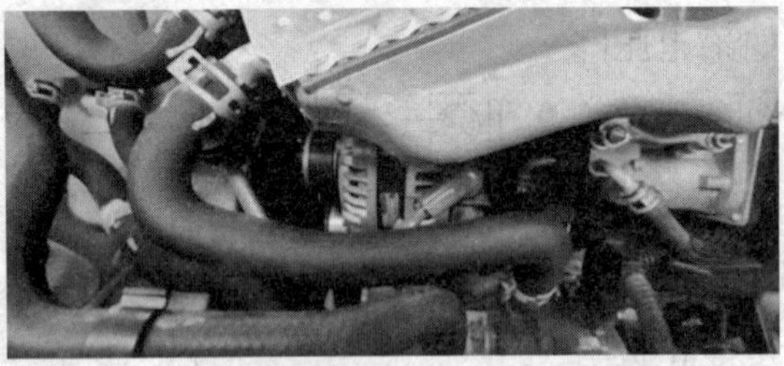

图 6–1–5　发电机

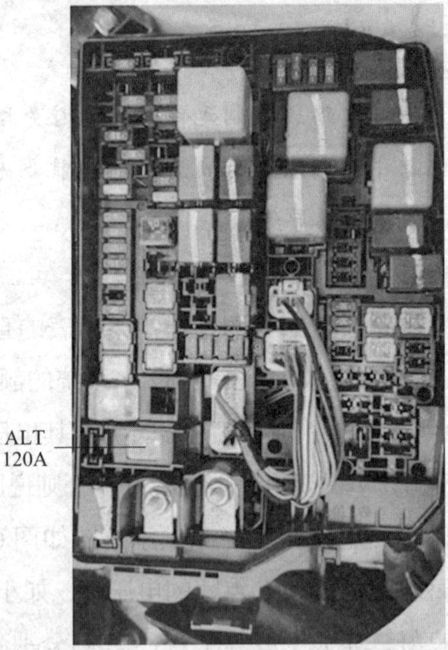

图 6–1–6　发动机舱接线盒

2. 励磁电路的检测

励磁电路的检测方法见表 6–1–2，将检测结果填入表 6–1–3 中。

表 6-1-2 励磁电路的检测

步骤	操作方法	图示
1	闭合点火开关（不启动发动机），观察充电指示灯是否点亮；如不亮，则进行下一步检测	
2	拆下发电机 A 插接器，用万用表红表笔测量插接器 1 号端子上的电压，电压值应大于或等于 11.5 V（说明蓄电池电源到发电机“B”接线柱间电路正常），否则应进行下一步检测	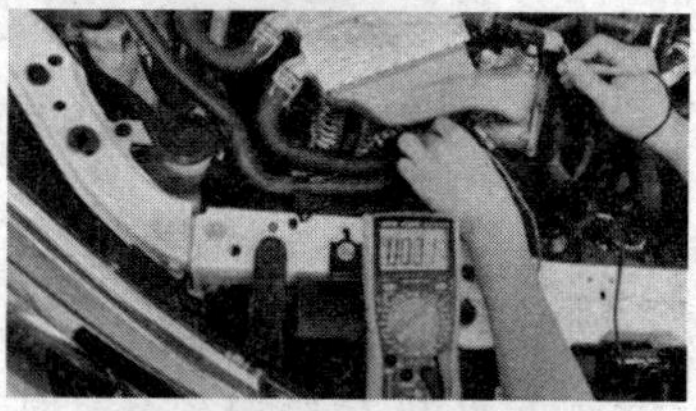
3	依次测量插接器 1H（1 号端子）→熔丝 ALT 120 A →插接器 1G（1 号端子）→热熔线 FL MAIN 3.0 W →蓄电池“+”接线柱各部分的电压。如后测试点电压大于或等于 11.5 V，说明电源至测试点的电路良好；如靠近电源的测试点电压正常，而后测试点电压稍低，则说明两测试点间电路接触不良，需进行检修	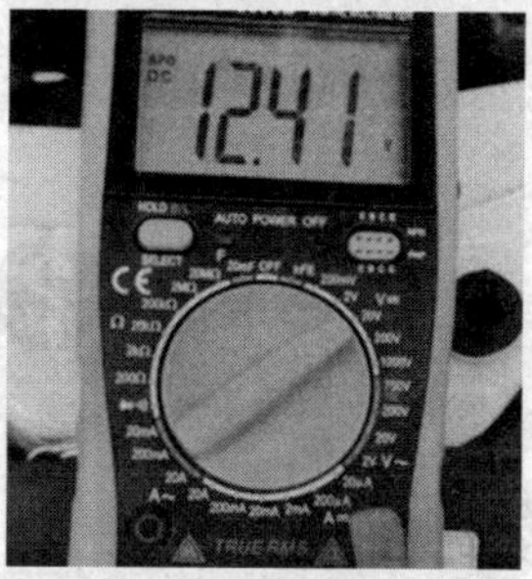

表 6-1-3 励磁电路相关端子电压测量值

测量端子	电压值 /V
发电机 A 插接器	
插接器 1H–1	
熔丝 ALT 120 A	
插接器 1G–1	
热熔线 FL MAIN 3.0 W	
蓄电池“+”	

提示

励磁电路的测试也可以采用试灯法，但试灯法只能判断电路的通断，不能判断电路接触是否良好。如有兴趣，可以依照以上检测顺序进行测试。

3. 充电线路的检测

将电源系电路连接好，启动发动机后，转速稳定在 2 000 r/min 以上，用万用表测量蓄电池正极和发电机“B”接线柱之间的电压（见图 6–1–7），如两点之间电压降小于 0.5 V 则为正常；如大于 0.5 V，则要检查蓄电池、发电机连接是否牢固。

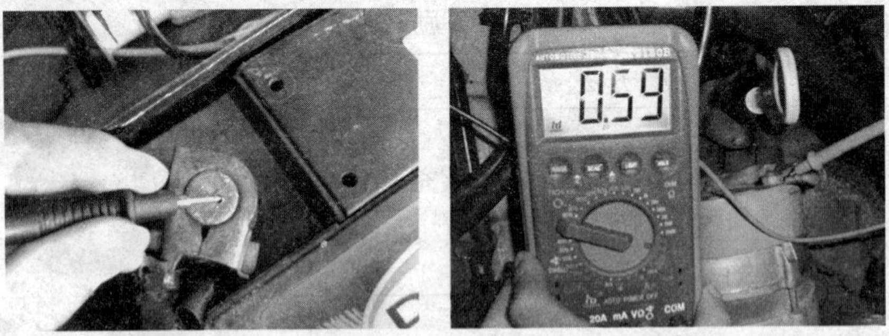

图 6–1–7　测量蓄电池正极和发电机“B”接线柱间的电压

提示

检测发电机接线柱“B”时，注意此点电压不受点火开关控制，严禁其引线搭铁短路，严禁使用低压搭铁试火法检测充电线路节点是否有电。

课题❷　典型照明系电路分析及检测

学习目标

1. 了解汽车照明系电路的组成。
2. 熟悉汽车照明系统的接线特点。
3. 掌握典型照明系电路的识读与分析方法。
4. 能正确完成大众新速腾和丰田卡罗拉汽车前照灯电路的检测。

一、汽车照明系电路的组成

汽车照明系电路由电源、灯光开关、变光开关、继电器、灯具、熔断器等装置组成。灯具包括前照灯、示廓灯、制动灯、牌照灯、仪表灯等，其中前照灯又分为远光灯与近光灯，通过变光开关控制切换。

二、汽车照明系统的接线特点

1. 照明灯由灯光开关控制。旋钮式组合开关如图 6–2–1 所示，当开关置于 0（或 OFF）挡时关闭，当开关置于 I 挡时小灯（包括示廓灯、尾灯、仪表灯、牌照灯）亮，当开关置于Ⅱ挡时前照灯、小灯同时亮。

2. 灯光系统的电流一般直接来自蓄电池正极，不受点火开关控制。由于前照灯远光功率较大，为了减少照明开关的烧蚀，常用灯光继电器控制前照灯的通断。

3. 超车灯信号常用远光灯的亮灭来表示，此信号不通过灯光开关控制，属于短时接通按钮。

4. 现代车辆的照明系统常用组合开关集中控制，组合开关多安装在转向柱上，位于转向盘下方，操作时驾驶员的手可以不离开转向盘。

图 6-2-1 旋钮式组合开关

0—关闭位置 Ⅰ—小灯位置 Ⅱ—前照灯位置（小灯同时亮）

5. 查找照明灯电路时，先找到车灯控制开关、变光开关和各种照明灯。照明灯电路的一般开启规律是：先开启小灯再开启前照灯；开启前照灯后才能实现远、近光灯的切换；尾灯、牌照灯等只有在夜间工作时才持续点亮。

三、德系汽车照明系电路图的识读与分析（以大众新速腾为例）

新速腾汽车前照灯电路如图 6-2-2 所示。

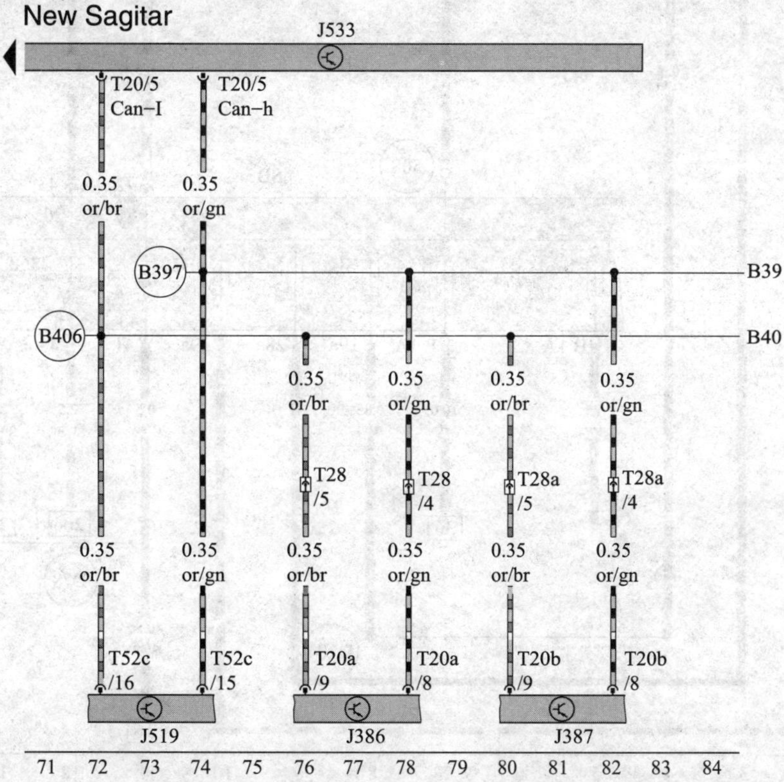

a)

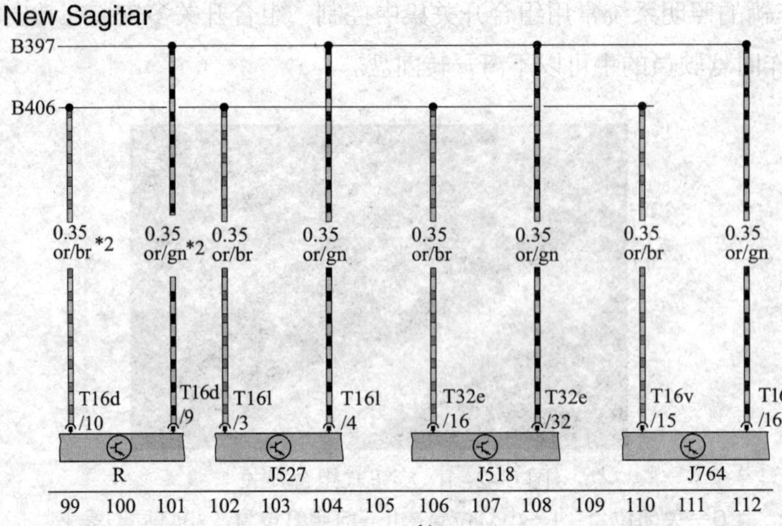
New Sagitar
B397
B406
0.35 or/br *2
0.35 or/gn *2
0.35 or/br
0.35 or/gn
0.35 or/br
0.35 or/gn
0.35 or/br
0.35 or/gn
T16d /10
T16d /9
T16l /3
T16l /4
T32e /16
T32e /32
T16v /15
T16v /16
R
J527
J518
J764
99 100 101 102 103 104 105 106 107 108 109 110 111 112

b)

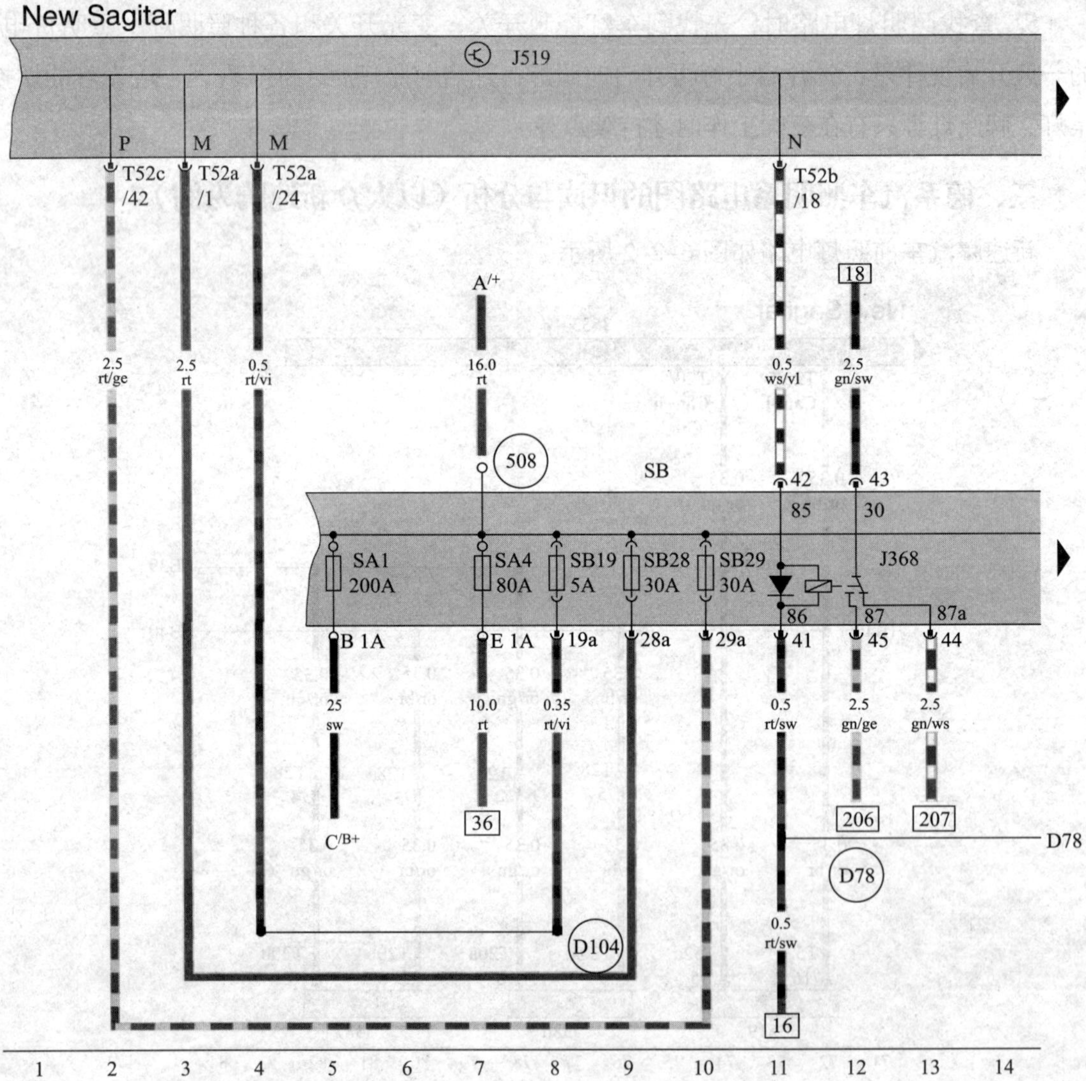
New Sagitar
J519
P
M
M
N
T52c /42
T52a /1
T52a /24
T52b /18
2.5 rt/ge
2.5 rt
0.5 rt/vi
A/+
16.0 rt
508
0.5 ws/vl
18
2.5 gn/sw
SB
42
43
85
30
J368
SA1 200A
SA4 80A
SB19 5A
SB28 30A
SB29 30A
86
87
87a
B 1A
E 1A
19a
28a
29a
41
45
44
25 sw
10.0 rt
0.35 rt/vi
0.5 rt/sw
2.5 gn/ge
2.5 gn/ws
36
C/B+
206
207
D78
D78
D104
0.5 rt/sw
16
1 2 3 4 5 6 7 8 9 10 11 12 13 14

c)

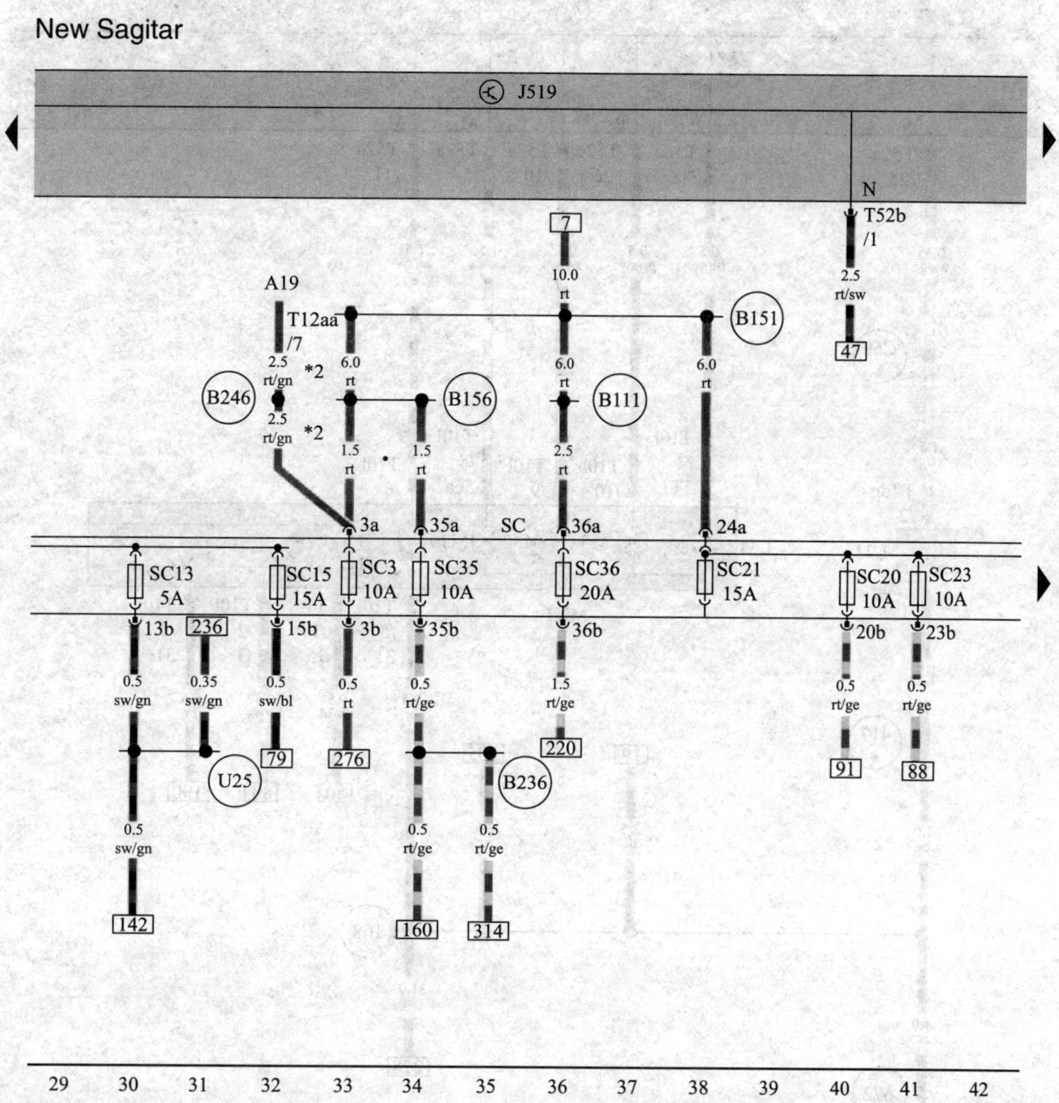
New Sagitar
J519
N
T52b
/1
2.5
rt/sw
47
7
10.0
rt
A19
T12aa
/7
2.5
rt/gn
*2
B246
2.5
rt/gn
*2
6.0
rt
B156
1.5
rt
1.5
rt
B151
6.0
rt
B111
2.5
rt
6.0
rt
3a
35a
SC
36a
24a
SC13
5A
SC15
15A
SC3
10A
SC35
10A
SC36
20A
SC21
15A
SC20
10A
SC23
10A
13b
236
15b
3b
35b
36b
20b
23b
0.5
sw/gn
0.35
sw/gn
0.5
sw/bl
0.5
rt
0.5
rt/ge
1.5
rt/ge
0.5
rt/ge
0.5
rt/ge
79
276
220
91
88
U25
B236
0.5
sw/gn
0.5
rt/ge
0.5
rt/ge
142
160
314
29
30
31
32
33
34
35
36
37
38
39
40
41
42

d)

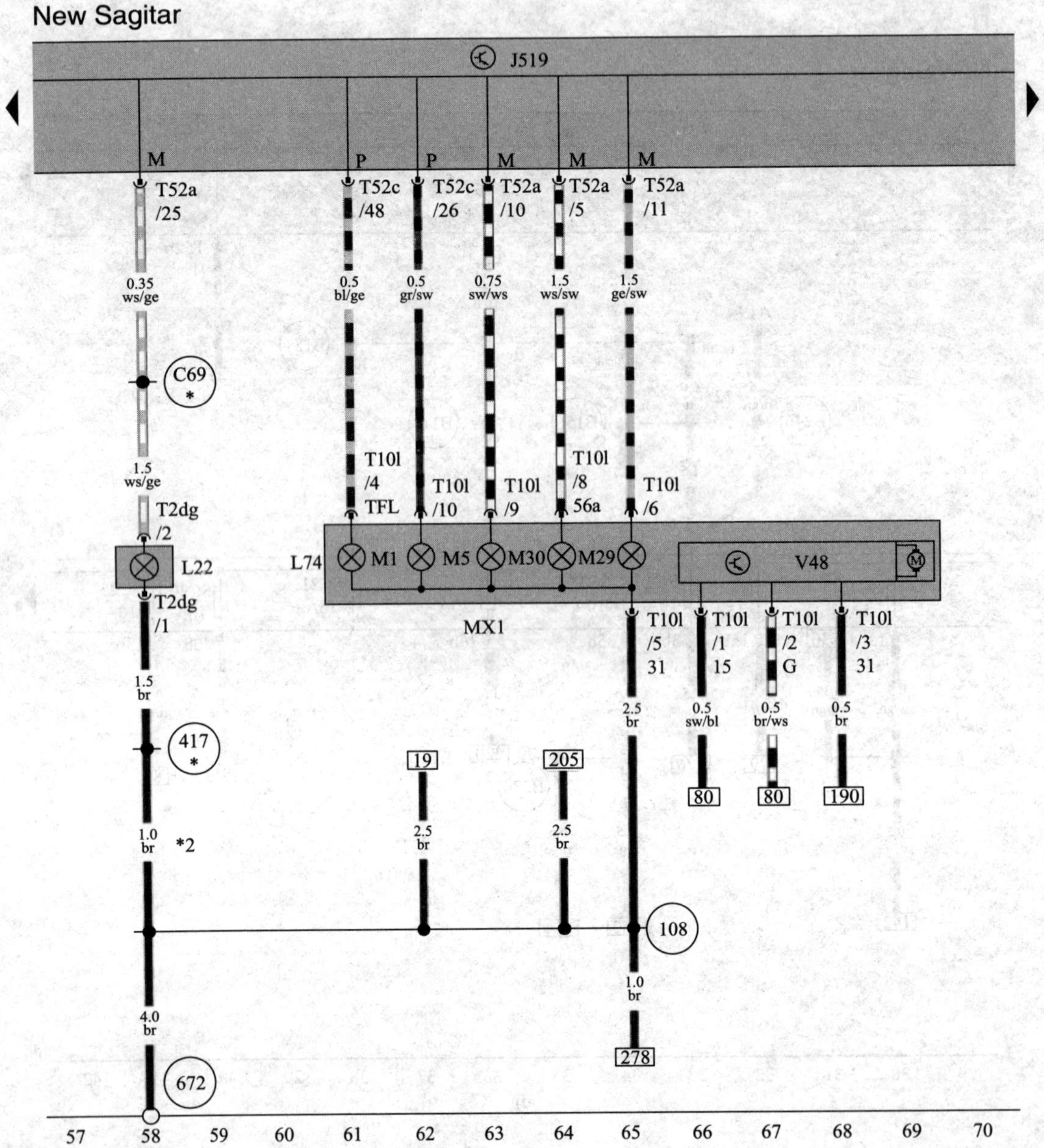
New Sagitar
J519
M
P
P
M
M
M
T52a
/25
T52c
/48
T52c
/26
T52a
/10
T52a
/5
T52a
/11
0.35
ws/ge
0.5
bl/ge
0.5
gr/sw
0.75
sw/ws
1.5
ws/sw
1.5
ge/sw
C69
*
1.5
ws/ge
T10l
/4
TFL
T10l
/10
T10l
/9
T10l
/8
56a
T10l
/6
T2dg
/2
L22
T2dg
/1
L74
M1
M5
M30
M29
V48
MX1
T10l
/5
31
T10l
/1
15
T10l
/2
G
T10l
/3
31
1.5
br
2.5
br
0.5
sw/bl
0.5
br/ws
0.5
br
417
*
19
205
80
80
190
1.0
br
*2
2.5
br
2.5
br
108
1.0
br
4.0
br
672
278
57
58
59
60
61
62
63
64
65
66
67
68
69
70

e)

New Sagitar

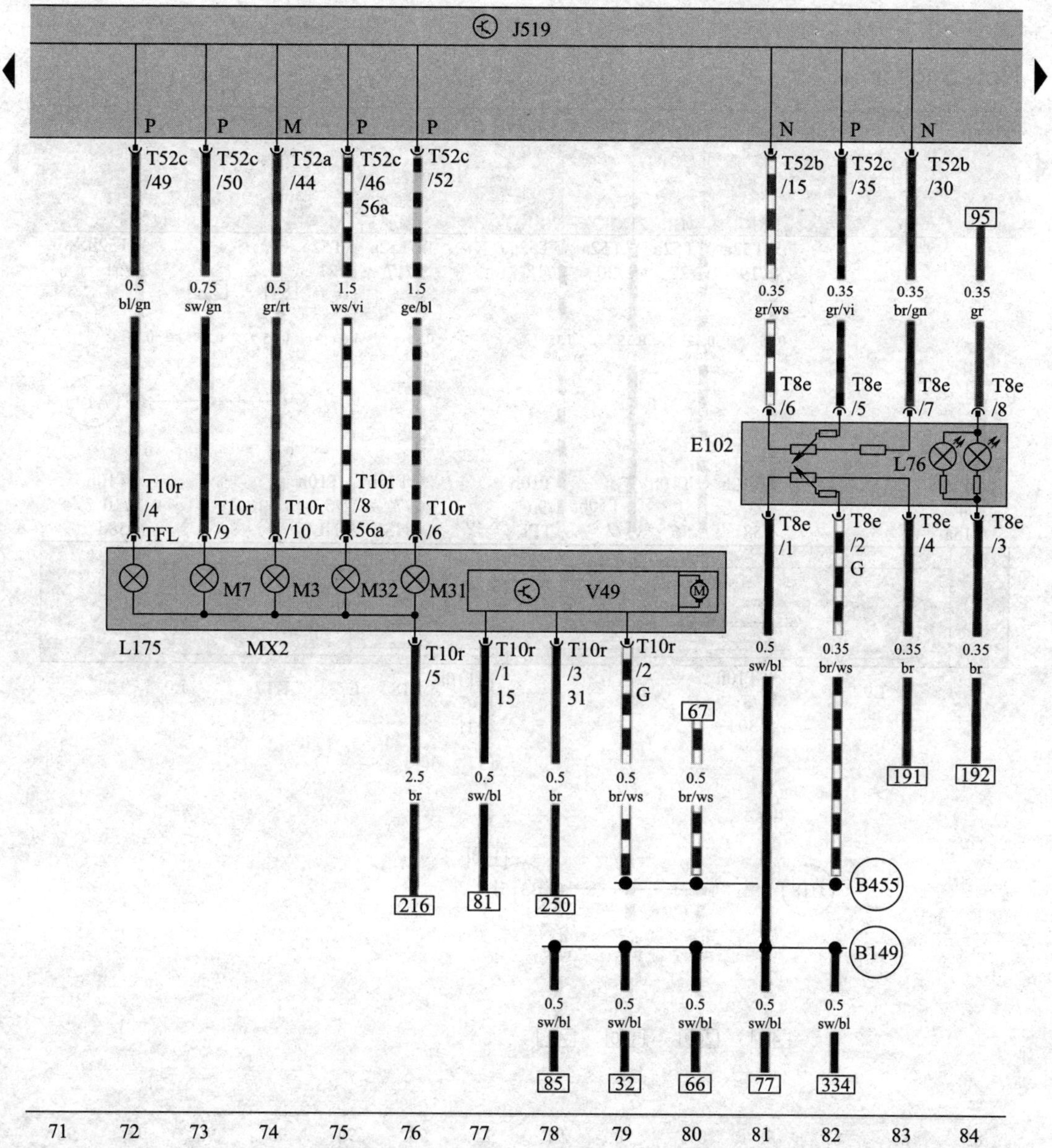

f)

New Sagitar

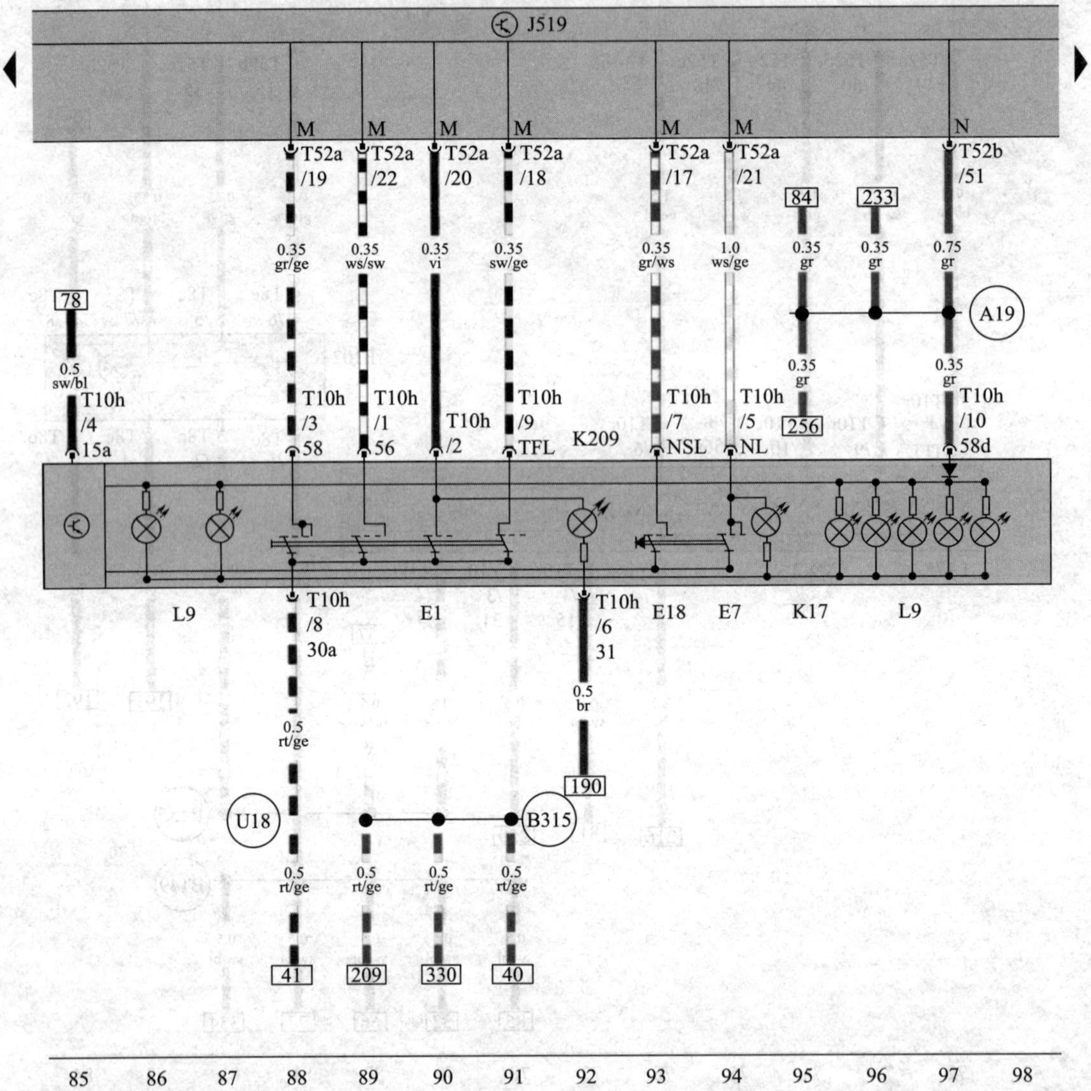

g)

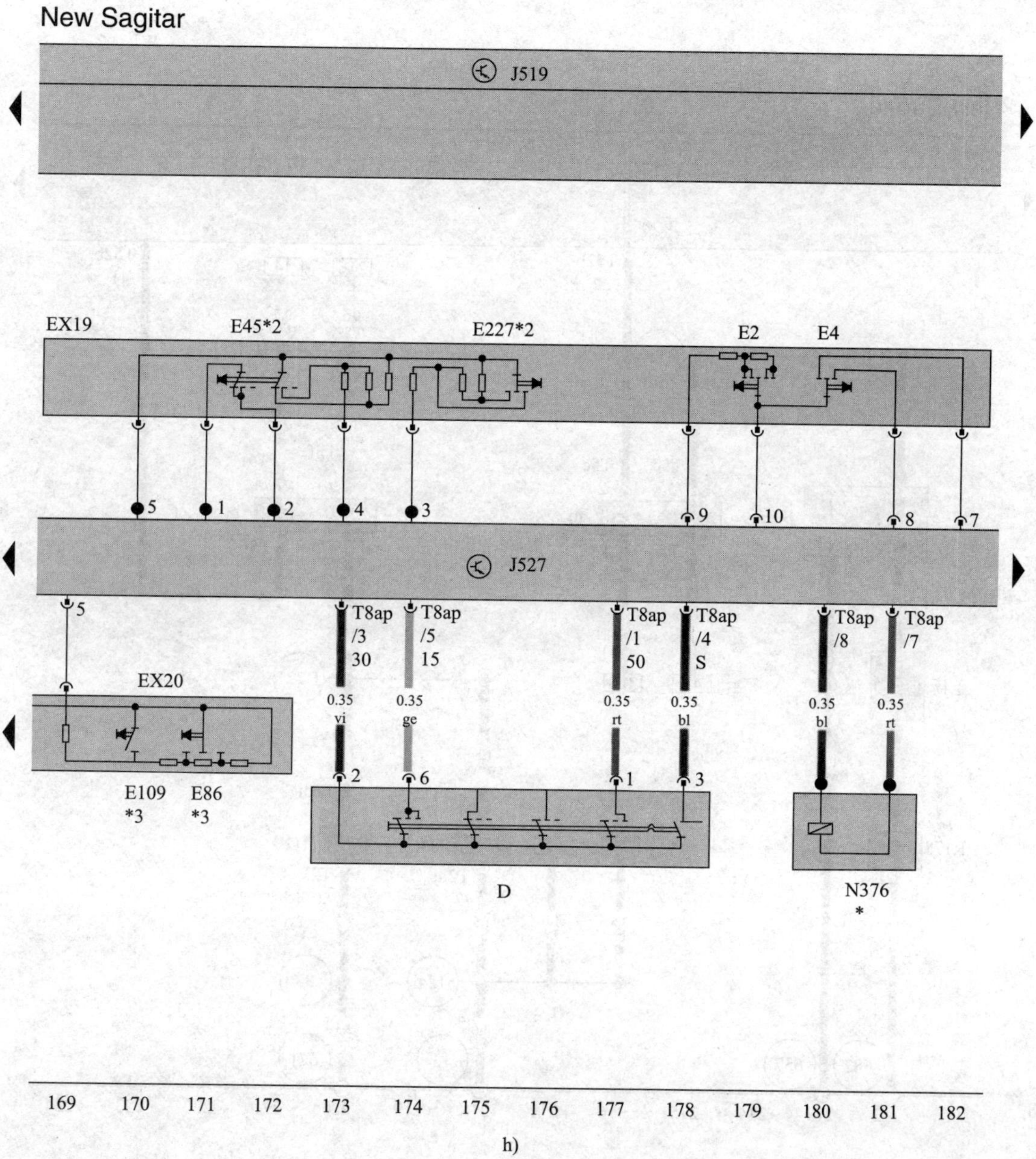
New Sagitar
J519
EX19
E45*2
E227*2
E2
E4
5
1
2
4
3
9
10
8
7
J527
5
T8ap
/3
30
T8ap
/5
15
T8ap
/1
50
T8ap
/4
S
T8ap
/8
T8ap
/7
EX20
0.35
vi
0.35
ge
0.35
rt
0.35
bl
0.35
bl
0.35
rt
2
6
1
3
E109
*3
E86
*3
D
N376
*
169
170
171
172
173
174
175
176
177
178
179
180
181
182

h)

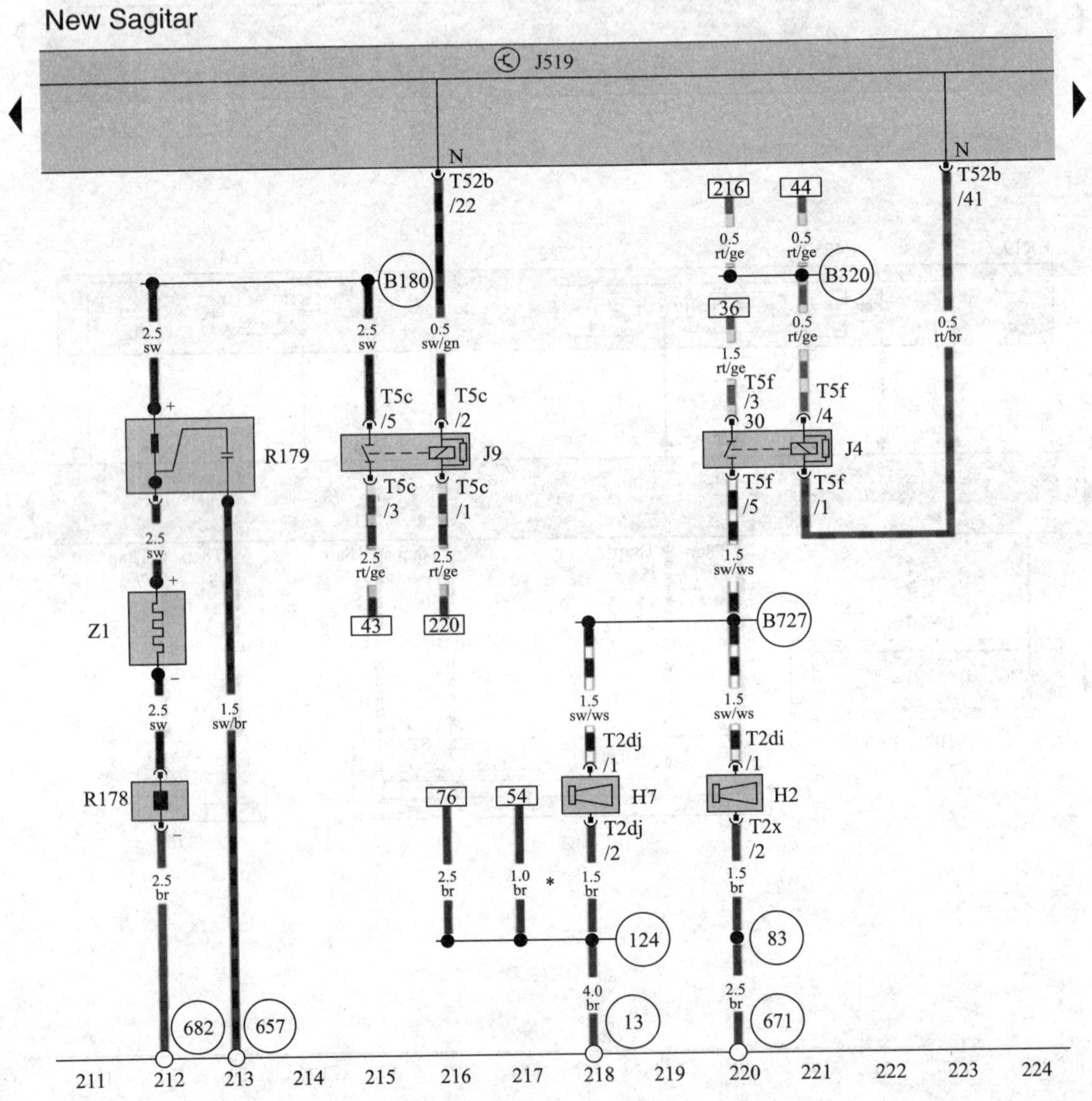
New Sagitar
J519
N
T52b
/22
N
T52b
/41
B180
2.5
sw
0.5
sw/gn
216
44
0.5
rt/ge
B320
36
1.5
rt/ge
0.5
rt/br
T5c
/5
T5c
/2
J9
T5c
/3
T5c
/1
2.5
rt/ge
43
220
R179
Z1
R178
1.5
sw/br
2.5
br
T5f
/3
30
T5f
/4
J4
T5f
/5
T5f
/1
1.5
sw/ws
B727
T2dj
/1
H7
T2dj
/2
T2di
/1
H2
T2x
/2
76
54
1.0
br
*
1.5
br
124
83
4.0
br
13
671
682
657
211
212
213
214
215
216
217
218
219
220
221
222
223
224

i)

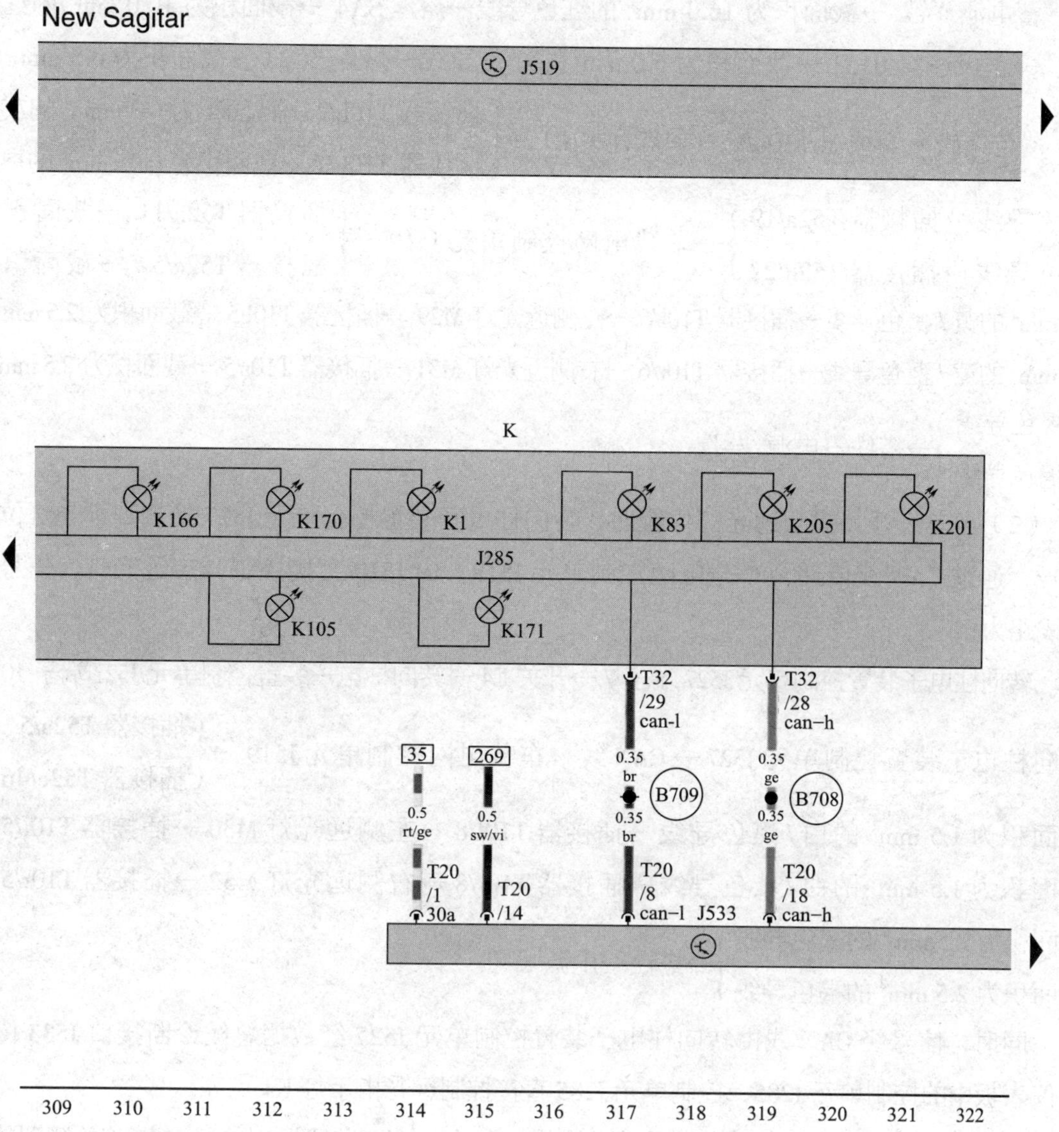

j)

图 6–2–2　新速腾汽车照明系电路图

a）~j）局部电路图 1~10

1. 电路的组成

新速腾汽车前照灯电路主要包括电源、灯光控制开关、左侧转向柱开关、控制单元、前照灯、熔断器及指示灯（该型号汽车前照灯电路无继电器）。

2. 电路的分析

车灯开关 E1 由蓄电池直接供电，它的状态由车载电网控制单元 J519 实时监控，J519 对所有灯光信号进行分析，并直接为灯泡供电。

（1）当车灯开关置于近光灯位置时，车载电网控制单元 J519 检测到灯光打开信号，直接控制近光灯点亮。信号传递线路为：

蓄电池“+”→截面积为 16.0 mm² 的红色导线→熔丝 SA4 →截面积为 10.0 mm² 的红色导线→正极连接 B151 →截面积为 6.0 mm² 的红色导线→熔丝 SC23 →截面积为 0.5 mm² 的红 / 黄色导线→插接器 T10h/8 →车灯开关 E1 →

```
{ 插接器 T10h/3 →截面积为 0.35 mm² 的灰 / 黄色导线→插接器 T52a/19 }
{ 插接器 T10h/1 →截面积为 0.35 mm² 的白 / 黑色导线→插接器 T52a/22 }
```

→车载电网控制单元 J519 →

```
{ 插接器 T52a/11 →截面积为 1.5 mm² 的黄 / 黑色导线→插接器 T10l/6 →左侧近光灯 M29 →插接器 T10l/5 →截面积为 2.5 mm² 的褐色导线 }
{ 插接器 T52c/52 →截面积为 1.5 mm² 的黄 / 蓝色导线→插接器 T10r/6 →右侧近光灯 M31 →插接器 T10r/5 →截面积为 2.5 mm² 的褐色导线 }
```

→搭铁→电源“–”。

（2）当车灯开关置于远光灯位置时，转向柱电子装置控制单元 J527 检测到远光灯位置信号，通过 CAN 线传递至车载电网控制单元 J519，由 J519 直接控制开启远光灯，信号传递线路为：

转向柱电子装置控制单元 J527 端子 7 →开关 E4 →转向柱电子装置控制单元 J527 端子 10 →转向柱电子装置控制单元 J527 → CAN 线→车载电网控制单元 J519 →

```
{ 插接器 T52a/5 →截面积为 1.5 mm² 的白 / 黑色导线→插接器 T10l/8 →左侧远光灯 M30 →插接器 T10l/5 →截面积为 2.5 mm² 的褐色导线 }
{ 插接器 T52c/46 →截面积为 1.5 mm² 的白 / 紫色导线→插接器 T10r/8 →右侧远光灯 M32 →插接器 T10r/5 →截面积为 2.5 mm² 的褐色导线 }
```

→搭铁→电源“–”。

同时，信号经 CAN 线由转向柱电子装置控制单元 J527 经数据总线诊断接口 J533 传递至仪表板中的控制单元 J285，控制单元 J285 直接控制远光指示灯 K1 点亮。

（3）需要超车时，接通远光灯瞬时开关 E4，转向柱电子装置控制单元 J527 将检测到的信号经 CAN 线传递至车载电网控制单元 J519，J519 直接控制远光灯点亮，其信号传递线路为：

转向柱电子装置控制单元 J527 端子 8 →开关 E4 →转向柱电子装置控制单元 J527 端子 10 →转向柱电子装置控制单元 J527 → CAN 线→车载电网控制单元 J519 →左侧远光灯 M30、右侧远光灯 M32 →搭铁→电源“–”。

四、日系汽车照明系电路图的识读与分析（以丰田卡罗拉为例）

丰田卡罗拉汽车前照灯电路如图 6–2–3 所示。

1. 电路的组成

丰田卡罗拉汽车前照灯电路主要包括电源、车灯控制开关（组合开关）、变光开关、前照灯、熔断器、指示灯、变光继电器。

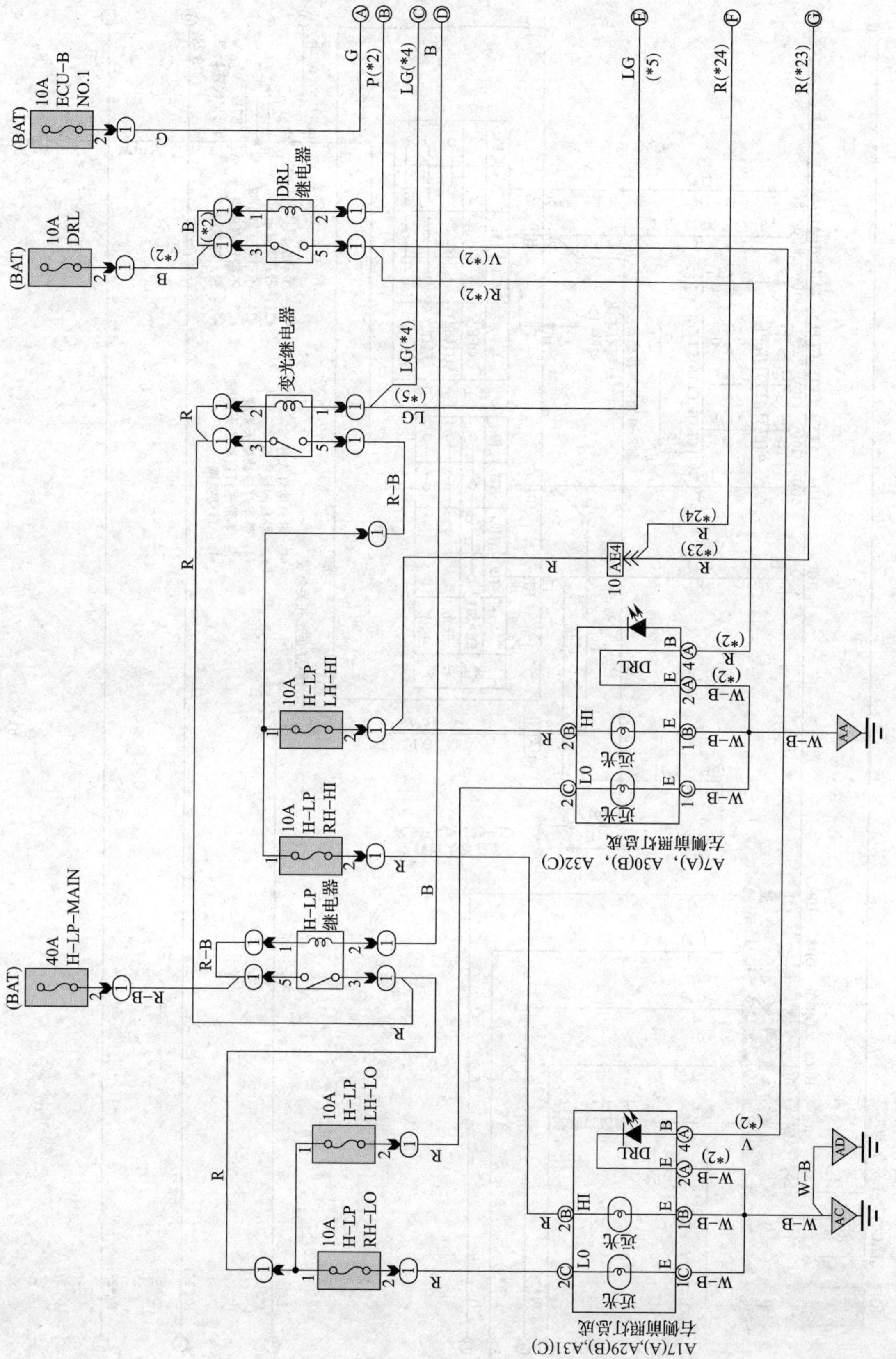
(BAT)
40A
H-LP-MAIN
H-LP
继电器
10A
H-LP
RH-LO
10A
H-LP
LH-LO
10A
H-LP
RH-HI
10A
H-LP
LH-HI
变光继电器
DRL
继电器
10A
DRL
10A
ECU-B
NO.1
右侧前照灯总成
A17(A),A29(B),A31(C)
左侧前照灯总成
A7(A)，A30(B)，A32(C)
近光
远光
LO
HI
E
DRL
AE4
AA
AC
AD
R-B
R
B
G
W-B
P(*2)
LG(*4)
LG
(*5)
V(*2)
R(*2)
R(*24)
R(*23)
B(*2)

a)

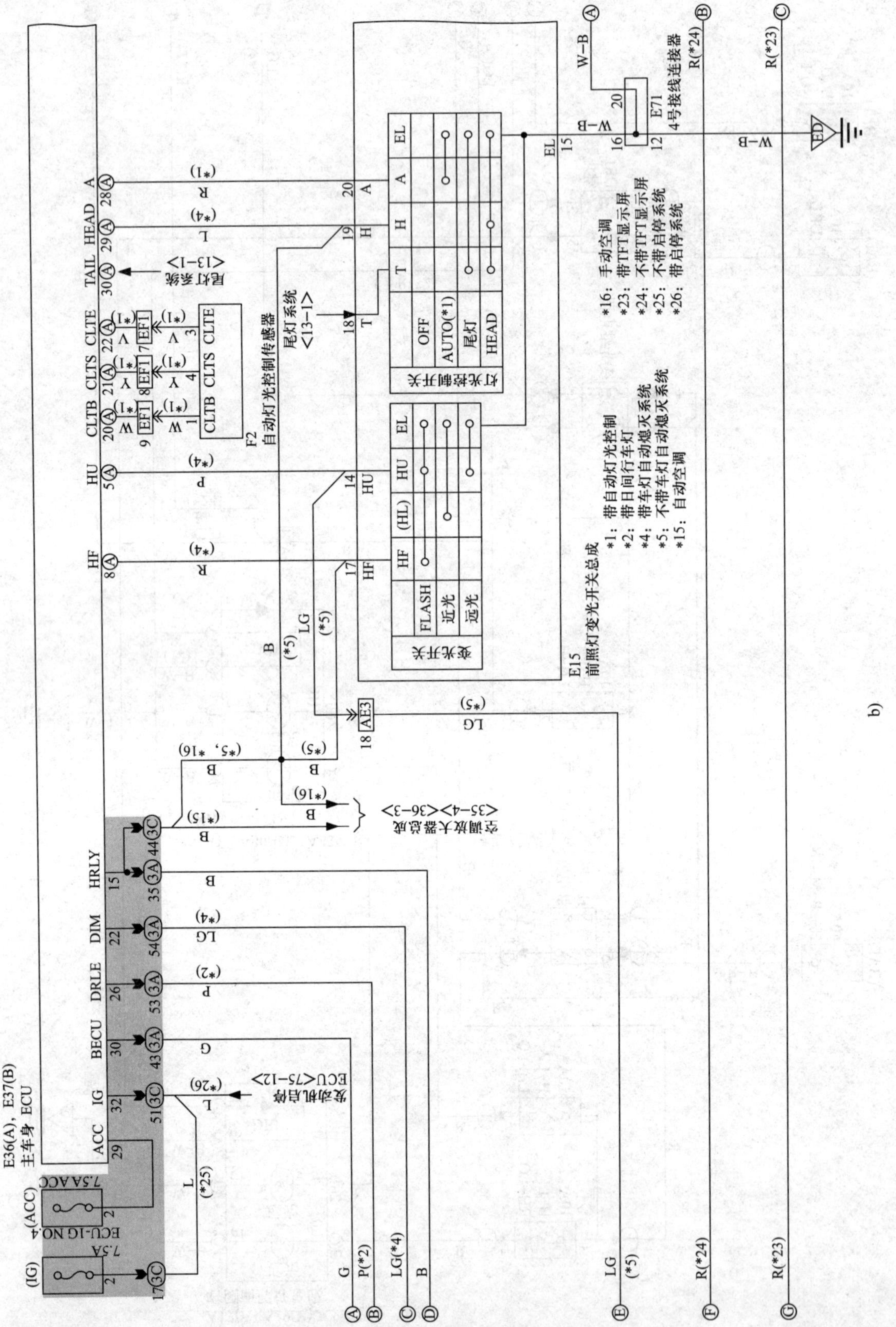
E36(A)，E37(B)
主车身 ECU
ECU-IG NO.4
7.5A
7.5A ACC
(IG)
(ACC)
ACC
IG
BECU
DRLE
DIM
HRLY
HF
HU
CLTB
CLTS
CLTE
TAIL
HEAD
A
发动机启停 ECU <75-12>
空调放大器总成 <35-4><36-3>
尾灯系统 <13-1>
F2
自动灯光控制传感器
E15
前照灯变光开关总成
变光开关
FLASH
近光
远光
灯光控制开关
OFF
AUTO(*1)
尾灯
HEAD
E71
4号接线连接器
*1：带自动灯光控制
*2：带日间行车灯
*4：带车灯自动熄灭系统
*5：不带车灯自动熄灭系统
*15：自动空调
*16：手动空调
*23：带TFT显示屏
*24：不带TFT显示屏
*25：不带启停系统
*26：带启停系统

b)

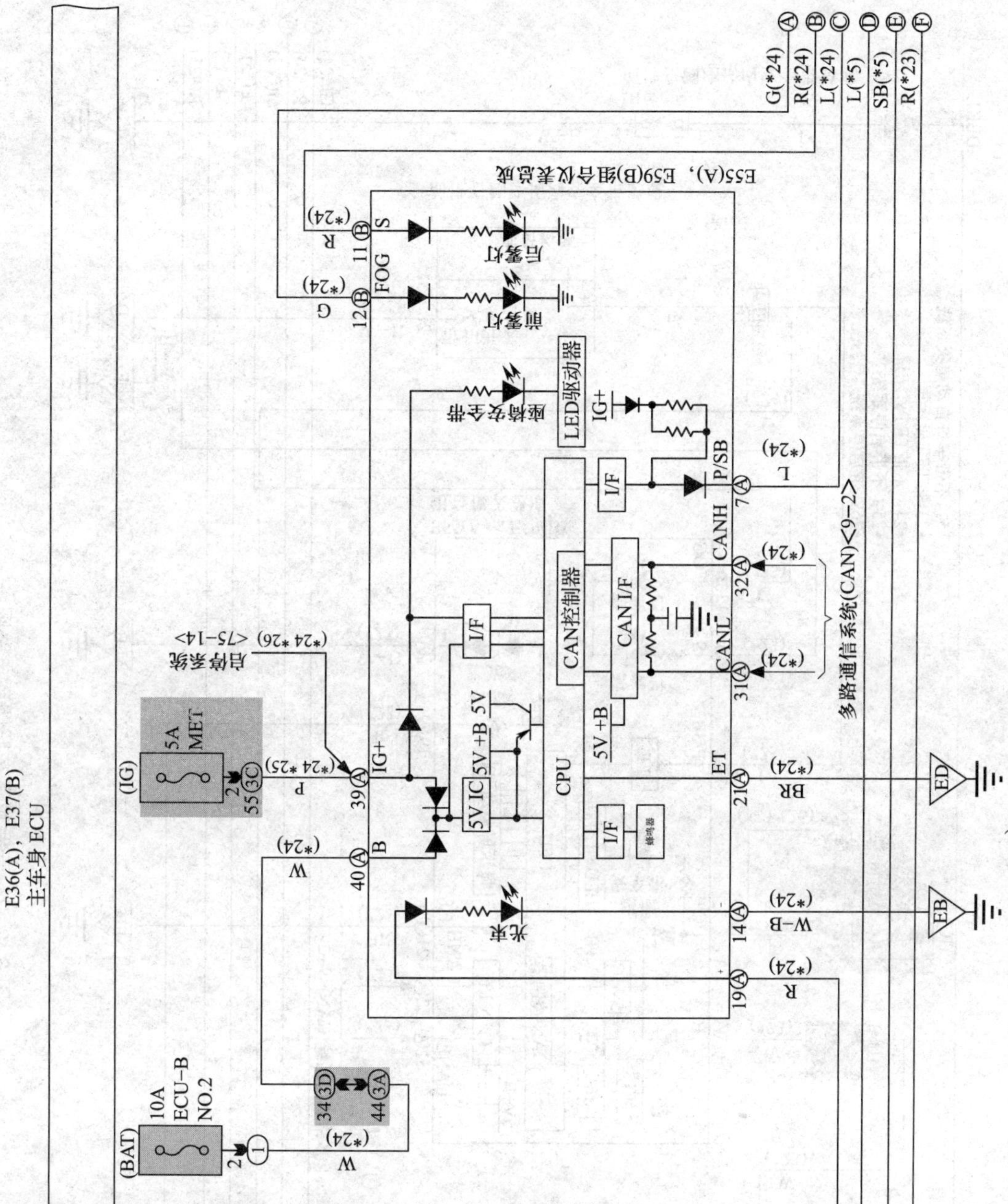
E36(A), E37(B)
主车身 ECU
E55(A), E59(B)组合仪表总成
E15
前照灯变光开关总成
雾灯开关
10A
ECU-B
NO.2
5A
MET
启停系统
多路通信系统(CAN)<9-2>
CAN控制器
CAN I/F
CPU
5V IC
LED驱动器
前雾灯
后雾灯
驾驶安全带
光束
FFOG
RFOG
BFG
LFG
CANH
CANL
IG+
ED
EB

c)

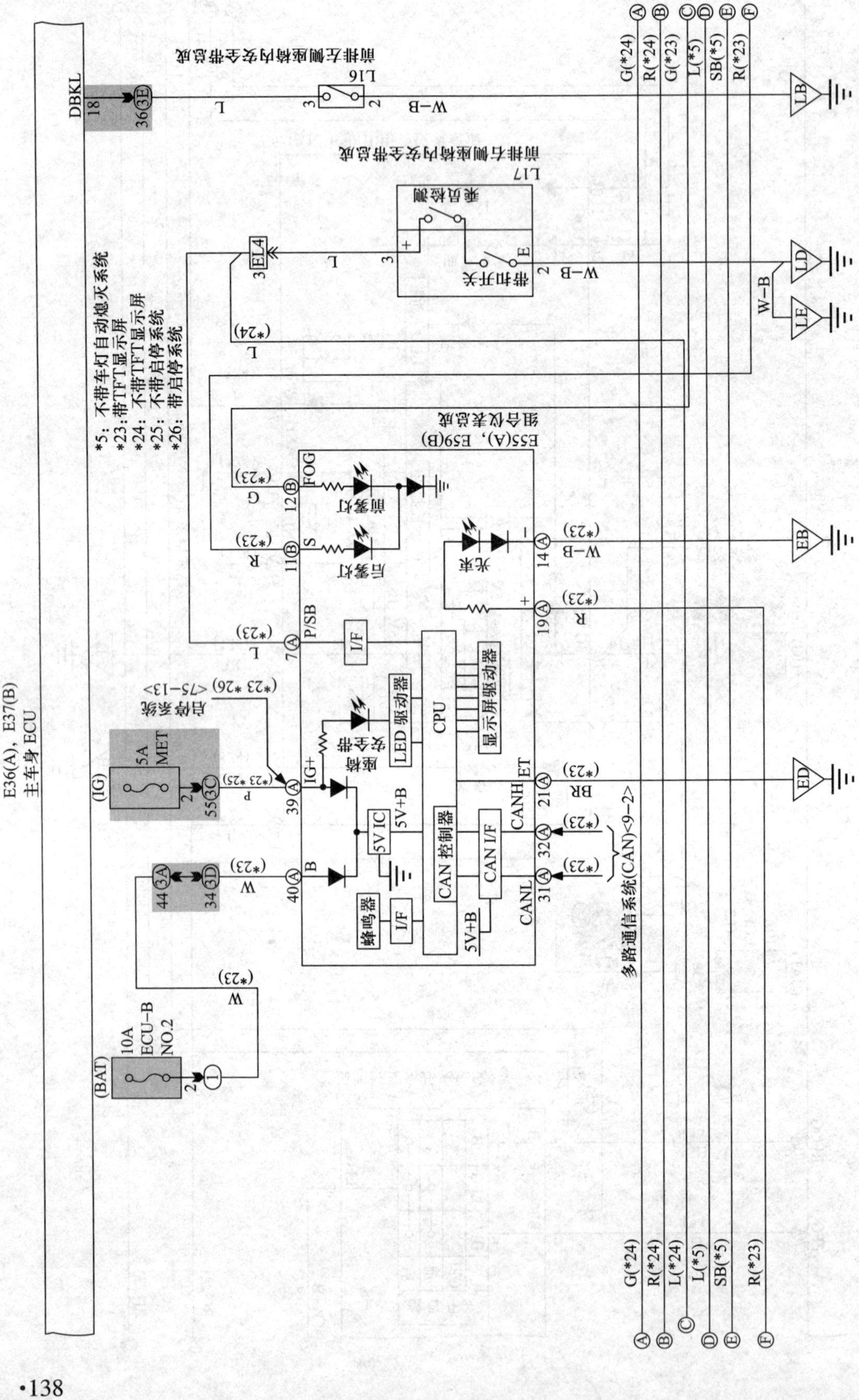

d）

图 6-2-3　卡罗拉汽车照明系电路图

a）局部电路图 1　b）局部电路图 2　c）局部电路图 3　d）局部电路图 4

2. 电路的分析

（1）当组合开关旋转到 HEAD 挡，变光开关位于近光灯位置时，H-LP 继电器线圈通电，电流方向为：

蓄电池“+”→熔丝 H-LP-MAIN 40 A→主色为红色、辅色为黑色的双色导线→H-LP 继电器线圈（1、2 号端子）→黑色导线→插接器 3 A（35 号端子）→插接器 3C（44 号端子）→黑色导线（* 5）→前照灯变光开关总成 E15（19 号端子）→前照灯变光开关总成 E15（15 号端子）→主色为白色、辅色为黑色的双色导线→搭铁→电源“-”。

H-LP 继电器线圈通电，产生磁场力吸合开关，两近光灯亮，电流方向为：

蓄电池“+”→熔丝 H-LP-MAIN 40 A→主色为红色、辅色为黑色的双色导线→H-LP 继电器开关（5、3 号端子）→红色导线→{熔丝 H-LP RH-LO 10 A→红色导线→右近光灯（右侧前照灯总成）→主色为白色、辅色为黑色的双色导线→搭铁；熔丝 H-LP LH-LO 10 A→红色导线→左近光灯（左侧前照灯总成）→主色为白色、辅色为黑色的双色导线→搭铁}→电源“-”。

（2）当变光开关位于远光灯位置时，近光灯仍然点亮（电流方向同上），变光继电器线圈通电，电流方向为：

蓄电池“+”→熔丝 H-LP-MAIN 40 A→主色为红色、辅色为黑色的双色导线→H-LP 继电器开关（5、3 号端子）→红色导线→变光继电器线圈（2、1 号端子）→浅绿色导线（* 5）→插接器 AE3→浅绿色导线→前照灯变光开关总成 E15（14 号端子）→ 前照灯变光开关总成 E15（15 号端子）→主色为白色、辅色为黑色的双色导线→搭铁→电源“-”。

变光继电器线圈通电，产生磁场力吸合开关，两远光灯亮，电流方向为：

蓄电池“+”→熔丝 H-LP-MAIN 40 A→主色为红色、辅色为黑色的双色导线→H-LP 继电器开关（5、3 号端子）→红色导线→变光继电器开关（3、5 号端子）→主色为红色、辅色为黑色的双色导线→{熔丝 H-LP RH-HI 10 A→红色导线→右远光灯（右侧前照灯总成）→主色为白色、辅色为黑色的双色导线→搭铁；熔丝 H-LP LH-HI 10 A→红色导线→左远光灯（左侧前照灯总成）→主色为白色、辅色为黑色的双色导线→搭铁}→电源“-”。

同时，电流经熔丝 H-LP LH-HI 10 A→红色导线→插接器 AE4→红色导线（*23）→组合仪表总成 E55(19 号端子）→远光指示灯→组合仪表总成 E55(14 号端子）→主色为白色、辅色为黑色的双色导线→搭铁→电源“-”，远光指示灯亮。

（3）需要超车时，将变光开关置于 FLASH 挡，两远光灯闪烁，其电流方向同（2）。

技能训练

一、大众新速腾汽车前照灯电路的检测

1. 实物识别

认识新速腾汽车前照灯电路中的各部件，说出它们的名称和相互关系（参见图 6–2–4、图 6–2–5），找到电源、前照灯、灯光控制开关、左侧转向柱开关、左右前照灯插座等。

图 6–2–4　发动机舱蓄电池、前照灯位置

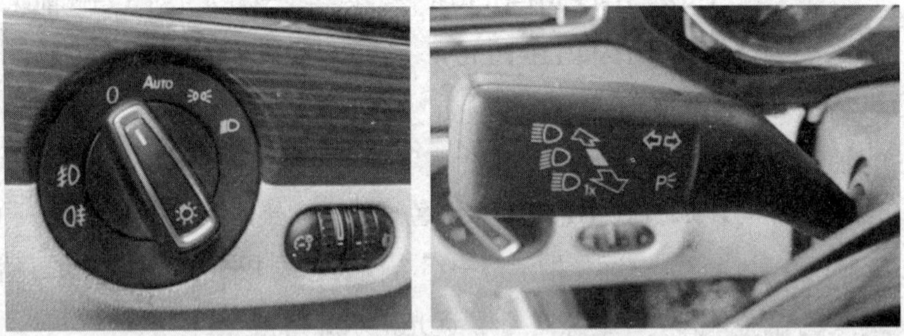

图 6–2–5　驾驶舱灯光控制开关、左侧转向柱开关位置

2. 远光灯电路的检测（试灯法）

电路检测应遵循“先易后难，先外后里，尽量不拆”的原则，在照明系电路中，熔断器和前照灯的拆卸最为方便，而组合开关的拆卸较为复杂，所以检测的顺序应为：熔断器→前照灯插座→前照灯→搭铁→组合开关。远光灯电路的检测方法见表 6–2–1。

表 6–2–1 远光灯电路的检测方法

步骤	检测方法	图示
1	将灯光控制开关旋至近光灯处，左侧转向柱开关置于远光灯位置，两远光灯和远光指示灯应同时点亮，否则应进行下一步检测	 
2	用试灯测试前照灯插座，若试灯不亮，则检测车载电网控制单元到灯座间的电路；若试灯点亮，则应检查远光灯灯泡	

二、丰田卡罗拉汽车前照灯电路的检测

1. 实物识别

认识丰田卡罗拉汽车前照灯电路中的各部件，说出它们的名称和相互关系（参见图 6–2–6、图 6–2–7、图 6–2–8），找到电源、车灯控制开关（组合开关）、变光开关、前照灯、熔断器、指示灯、变光继电器等。

图 6-2-6　前照灯位置

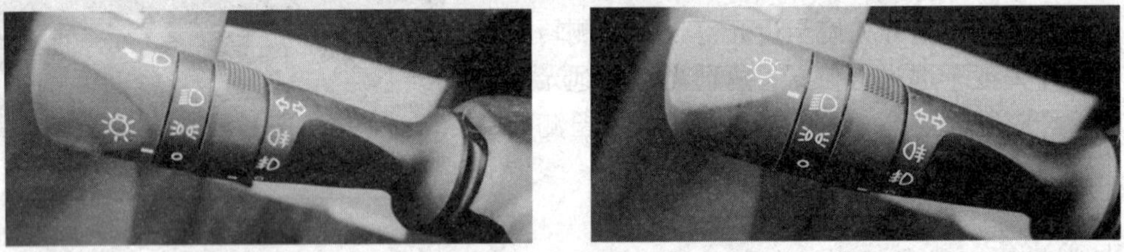

a)　　b)

图 6-2-7　前照灯变光开关总成

a）灯光关闭　b）开启近光灯

图 6-2-8　发动机舱接线盒

1—10 A H-LP RH-LO　2—10 A H-LP LH-LO　3—10 A H-LP RH-HI　4—10 A H-LP LH-HI

2. 近光灯电路的检测（试灯法）

近光灯电路的检测方法见表6–2–2。

表6–2–2 近光灯电路的检测方法

步骤	检测方法	图示
1	将变光开关置于近光灯位置，两近光灯应同时点亮，否则应进行下一步检测	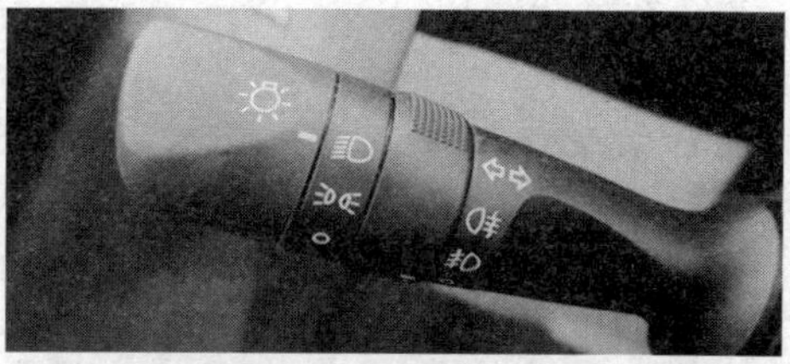
2	用试灯检测前照灯熔断器 LH–LO 10 A 和 RH–LO 10 A。如电路超载，熔断器会先被烧断，所以当系统出现故障时，应首先检查熔断器是否良好 如试灯点亮，说明从电源正极到熔断器间的电路良好，否则应进行下一步检测	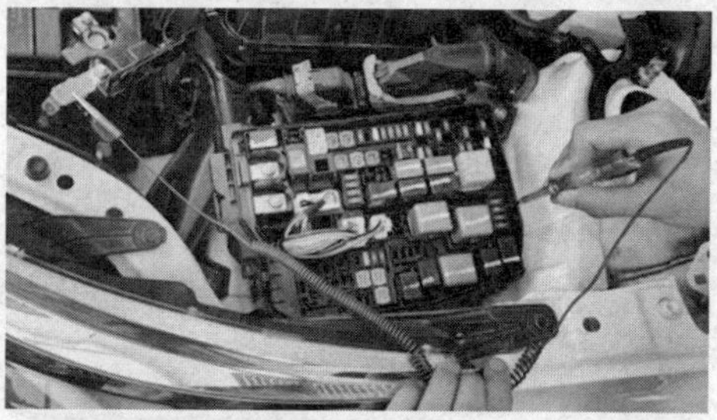
3	用试灯检测前照灯插座，如试灯不亮，则检测熔断器到灯座间的电路；如试灯点亮，则应检查近光灯灯泡	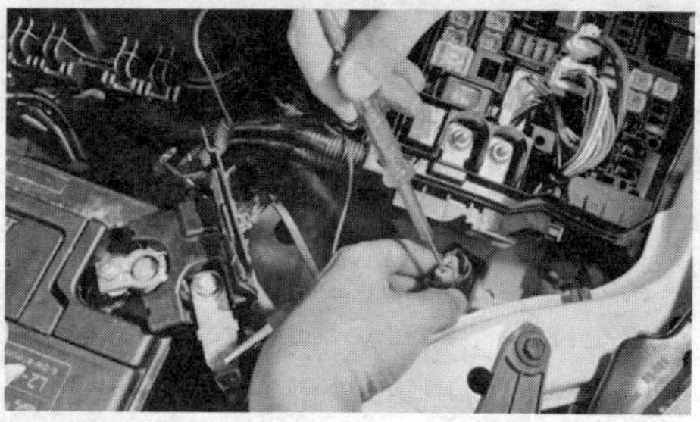

3. 远光灯电路的检测

将变光开关置于远光灯位置，检测方法与近光灯相同。

模块小结

- 典型汽车电路分析及检测
  - 典型电源系电路分析及检测
    - 汽车电源系电路的组成
    - 日系汽车电源系电路图的识读与分析
    - 汽车电路的检测方法
  - 典型照明系电路分析及检测
    - 汽车照明系电路的组成
    - 汽车照明系统的接线特点
    - 德系汽车照明系电路图的识读与分析
      - 电路的组成
      - 电路的分析
    - 日系汽车照明系电路图的识读与分析
      - 电路的组成
      - 电路的分析